이재봉의
법정 증언

이재봉의 법정 증언

ⓒ 이재봉 2015

초판 1쇄	2015년 1월 30일
초판 8쇄	2022년 9월 12일

지은이	이재봉

출판책임	박성규	펴낸이	이정원
편집	이동하·이수연·김혜민	펴낸곳	도서출판 들녘
디자인	고유단	등록일자	1987년 12월 12일
마케팅	전병우	등록번호	10-156
멀티미디어	이지윤	주소	경기도 파주시 회동길 198
경영지원	김은주·나수정	전화	031-955-7374 (대표)
제작관리	구법모		031-955-7381 (편집)
물류관리	엄철용	팩스	031-955-7393
		이메일	dulnyouk@dulnyouk.co.kr

ISBN	978-89-7527-073-4 (04340)
	978-9-7527-070-3 (세트)

이재봉의
법정 증언

친북과 종북을 가르는 법정에서 역사와 평화를 증언하다
"양심에 따라 숨김과 보탬이 없이 사실 그대로 말하고 만일 거짓이 있으면
위증의 벌을 받기로 맹세한다."

들녘

고순계 _평화통일신문 편집인, 전 국방대학원 교수

통일은 우리 민족의 생존을 위한 필수적 과제다. 우리는 원래 하나였다. 그래서 우리는 다시 하나가 되어야 한다. 그 하나를 만드는 지혜의 중심에 『이재봉의 법정 증언』이 있다. 한 겨레가 되는 그날까지 냉전시대의 '학습된 무기력'을 떨쳐내고 평화통일의 물꼬를 트는 역할을 톡톡히 해낼 것으로 믿는다. 해박한 이 교수의 법정 증언은 반공 친미로 일그러진 남북한을 두 눈으로 볼 것을 권하는 절규다. 동족을 향한 총칼을 녹여 농기구를 만들 이 증언은 분단을 평화통일로 만들 획기적인 대서사시로 2015년의 독서계를 강타할 베스트셀러가 될 것임을 확신한다.

고은광순 _한의사, 여성운동가

나 역시 저자처럼 전후 베이비부머로 태어났다. 해마다 학교에서 멸공 반공 포스터를 그릴 때 뿔 달린 빨간 도깨비를 애용했다. 대학에 들어와서야 비로소 교과서가 부실하기 짝이 없다는 것을 알게 되었다. 이 책은 부실하게 현대사 교육을 받은 모든 국민이 읽어야 할 필독서다. 내 휴대전화에는 그의 번호가 '이재봉 까칠꼰대'라 저장되어 있었다. 단어 하나만 잘못 써도 까칠하게 따지며 가르치려 하기 때문이다. 원고를 읽은 뒤 '이재봉 한반도천사'로 바꾸어 저장했다. 나도 그와 함께 '친북'이 되련다.

권병길 _연극배우

나는 책을 덮는 순간 거대한 민족사의 서사극을 본 듯 슬픈 진혼곡에서 깨어날 수가 없었다. 작가는 분단의 모순, 무지, 탐욕의 70년의 어리석음을 통렬히 비판하고 그래도 꿈과 그리움이 서려 있는 겨레의 평화, 통일을 품어 안은 종막을 보여주었다.

김명희 _재일동포 예술가

"앞에서는 비판하되 아부하지 않고 뒤에서는 칭찬하되 흥보지 않는다"를 소신으로 삼고 있는 이재봉 선생. 그래서이리라. 그의 모습, 그의 글들엔 당당함과 솔직담백함이 담겨 있다. 학자로서의 탐구와 평화운동가로서의 정열이 토대가 된 『이재봉의 법정 증언』은 독자들에게 깊은 울림이 되어 남으리라. 작업실을 나와 언덕을 오르며 석양빛을 머리에 인 뒷산 봉우리들을 보다 문득 그의 판소리 한 자락 듣고 싶어진다.

박노자 _오슬로대 한국학 교수

과거를 지배하는 자가 미래를 지배한다는 말이 있다. 그 정도로 역사적 기억을 둘러싼 투쟁이 중요하다는 것이다. 남한인들의 다수가 여태까지 '김일성이 가짜다'라든가 '한반도 분단을 소련과 김일성이 앞장서서 획책했다'는 등의 반동적 역사 왜곡을 그대로 믿는 이상 극우들의 지배가 영구화되고 평화와 통일의 날이 찾아올 일은 없을 것이다. 미래의 건설은 과거에 대한 정확한 사실 확인부터 시작된다. 이러한 의미에서 이 책은 큰 역할을 해낼 것이다. 한국 근현대사의 가장 중요한 사실들을 남이나 북의 국가적 신화에 오염되지 않는 객관적 방식으로 서술함으로써, 이 땅의 민중들이 과거를 제대로 이해하고 보다 나은 미래를 향해 나아가는 길을 열어준다.

박성배 _뉴욕주립대 종교철학 원로 교수

이재봉 교수의 글을 읽을 때마다 21세기의 구도자는 저런 모습일 거라는 생각이 들었다. 예수님의 마지막 장면이 떠오른다. 예수님이 법정에서 "나는 내가 하나님의 아들이라고 말한 적이 없다"고 말했더라면 그는 십자가에 못 박히지 않을 수도 있었다. 그러나 그는 사실을 숨기지 않았다. 그리고 의연히 말했다. "나는 하느님의 아들"이라고. 구도자는 이해를 따지지 않는다. 구도자는 죽음을 두려워하지 않는다. 어느 때 어느 곳에서든 구도자는 그래야 한다고 생각한다. 이재봉 교수도 그런 사람인 것 같다. 이재봉 교수의 글을 통해서

진리는 드러날 거라 믿는다.

백낙청 _서울대 영어영문학 명예교수, 한반도평화포럼 이사장

우리 시대의 성실한 평화학자 겸 용기 있는 평화운동가 이재봉 교수가 한반도 현실에 대해 '국민교양서'에 해당할 책을 썼다. 물론 북한의 실상에 관해 나는 이 교수와 약간 인식이 다른 면이 있고, 남녘의 천안함 사건에 대해서도 판단을 달리하고 있다. 그의 선한 성품을 알면서도, 남에서건 북에서건 분단 체제가 작동하는 실상을 조금 더 '독하게' 읽어내면 좋겠다는 바람이 없지 않다. 하지만 기본적인 상식과 사실 관계들이 무시되고 조롱당하는 시절에 그의 지성스러운 '법정 증언'을 특히 젊은 세대가 많이 읽었으면 한다.

송상용 _한림대 과학기술학 명예교수

북한과 친하게 지내는 '친북'을 자처하는 정치학자, 통일운동가 이재봉 교수는 실증적인 연구를 바탕으로 착잡한 한국 현대사를 날카롭게 파헤친다. 김일성의 항일투쟁을 평가하면서도 한국전쟁을 일으킨 책임을 물으며 사람 중심의 주체사상이 수령론으로 변질된 것을 비판한다. 북한에 대한 편견과 왜곡을 바로잡으면서 평화통일을 지향하는 시원한 논리가 돋보인다.

오인동 _재미동포 정형외과 의사, 『평양에 두고 온 수술가방』의 저자

모국에서 평화와 통일을 위한 양심 발언들로 가득 찬 이 시대의 역
저가 나온 것이 반갑다. 그것도 통일운동을 하다 국가보안법 위반
혐의로 걸려든 사람들의 재판법정에서 역사적 사실과 진실을 말한
'전문가 증언'이기에 더욱 값지다. 통일하려면 그 상대를 제대로 알
아야 하기에 일제하 민족해방운동에서 미국 주도의 분단, 한국전쟁
과 남과 북의 정치체제, 미국의 평화협정 거부와 북핵 개발의 배경
등을 명쾌하게 진술했다. 그리고 분단 70년인 오늘 통일을 어떻게
해야 하는가로 끝을 맺은 이재봉 교수에 경의를 표하며 남북해외동
포에게 권한다.

윤영전 _평통서문예원장. 평화연대 상임고문

법정과 지면에서 증언 내용을 접하며 이렇게 신중하고 지식인다운
증언이 또 있을까 싶었다. 지구촌에 유일한 최장기 분단국이란 너울
을 쓰고 있는 남북 해외 8천만 동포들이 필히 일독할 책이다. 진솔
하고 거침없는 역사적 진실의 증언이 담겨 있다. "우리의 소원이고
꿈인 평화통일"로 가는 길의 안내다. 너무도 부끄럽고 긴 분단 70년,
이제는 통일된 조국을 후손들에게 물려주어야 한다.

이만열 _숙명여대 역사학 명예교수, 전 국사편찬위원장

"이재봉의 법정 증언"이 〈프레시안〉에 연재될 때 나는 그걸 정독했

다. 역사학도로서 이 시대를 경험한 나는 한국 현대사를 어느 정도 이해하고 있다고 자부해왔다. 그러나 이 연재는 한국 현대사의 많은 부분들을 새롭게 베일에서 벗겨주었다. 독자들도 이 책을 통해 나처럼 한국 현대사의 진실에 더 접근해갈 것으로 확신한다.

이부영 _한일협정재협상 국민행동 대표, 전 국회의원

나는 6·25 전란 한여름, 구름 한 점 없는 안양 쯤 까마득한 창공에서 B29 편대가 쏟아내는 검은 빨래줄 같은 폭탄들을 올려다보고 있었다. 한강철교와 용산역으로 쏟아지는 폭탄들이 가르는 공기층의 색깔이 달랐다. 내 뇌리에 깊게 각인된 공포, 이재봉 교수는 그 공포를 잘 드는 칼로 도려내고 있다.

이장희 _한국외대 법학 교수, 평화통일시민연대 상임공동대표

분단국가의 지식인으로서 통일의 장애 요인, 통일의 부정적 인식 이유, 분단에서 오는 손해 등을 논리적이고 재미있게 설파한 저서다. 이재봉 교수를 20년 이상 알고 지내왔는데, 그는 조국의 분단 체제의 아픔을 이론으로만 하소연하는 데 그치지 않고 분단 체제 극복을 위해 지속적으로 실천하는 양심적이고 용기 있는 지식인이다. 요즘 당국이 '종북' 매카시 마술로 국민의 평화통일 활성화 논의를 얼어붙게 한 답답한 남북한 군사적 긴장 상황의 정체를 국민들이 바로 이해하고 이것을 돌파하는 지혜를 여기서 얻을 것이다.

정동익 _사월혁명회 상임의장, 전 동아일보 기자

북한에 대해 진실을 얘기하면 종북 공세의 불똥이 튈라 전전긍긍하는 요즘 검찰에 맞서 소신껏 법정 증언을 한 이재봉 교수의 용기가 놀랍다. 이 책은 우리 사회의 금기사항들에 대해 학자의 양심으로 진실을 밝힌 귀중한 기록이다. 이 책이 북에 대한 편견과 오해를 씻고 평화와 통일로 가는 길에 디딤돌이 되길 기대한다.

정유열 _전 방송통신대 지역학장

저는 경북 대구에서 1932년에 태어났습니다. 고등학교 3학년 때 6·25전쟁에 참전, 부상 제대하여 국가유공자의 신분으로 보훈연금을 받고 있습니다. 전쟁 후에도 남북 대결이 지속되고 있는 것을 안타깝게 여기며 살아왔습니다. 그러다 〈프레시안〉에서 "이재봉의 법정 증언"을 읽게 되었습니다. 세계적인 평화학자 요한 갈퉁 교수의 제자답게 지구상 유일의 분단 휴전국인 한반도의 평화와 통일을 위하여 진력하고 계시는 분이 시대착오적인 국가보안법에 관련된 피고인들을 위하여 시간과 장소를 가리지 않고 열심히 법정 증언을 하여 온 결과를 책으로 펴냈으니 이 땅의 평화와 통일을 바라는 사람이라면 누구나 필독하기 바랍니다.

함세웅 _원로 신부, 민족문제연구소 이사장

진정한 평화와 통일의 첫 걸음은 분단 체제 극복과 해체 그리고 남북이 서로 그 실체를 인정하는 일입니다. 한국 사회에서 늘 반복되는 고질적 이념 갈등의 근본적 원인은 사실 항일투쟁의 역사적 사실과 북한의 실체를 인정하지 않는 데 있습니다. 그러나 북한은 분명히 항일투쟁의 주역이며 유엔에 가입한 공식 국가입니다. 이재봉 교수는 이 점을 법정에서 증언하고 광복과 분단 70년을 맞는 올해, 바른 민족의식과 역사관을 지니도록 우리 모두를 초대하고 있습니다. 저자의 아름답고 용기 있는 역사 증언을 높이 평가합니다.

나는 이재봉 교수를 원광대 총장으로 일할 때(2010.12.~2014.12.) 만났다. 그가 한미관계와 중미관계 등에 관해 쓴 글을 읽으면서, 그가 학문적으로 깊이가 있고 이념적으로도 한쪽에 치우치지 않는 학자라고 생각했다. 그래서 분석적인 기사들을 주로 게재하는 인터넷 신문 〈프레시안〉에 칼럼을 게재해보도록 권유했다. 그가 주저하다 시작한 연재가 "이재봉의 법정 증언"이다.

나는 그의 글을 읽으면서 연재가 끝날 때까지 긴장의 끈을 놓을 수 없었다. 그가 머리말에서 밝혔듯이 평화와 통일 문제에 관해 글을 쓸 때는 끊임없이 '자기 검열'을 한다면서도, 민감한 주제들에 관해 에둘러 표현하지 않고 오히려 직설적으로 얘기해버리기 때문이다. 종북몰이가 날로 심화되어가는 상황에서 혹시나 이 교수가 다치지 않을까 싶어서였다.

이 교수는 직설적으로 글을 쓰기 때문에 그의 글을 이해하기 쉬운데, 동시에 글을 쉽게 쓰기 때문에 누구나 읽기 편하다. 미국에서 오랫동안 공부했으면서도 영어나 어려운 어휘들을 가능한 한 쓰지 않는다.

그가 북한을 대하는 데는 크게 두 가지 특징이 있는 것 같다. 첫째는 "앞에서는 비판하되 아부하지 않고 뒤에서는 칭찬하되 흉보지 않는다"는 그의 소신이 반영되어 있다. 북한을 방문해서는 그곳 당국자들의 등골이 오싹해질 정도로 비판했다지만, 한국에서는 북한에 대한 부정적 측면을 강조하기보다 긍정적 측면을 평가한다는 말이다.

둘째는 '반북'만으로는 평화통일을 이룰 수 없다고 주장한다. 냉전시대에 승공통일을 추구할 때는 당연히 북한을 반대해야 했었지만, 냉전 종식 이후 화해와 협력을 통한 평화통일을 추구하기 위해서는 북한과도 친하게 지내야 되지 않느냐는 것이다. 우리 사회에서 위험한 주장일 수 있지만 논리적으로 반박하기가 어렵다.

이 교수가 어떠한 사안에 대해 분석이나 비판에 그치지 않고 해법까지 제시하는 것도 돋보인다. 학자로서는 드문 일이기 때문이다. 예를 들어, 북한의 핵 개발 배경을 분석하고 미국이나 한국의 대응 방식을 비판하면서, 북한이 주장하는 한반도 평화협정 체결과 한·미가 주장하는 핵무기 폐기 등을 2단계로 해결하자는 것이다.

북한 붕괴가 가능성도 낮고 바람직하지도 않다는 분석도 설득력이 있다. 북한 붕괴에 따른 흡수통일은 '쪽박'을 차기 쉽고 남북 사이의 화해와 협력을 통한 점진적 평화통일이라야 '대박'을 터뜨릴 수 있다는 그의 주장에 대해서 나는 100% 동의한다. 남북이 적대관계를 풀고 서로 협력하며 자유롭게 연락하고 오갈 수 있게 된다면 그 자체가 통일이나 마찬가지라며 '21세기형 통일'이라는 말을 쓰는 것도 흥미롭다. 지금까지 '사실상의 통일(de facto unification)'이라고 규정되던 상태를 이 교수는 '21세기형 통일'이라고 부른 셈이다.

마지막 장에서 우리가 왜 통일해야 하고 어떻게 통일해야 하는가에 관해 강조한 대목은 매우 호소력이 있다. 통일에 대해 무관심하거나 반대하는 젊은이들이 늘고 있는 마당에 분단에 따른 폐해가 얼마나 크며 통일에 따른 편익이 얼마나 큰지 잘 설명해주고 있는 것이다.

한반도 평화와 남북통일을 위한 이재봉 교수의 열정에 감사하면서, 젊은 세대들이 이 책을 꼭 읽어보기를 바란다.

정세현
_김대중평화센터 부이사장, 전 통일부장관, 전 원광대학교 총장

'존경스러운 노교수'와
'쳐 죽여야 할 빨갱이' 사이에서

2008년 10월부터 2014년 6월까지 10여 차례 법정 증인석에 앉았다. 서울 법원에서 부산 법원까지, 용산 군사법원에서 대전 군사법원까지, 1심 재판정에서 항소심 재판정까지. 2008년 이명박 정부가 출범한 뒤 한 해도 거르지 않고 한두 번 법정을 드나든 셈이다. 한반도 평화와 통일에 관심을 갖고 공부하거나 운동하다 국가보안법 위반 혐의로 걸려든 사람들 재판에 '전문가 증언'을 한 것이다.

피고는 대개 〈전국교직원노동조합(전교조)〉, 〈조국통일 범민족연합(범민련)〉, 〈조국통일 범민족청년학생연합(범청학련)〉, 〈6·15남북공동선언 실천연대〉, 〈한국진보연대〉 등 이른바 '강성 단체' 또는 '이적 단체' 대표나 회원들이었다. 부끄러운 고백이지만, 데모 없이는 하루해를 보내기 어려웠던 1970년대 말부터 1980년대 초까지 대학에 다니면서 시위에 앞장서기는커녕 맨 뒷줄에나마 뒤섞여본 적도 없는 나에게 그들의 언행은 불편하거나 생경하게 느껴질 때가 적지 않다. 이른바 '운동권'에 몸담아본 적이 없는 터라 그들을 잘 알지도 못하고 친분도 별로 없다. 그럼에도 그들과 관련된 민감한 사안에 위험한 증언을 그치지 않은 이유는 그들을 지지하거나 옹호하기 위해서가 아니라 국가보안법을 남용하며 민주주의의 기본을 무너뜨리는 검찰의 횡포에 맞서기 위해서다. 나아가 북한에 대한 편견과 왜곡을 바로잡으면서 한반도의 진정한 평화와 통일을 이루는 데 조금이나마 기여하기 위해서다.

2014년 6월 23일 이석기 의원의 '내란 음모' 혐의 항소심 재판 증인석에 앉았다. 2년 전인 2012년 5월 그의 이름이 언론에 거의 매일 오르내리며 '통합진보당 사태'가 전개될 때 나는 "진보라는 이름을 내걸고 정치를 한다는 사람들이 보여주는 행태가 너무 역겹다"며 "진보 정당은 거듭나야 한다"는 제목의 글을 발표한 적이 있다. 2013년 8월엔 그가 무슨 지하 혁명조직을 만들어 내란을 음모했다는 보도를 접하면서, 검찰 발표에 왜곡과 과장이 섞여 있겠지만, 그를 점잖게 표현하면 '과대망상증 환자' 거칠게 말하면 '미친놈'으로 생각했다. 그런데 그가 무슨 재주로 어떻게 나라를 뒤집어엎을 수 있으리라고 내란죄로 처벌하겠다는 말인가 하는 생각으로 전문가 증언에 나선 것이다.

법정 증인석에 앉을 때마다 그렇듯 그날도 북한의 핵무기 개발, 천안함 침몰과 연평도 포격, 정전협정 위반, 주체사상, 연방제통일 방안, 그리고 주한미군의 성격과 반미운동 등 우리 사회의 '성역' 또는 '금기 사항'에 관해 소신껏 얘기했다. 15명 안팎의 판사, 검사,

변호사를 앞에 두고, 50~60명 정도의 기자와 방청객들을 뒤에 둔 채 내 딴엔 열강을 펼쳤다.

서울 고등법원에서 증언을 마치자마자 다음 날 강연을 위해 바로 제주로 날아갔다. 그날 자정 무렵 서귀포의 한 펜션에서 경기도의 한 원로 신부로부터 카카오톡 메시지를 받았다. 오랜만에 시원한 얘기를 들어 밤이 깊었는데도 감사 인사를 전하고 싶다며 〈경향신문〉의 '속보'를 덧붙여준 것이었다. "원로학자 '이석기 내란음모 시기, 북의 전쟁위협 없었다'"는 제목이 재미있었다. 얼굴은 앳되지만 백발이 성성한 내 뒤통수만 방청석에서 바라본 기자가 나를 노인으로 착각해 제목을 뽑은 모양이다. 검찰이 이석기 의원의 혁명조직이 한반도 전쟁 위기를 맞아 남한 내 주요 국가시설을 파괴할 계획을 세웠다는 등의 혐의로 기소했는데, "이재봉 원광대 사회과학대 학장은 그 무렵 한반도에 전쟁 위협 자체가 없었다"고 주장했다는 내용이었다.

다음 날 6월 24일엔 미국에 사는 처남이 한국 신문을 보았다며 아무 일 없느냐고 걱정스레 카카오톡 메시지를 보내왔다. 인터넷에서 〈조선일보〉를 찾아보니 "이석기 측 증인 '천안함·연평도 사건, 南이 北 자극해 일어났다' 주장"이라는 제목의 기사가 떠올랐다. "이재봉 원광대 평화연구소장이 '천안함 사건은 남한과 미국이 대규모 합동군사훈련을 북한 코앞에서 벌이느라 북한을 자극해서 일어난 일이라고 생각한다'며 '2007년 10월 남북정상회담 합의를 지켰다면 이런 불행한 일은 일어나지 않았을 것'이라고 말했다"는 식의 극우 신문치고는 별 왜곡 없는 보도였다.

〈중앙일보〉와 〈동아일보〉엔 "與 '이석기 측 이재봉 발언 충격…… 아직도 北 옹호 활개'"라고 토씨 하나 틀림없이 똑같은 제목의 기사가 나타났다. 윤상현 새누리당 사무총장이 6월 24일 국회에서 열린 원내 대책회의에서 "이석기 통합진보당 의원의 '내란음모' 사건 재판 증인인 이재봉 원광대 평화연구소장을 향해 '아직도 북한 옹호 발언이 활개 치는 사실이 가히 충격적'이라고 비난했다"는 자극적 내용이었다. 그리고 "이 소장은…… (중략) …… '한반도를 공산화시키려는 북한의 대남 혁명전략은 철학적 측면에서 본받을 점이 있다는 등의 언급을 한 것으로 전해졌다'"는 등의 악의적 왜곡이 덧붙여졌다.

새누리당 원내 대책회의에서 내 증언에 시비를 걸었다니 날 비난하기보다는 여당 사무총장이라는 막강한 위세를 악용해 재판부에 영향을 미치려는 불순하고 음흉한 의도를 드러낸 것으로 보인다. 극우 신문의 같잖은 기자와 수구 정당의 치졸한 정치인이 짜고 치는 종북 타령에 신경 쓸 필요는 없겠지만 불쾌감과 분노를 떨치기가 쉽진 않았다.

제주에서 돌아와 차분하게 인터넷을 뒤져보니 난 '존경스러운 노교수'와 '쳐 죽여야 할 빨갱이' 사이를 오락가락하고 있었다. 홍성규 통합진보당 대변인이 국회에서 기자회견을 갖고 새누리당 사무총장을 비난하는 동영상도 떠올랐다. "윤상현 사무총장이 내란음모 조작사건 항소심 전문가 증인 이재봉 원광대 평화연구소장의 발언을 의도적으로 왜곡하고 음해했다"는 내용이었다. 난 정치학을 공부하고 있어도 현실 정치엔 일부러 어느 정도 거리를 두고 있는데, 요즘 언론에서뿐만 아니라 국회에서까지 내 이름이 들먹거려진 것이다.

이에 극우 기자를 상대로 정정 보도를 요구하는 것은 부질없는 짓이요 수구 정치인에게 맞장 토론을 제안하는 것은 내 격을 떨어뜨리는 일이라 생각하며, 차라리 지금까지의 법정 증언을 널리 그리고 제대로 알리는 게 나을 듯했다. 이 글을 〈프레시안〉에 연재하게 된 이유다.

2008년부터 2014년까지 10여 차례 법정에서 증언한 내용의 많은 부분은 2008년 출판된 『두 눈으로 보는 북한』이라는 내 책에 실려 있다. 이미 절판된 책을 아직 찾는 사람들이 더러 있기에 곧 수정 보완해 펴내야겠다는 계획을 세워놓았지만 게으름 때문에 시작하지 못하고 있던 터라, 어렵지 않게 연재를 시작할 수 있었다.

2014년 7월 8일부터 9월 6일까지 매주 1~2회 글을 쓰면서 많은 분들로부터 분에 넘치는 관심과 격려 그리고 지지와 사랑을 받았다. 강연 요청도 많이 받았다. 연재가 시작되자마자 한 변호사는 내 글이 "장안의 화제"가 되고 있다며 과장 섞인 서울 분위기를 전해주었다. 70대의 국문학자는 "진실을 말할 수 없는 시대의 용기 있는 발언"이 감동적이라고 했다. 미국에서 종교철학을 강의하는 80대 노교수는 "옷깃을 여미는 글, 나도 모르게 긴장이 되는 글"이라며, 계속 진실을 이야기해달라고 부탁했다. 나라 안팎에서 70~80대의 어르신들이 내 글에 감동하거나 긴장하는 이유는 무엇이고, '진실'을 갈망하는 까닭은 무엇일까?

난 어릴 때부터 워낙 소심하게 자라온 겁쟁이라, 아직도 북한에 관해 어디서 누구에게 강의나 강연을 하든 붙잡혀갈까 봐 긴장을 떨치기 어렵다. 글을 쓸 때는 토씨 하나에까지 신경 쓰며 끊임없이 '자기 검열'을 한다. 지금 이 순간에도 그렇다. 마치 교도소 담장 위를 걷는 심정이다. 그러나 법정에서 판사들과 검사들 앞에서는 몹시 민감하고 위험한 주제라도 오히려 느긋하게 열강하게 된다. 증인 선서 덕분이다. 증언에 앞서 "양심에 따라 숨김과 보탬이 없이 사실 그대로 말하고 만일 거짓이 있으면 위증의 벌을 받기로 맹세한다"는 내용의 선서를 하기 때문이다. 거짓 증언으로 벌을 받지 않기 위해서라도 사실대로 말해야 하는 것이다. 나 같은 겁쟁이가 남들보다 무슨 용기가 많겠는가. 판사가 양심에 따라 말하라는 선서를 시켜놓고는 사실대로 말하는 것을 처벌할 리 없을 테니, 맘 놓고 공부한 대로 이야기할 수 있는 것이다. 법정 밖에서 말하거나 글 쓸 때는 국가보안법을 의식해 긴장하지 않을 수 없지만, 법정 안에서는 판사들의 비호 아래 소신껏 진실을 밝힐 수 있는 특혜를 누리는 셈이랄까. 어느 변호사가 어느 법정으로 부르든 기꺼이 달려가는 이유 하나가 거기에 있다.

이 책은 2014년 7~9월 〈프레시안〉에 연재했던 "이재봉의 법정 증언"을 모은 것이다. 서둘러 쓰느라 어색하거나 잘못된 부분을 고치고 빠진 부분을 보충했다. 앞에서 잠깐 밝혔듯, 2008년 출판했던 『두 눈으로 보는 북한』의 주요 내용을 크게 수정 보완한 것이기도 하다. 귀중한 공간을 선뜻 제공해주신 〈프레시안〉 관계자들과 이 책의 편집과 출판을 맡아주신 도서출판 들녘 관계자들에게 감사드린다. 〈프레시안〉 연재를 권유하며 주선해주신 정세현 전 원광대학교 총장과, 연재하는 동안 이메일, 페이스북, 카카오톡 등으로 지지와 격려를 보내주신 모든 분들께도 감사드리지 않을 수 없다.

2015년 1월

이재봉

이재봉의
법정 증언

1

사회주의와 공산주의:
편견과 오해 그리고 이상과 현실

　내가 1960년대에 초등학교 다닐 때 학교에서는 한동안 윗옷 왼쪽 가슴 부분에 조그만 리본을 달게 했다. 대개 빨간 글씨로 '반공방첩' 또는 '승공통일'이라고 써진 것들이었다. 앞의 것은 공산주의를 반대하며 간첩을 막자는 뜻이고, 뒤의 것은 공산주의를 이겨내고 통일을 하자는 의미겠지만, 그때는 그것들이 무슨 뜻인지도 모르고 달고 다녔다. 그로부터 30년쯤 뒤 미국에서 정치학박사 과정을 밟으며 공산주의가 무엇인지 조금이나마 공부하게 되었다.

　예나 지금이나 우리나라에서 초등학교에서든 대학교에서든 공산주의에 관해 제대로 배우고 공부한 사람들이 얼마나 될까. 공산주의의 취지나 목표를 올바로 알고 반공이나 승공 또는 멸공을 외쳐온 사람들은 얼마나 될까. 나는 남한 사람들 대부분이 공산주의가 무엇인지도 모른 채 정부의 방침이나 사회 분위기에 따라 반대만 해왔다고 생각한다. 우리가 손자병법에서 가장 많이 인용하는 말 가운데 하나가 '지피지기(知彼知己) 백전백승(百戰百勝) 또는 백전불패(百戰不敗)'라는 것이다. 상대를 파악하고 자기를 알면 백번을 싸워 백번을 이기거나 지지 않는다는 뜻인데, 공산주의가 무엇인지도 모르면서 공산주의를 이기거나 멸망시킬 수 있을까.

우리가 북한 사람들을 형제로 생각하든 적으로 간주하든, 그들과 평화를 염원하든 전쟁을 준비하든, 그들을 상대하며 통일을 추구하려면 북한 사회가 지향해온 공산주의에 관해 제대로 아는 게 바람직하다고 생각한다. 공산주의라는 게 악으로만 뭉친 사상도 아니요, 공산주의자들이 머리에 뿔 달린 도깨비나 괴물 같은 사람들도 아니다. 아직 국가보안법이 시퍼렇게 살아 있어서 북한이나 공산주의에 관해 호감을 갖거나 긍정적으로 평가하면 처벌받기 쉬운 터에 다소 민감한 말이겠지만, 공산주의를 제대로 공부하고, 좋은 점은 지지하거나 받아들이고 나쁜 점은 비판하거나 배척하면서, 자본주의를 건전하게 발전시키는 가운데 통일을 추구하는 게 좋지 않겠느냐는 뜻이다.

공산주의를 알기 위해서는 사회주의부터 알아보는 것이 좋다. 우리는 흔히 둘을 같은 것으로 쓰고 있지만, 공산주의가 목표나 결과라면 사회주의는 과정이나 수단이라고 할 수 있기 때문이다. 다시 말해 공산주의는 사회주의가 지향하는 마지막 단계 또는 종착점이요, 사회주의는 공산주의를 실현하기 위한 시작 단계 또는 출발점이란 말이다. 따라서 정확하게 말하자면 이 세상에 공산주의국가는 지금까지 하나도 없었고 앞으로도 없을 것 같다. 북한을 포함하여 공산주의를 지향하는 국가들이 다소 있었을 뿐이다.

참고로, 1998년 평양을 처음 방문했을 때 어떤 건물에 빨간 글씨로 큼지막하게 '공산주의'라고 써놓은 간판이 눈에 들어왔다. 북한에서도 사회주의와 공산주의를 구분하지 않고 쓰느냐고 안내원에게 물었더니, 사회주의는 공산주의로 이행하는 단계이고 공산주의는 완벽한 체제라고 대답했다. 그러면 북조선은 공산주의에 도달했느냐고 능청을 떨었더니, 아직 이르지 못했기 때문에 몇 가지 갈등과 문제가 있다고 대꾸했다.

사회주의

북한은 헌법 서문에 "조선민주주의인민공화국은 위대한 수령 김일성 동지와 위대한 령도자 김정일 동지의 사상과 령도를 구현한 주체의 사회주의 조국이다"고 선언하고, 제1장 제1조에서 "조선민주주의인민공화국은 전체 조선인민의 리익을 대표하는 자주적인 사회주의 국가이다"고 규정하고 있다. 나라의 이념이나 사상 또는 체제를 사회주의라고 밝히고 있는 것이다. 또한 경제 문제를 다룬 헌법 제2장 제34조에서는 "조선민주주의인민공화국의 인민경제는 계획경제이다"고 명시하고 있다. 자본주의 시장경제와 반대되는 사회주의 계획경제임을 밝힌 것이다.

　사회주의에는 여러 가지 종류가 있어서 그 개념을 한마디로 정의하기 어렵지만, 말 그대로 사회를 강조하는 이념이나 사상이라고 할 수 있다. 자본주의가 개인의 '자본(재산)'과 자유를 최고의 가치로 삼는다면, 사회주의는 '사회'의 조화와 평등을 최고의 가치로 삼는 것이다. 동서고금을 막론하고 모든 인류가 지향해온 가장 기본적인 가치나 목표 두 가지를 꼽으라면 자유와 평등일 텐데, 자본주의는 평등보다 자유를 더 중시하고 사회주의는 자유보다 평등을 더 중시하는 셈이다.

　사회주의는 자본주의의 단점이나 폐단이라고 할 수 있는 사유재산에 따른 부의 편중이나 사회적 불평등 또는 모순 등을 극복하거나 개선하기 위해 발전되어온 사상이기 때문에, 사유재산을 인정하지 않는 것이 기본 원칙이다. 자본주의와 사회주의의 큰 차이 가운데 하나는 사유재산을 인정하느냐 금지하느냐는 점인 것이다.

　사회주의나 공산주의와 관련하여 많은 사람들이 잘 모르거나 가장 큰 오해를 하고 있는 부분이 아마 사유재산에 관한 것이리라 생각한다. 사유재산(私有財産)이란 말 그대로 개인이 갖는 재산이다. 개인이 자유롭게 사용하고 처분할 수 있는 재산이란 말이다. 여기서 중요한 것은 사유재산의 대상이 생산수단에 한정된다는 점이다. 개인의 욕망을 충족시키기 위해 소비하는 재물, 쉽게 말해 우리가 일상생활에서 사용하는 물품들인 음식, 옷, 가구, TV와 냉장고 같은 가전제품 등은 물론 값비싼 자동차도 개인이 가질 수 있다. 북한에도 관용차 말고 자가용을 굴리는 사람들이 있다. 북한에서는 헌법 제2장 제24조에 다음과 같이 규정하고 있다.

"개인소유는 공민들의 개인적이며 소비적인 목적을 위한 소유이다. 개인소유는 로동에 의한 사회주의 분배와 국가와 사회의 추가적 혜택으로 이루어진다. 터밭경리를 비롯한 개인 부업경리에서 나오는 생산물과 그 밖의 합법적인 경리활동을 통하여 얻은 수입도 개인소유에 속한다. 국가는 개인소유를 보호하며 그에 대한 상속권을 법적으로 보장한다."

그러나 어떤 물건을 만들어낼 때 노동의 대상이나 도구가 되는 생산수단은 개인이 가질 수 없다. 식량을 만들어내는 데 필요한 토지나 지하자원 그리고 옷이나 가구를 만들어내는 데 필요한 원료나 기계 등은 가질 수 없다는 뜻이다. 가장 대표적인 생산수단은 농장과 공장인데 이런 것들은 국가나 공공기관만 가질 수 있는 것이다. 북한에서는 이와 관련하여 헌법 제2장 제20~22조에서 다음과 같이 밝히고 있다.

"조선민주주의인민공화국에서 생산수단은 국가와 사회협동단체가 소유한다. 국가소유는 전체인민의 소유이다. 국가소유권의 대상에는 제한이 없다. 나라의 모든 자연부원, 철도, 항공, 운수, 체신기관과 중요 공장, 기업소, 항만, 은행은 국가만이 소유한다. 국가는 나라의 경제발전에서 주도적 역할을 하는 국가소유를 우선적으로 보호하며 장성시킨다. 사회협동단체 소유는 해당 단체에 들어있는 근로자들의 집단적 소유이다. 토지, 농기계, 배, 중소 공장, 기업소 같은 것은 사회협동단체가 소유할 수 있다. 국가는 사회협동단체 소유를 보호한다."

사회주의에서 사유재산을 금지한다는 것을 다시 정리하자면, 소비재는 자동차처럼 아무리 비싸고 큰 것이라도 개인이 가질 수 있되, 생산수단은 땅이 손바닥만 하고 공장이 아무리 조그마해도 개인이 가질 수 없다는 것이다. 참고로 중국은 지속적인 개혁개방을 통해 "정치체제는 사회주의라도 경제제도는 자본주의"라는 말을 들을 정도로 자본주의를 받아들여오고 있는데, 생산수단 가운데 공장이나 기업은 개인이 가질 수 있게 되었지만 아직 땅은 한 평도 가질 수 없다. 농지에 대한 경작권은 가질 수 있어도 소유권은 가질 수 없으며, 공장을 세워 그 건물은 사고팔 수 있어도 공장이 들어선 땅은 사고팔 수 없다는 뜻이다.

그렇다면 사회주의에서 생산수단을 개인이 갖지 못하게 하는 배경이나 이유는 무엇일까? 마르크스의 말을 빌려 한마디로 표현하자면 노동력 착취를 막기 위해서다. 예를 들어, 한 개인이 농장이나 공장을 가지고 있으면 그 자신은 직접 일을 하지 않고도 일꾼들의 노동을 통해서 많은 것을 얻을 수 있다. 그리고 농장이나 공장이 없는 사람은 아무리 열심히 일을 해도 생산한 것을 자신이 직접 갖지 못하고 지주나 공장주로부터 노동의 대가 또는 임금을 받을 뿐이다. 이 과정에서 농장이나 공장 등 생산수단을 가진 사람들은 그것을 갖지 못한 사람들의 노동력을 빼앗게 되는데, 사람이 사람을 착취하는 비인간적인 현상을 방지하기 위해 생산수단을 국유화 또는 공유화한다는 것이다. 농장과 공장 그리고 기업 등이 소수 개인의 이윤 추구를 위해서가 아니라 공공사회의 필요를 위해 운영되도록 하기 위해서다.

따라서 사회주의는 지주와 자본가들이 없어지고 농민과 노동자들이 중심이 되는 사회를 추구한다. 이른바 노동자 천국을 이루겠다는 것이며, 그래서 육체노동을 중시한다. 예를 들어 북한에는 '금요노동'이라는 게 있다. 사무직이나 연구직에 종사하는 정신노동자들이, 직위가 높든 낮든, 특별한 경우를 빼고는 금요일에 근처 공장이나 농장에 가서 육체노동에 종사하는 것을 일컫는다. 소위 지식인들이 육체노동 자체를 경시하거나 육체노동자들을 천시하지 못하도록 만든 제도다. 이런 맥락에서 북한에서는 힘들고 위험한 일에 종사하는 탄광노동자들이 의사나 변호사 또는 대학교수들보다 생활비(월급)를 더 많이 받고 있다.

이와 관련하여, 사회주의가 평등을 중시하거나 지향한다고 해서 모든 사람들이 똑같이 분배 받는다고 오해하기 쉬운데 그렇지는 않다. 사회주의의 취지는 소수의 개인이 생산수단을 소유하여 다른 사람들의 노동력을 빼앗으면서 많은 재산을 모으는 것을 방지하자는 것이지, 개인의 노동에 따른 대가나 보상까지 똑같이 하자는 것은 아니다. 북한에서도 사무직에서는 고등학교 졸업자보다 대학교 졸업자가 월급을 더 많이 받고, 육체노동직에서는 중노동하는 사람이 경노동하는 사람보다 더 많은 월급을 받는 것이 일반적이다. 노동의 양과 질에 따라서 대가나 보상 또는 분배나 결과가 결정되는 것이다. 이것이 사회주의 분배 원칙으로, 뒤에 나오는 공산주의 분배 원칙과는 다르다. 공산주의에서는 '필요에 따라' 분배된다고 하지만, 사회주의에서는 '노동의 양과 질에 따라' 분배되는 것이다.

공산주의

흔히 마르크스주의(Marxism)라고 불리는 이른바 과학적 공산주의 또는 현대공산주의는 1848년 마르크스가 '공산당 선언'을 내놓으면서 이론적 체계를 갖추기 시작한 사상이다. 1818년 독일에서 태어난 마르크스가 대학을 졸업하고 신문기자로 일하다 프랑스를 거쳐 영국에서 생활할 때는 산업혁명이 한창 진행 중이었다. 기계와 공장의 등장으로 경제가 크고 빠르게 성장하는 가운데 농업사회가 공업사회로 바뀌어갔다. 이런 공업화 과정에서 그는 노동자들이 한 낱 기계의 부품으로 전락하는 한편 공장주들에게 부당한 대우를 받는 것을 보면서 공산주의사상을 발전시킨다.

농업사회에서는 집과 일터가 같이 있고 자신이 생산한 물건을 소비하며 살았지만, 공업사회에서는 가정과 직장이 떨어지고 생산과 소비가 분리되었다. 농지를 가진 지주들 대신 공장을 운영하는 자본가들이 등장하고, 많은 사람들은 공장노동자로 변신하여 노동의 대가로 받은 임금으로 살아가게 되었다. 노동자들은 시끄럽고 열악한 공장 환경 속에서 엄격한 규율과 통제 아래 오랜 시간 일하도록 강요당하기 일쑤였다. 수공업시대에는 자신의 노동에 맞추어 기계를 돌렸지만, 공업화에 따라 자동기계의 규칙적인 작동에 자신의 노동을 맞추어야 했다. 더구나 기계가 자동으로 돌아가게 되니 노동자들의 숙련된 기술이나 솜씨도 별로 쓸모없게 되었다. 따라서 기술의 발전은 생산력의 증대를 불러왔지만, 다른 한편으로는 자본가와 노동자 사이의 갈등도 불러왔다. 열악한 근로조건 아래서 장시간 노동을 하고도 낮은 임금을 받으며 빈곤한 생활에 시달리던 노동자들은 마침내 노동조합을 만들어 공장주들에게 저항하기 시작했다. 이에 마르크스는 '공산당 선언'을 통해 "전 세계의 노동자들이여, 단결하라!"며 자본가와 노동자들 사이의 계급투쟁을 선동했다. "공산주의혁명에서, 노동자들이 쇠사슬 말고는 잃어버릴 것이 없다"면서 말이다.

이러한 태생적 배경을 가진 공산주의는 궁극적으로 전 세계 모든 인류가 능력에 따라 일하고 필요에 따라 분배받는 이상적 사회를 목표로 한다. 따라서 공산주의가 이루어지려면 기본적으로 세 가지가 없어져야 된다. 첫째, 부의 편중이나 사회적 불평등을 불러오는 사유재산이 사라져야 한다. 앞에서 소개한 대로 사회주의의 기본 원칙으로 공산주의의 출발점이라고 할 수 있다. 둘째, 사회적 갈등과 대립을 일으키는 계급이 사라져야 한다. 노동력을 착취하는 자본가 계급이 제거되어야 한다는 뜻이다. 셋째, 인민의 자유로운 생활을 간섭하고 통제하는 정부가 사라져야 한다. 궁극적으로 온 세계가 하나로 합쳐지는 이른바 세계적 무정부 상태가 이루어져야 하는 것이다. 따라서 공산주의는 무소유(無所有), 무계급(無階級), 무정부(無政府)의 3무 사회를 이루는 것이라고 할 수 있다.

이렇듯 공산주의의 배경과 목표는 참 훌륭하고 바람직하다고 생각한다. 전 세계 모든 사람들이 민족과 국가를 뛰어넘어 한 울타리 안에서 아무런 간섭이나 통제 없이 능력껏 일하고 필요한 만큼 분배받는 사회가 이루어진다면 얼마나 좋겠는가. 그러나 이를 실현하는 데는 몇 가지 심각한 문제가 생길 수밖에 없다.

첫째, 개인이 생산수단을 갖지 못하게 되면 자본가들의 노동력 착취가 없어지고, 2000년대 들어 남한 사회에서 흔히 거론되고 있는 양극화나 빈익빈부익부 현상 같은 부의 편중이나 사회적 불평등이 일어나기 어렵겠지만, 생산성이 크게 떨어져 경제성장도 이루기 어려울 것이다. 경영자나 관리자 처지에서는 자기 것이 아니기 때문에 소위 주인정신이 약해 소홀하기 쉽고, 노동자 입장에서는 근로의욕을 높이는 유인책(인센티브)이 적어 최선을 다하지 않을 것이기 때문이다. 사기업 또는 민영기업보다 공기업이나 국영기업의 생산성이 떨어지는 이유요, 자본주의국가보다 사회주의국가의 생산성이 뒤처지는 배경이다.

둘째, 더욱 심각한 문제는 계급을 없애는 과정에서 폭력을 부추기거나 정당화한다는 것이다. 여기서 계급이란 흔히 군대나 경찰 등의 조직에서 신분이나 직위가 높고 낮음을 구분하는 단계가 아니라, 서로 이해관계가 달라 갈등하고 대립하며 투쟁하는 집단을 일컫는다. 예를 들면, 고대의 귀족과 노예, 중세의 영주와 농노, 근대의 자본가와 노동자가 이런 의미의 계급이다. 이렇게 시대마다 상반되는 집단들 사이의 대립과 투쟁을 통해 인류가 발전해왔기 때문에, 마르크스는 인류의 역사를 '계급투쟁의 역사'라고 했다.

공산주의가 이루어지기 위해서는 자본가계급이 없어져야 한다고 했는데, 자본가들이 스스로 사유재산을 내놓고 노동자계급으로 변신할 수 있을까? 동서고금을 막론하고 그런 일은 절대 없을 것이다. 그렇다면 노동자계급이 자신들을 착취하는 자본가계급을 물리쳐야 하는데 그게 어떻게 가능할까? 자본가들이 생산수단만 가지고 있는 게 아니라 그것을 통해 부를 축적하고, 축적된 부를 통해서는 온갖 정보 및 통제나 회유수단을 가지며, 권력과 결탁하거나 아예 권력을 잡기까지 하는 마당에, 노동자들이 무슨 수로 자본가들을 타도할 수 있겠느냐는 말이다.

이에 마르크스는 모든 노동계급이 단결하여 혁명을 통해 지배계급을 바꿀 수 있다고 하였다. 그게 바로 '프롤레타리아(노동자) 폭력혁명'이다. 계급을 없애는 것은 폭력을 통해서만 가능하다는 말인데, 폭력적 수단에 의하지 않고 공산주의를 실현할 수 없다는 것이 공산주의의 가장 심각한 문제가 아니겠는가.

공산주의를 추구하는 사회에서는 끊임없이 혁명을 추구한다. 북한에서도 언제 어디서든 혁명이란 단어를 쉽게 찾을 수 있는 이유다. 혁명이란 본디 어떤 제도나 조직 등을 근본적으로 뜯어 고치는 일을 뜻하는데, 이는 흔히 폭력을 수반하게 되고 피를 보기 쉽다. 이른바 폭력혁명이요 유혈혁명(流血革命)이다. 이 때문에 피는 혁명을 상징하게 되었고, 핏빛 또는 붉은색은 혁명을 상징하는 색깔이 되었다. 빨간색이 일반적으로는 정열이나 뜨거운 사랑 등을 뜻하지만, 정치사회적으로는 희생이나 투쟁 또는 쟁취 등을 의미하게 된 것이다. 그래서 붉은색 또는 빨간색은 끊임없이 혁명을 추구하는 사회주의나 공산주의를 상징하는 색깔이 되었다. 공산당이나 공산주의를 지향하는 국가의 깃발이나 여타 상징들이 대개 빨간색을 띠고 있는 배경이다. 예를 들어, 과거 소련의 군대는 '붉은 군대(적군, 赤軍)'였으며, 중국의 국기는 '다섯 개의 별이 있는 붉은기'라는 뜻의 '오성홍기(우싱홍치, 五星紅旗)'다. 북한에서는 1990년대 중반 "붉은기를 높이 들고" 어려움을 극복하자며 '붉은기 정신' 또는 '붉은기 사상'이란 말을 많이 썼다. 또한 북한의 군가 가운데는 '붉은기의 노래'라는 뜻의 '적기가(赤旗歌)'가 있는데, 2003~04년 남한에서 꽤 인기를 끌었던 영화 〈실미도〉에서 사용하는 바람에 그 영화는 '좌경용공 영화'로 비난받기도 하고 감독은 국가보안법 위반 혐의로 고소당하기도 했다. 그러나 실제 그 노래는 1930년대 항일무장투쟁 당시 널리 불리던 노래였다. 미국에서는 공산주의자를 속된 말로 'Red'로 표기하는데, 남한에서는 '적색분자(赤色分子)' 또는 '빨갱이'로 써왔다. 물론 남한에서는 특히 군사독재 시절 남한이나 미국 정부에 조금이라도 부정적이거나 비판적인 언행을 하는 사람들을 싸잡아 빨갱이로 매도했는데, 앞으로는 이 말의 배경과 취지를 제대로 알고 써야 할 것이다.

셋째, 노동자혁명을 통해 자본가계급이 타도된다 할지라도 공산주의가 실현될 때까지는 독재정치를 실시해야 한다는 것도 비판받아야 할 점이다. 공산주의를 지향하는 과정에서 생산수단의 사유화를 금지하고 계급을 폐지하더라도 모든 인민이 한결같이 당과 국가의 방침이나 정책을 지지하거나 따르기는 어려울 것이다. 당이나 국가의 결정을 지지하고 따르는 사람들에게는 인민민주주의를 실시하지만, 그 결정에 반대하거나 저항하는 개인이나 집단에 대해서는 불순분자 또는 반동세력으로 몰아붙이고 무자비하게 숙청하며 독재를 시행하게 된다. 이른바 프롤레타리아 독재다.

요약하자면 공산주의가 태어난 배경이나 지향하는 목표는 훌륭하고 이상적이지만, 공산주의를 실현하기 위한 과정이나 수단은 폭력적이고 바람직하지 않다는 것이다. 그래서 나는 폭력과 독재를 배제하고 평화적 수단과 방법으로 공산주의를 추구할 수는 없는지 고민해볼 때가 더러 있다. 예를 들어, 전 세계적으로 기독교와 불교를 믿는 사람들이 매우 많을 텐데 예수의 사랑과 용서 정신 그리고 부처의 자비와 불살(不殺) 정신 등을 바탕으로, 온 인류가 자유롭고 평등하게 능력에 따라 일하고 필요에 따라 분배받는 진정한 공산주의 사회를 성취할 수 없을까.

사회주의와 공산주의의 전망

앞에서 얘기했듯이 사회주의와 공산주의의 제일 기본적인 조건은 생산수단의 사유화를 금지하는 것이다. 따라서 개인의 자유 특히 사유재산에 대한 자유를 가장 중시하는 자본주의를 무너뜨려야 사회주의를 발전시킬 수 있고, 이러한 사회주의를 거쳐야 공산주의를 실현할 수 있다. 그러나 1990년을 전후로 사회주의체제는 대부분 해체되거나 붕괴되어버렸다. 타도나 흡수의 대상이었던 자본주의는 오히려 확장되는 반면, 사회주의가 스스로 무너지거나 자본주의에 흡수되어버리는 역설적 현상이 빚어진 것이다. 이를 어떻게 받아들이고 해석해야 할까?

나는 자본주의체제가 별로 바람직하지 않으면서도 지금까지 무너지지 않고 유지되어온 이유 가운데 하나는 사회주의가 자본주의를 비판하고 견제해왔기 때문이라고 생각한다. 사람이든 체제든 비판이 없으면 부패하기 쉽고, 경쟁이 없으면 발전을 꾀하기 어렵다. 그래서 자본주의를 초기부터 체계적으로 그리고 혹독하게 비판해온 마르크스를 비롯한 공산주의자들이야말로 자본주의 발전에 가장 큰 공을 세운 사람들이라고 생각한다.

사실 자본주의는 지금까지 끊임없이 변화하면서 발전해왔다. 자본주의가 시장경제와 결합되는 순수자본주의, 즉 정부의 간섭과 통제를 배제하거나 최소화하고 경제의 모든 것을 시장에 맡긴다는 경제체제는 오래전에 사라졌다. 특히 1930년대 세계대공황을 극복하는 과정에서부터 경제활동에 대한 정부의 개입과 역할이 커져왔다. 이른바 수정자본주의다. 시장의 역할에 초점을 맞춘 자본주의 시장경제에 정부의 개입이라는 사회주의 계획경제의 요소를 섞었다고 해서 혼합경제체제(mixed economic system)라고 부르기도 한다. 이제는 세계 어디에서나, 미국에서든 남한에서든, 순수한 자본주의를 찾아볼 수 없을 만큼 자본주의가 수정되면서 발전해온 것이다.

이제는 자본주의라는 말조차 잘 쓰지 않으려는 경향이 있다. 자본주의라는 말을 생략한 채 시장경제라고 쓰거나 '시장민주주의(market democracy)'라고 부른다. 자본주의 하면 빈익빈부익부 또는 황금만능 등의 부정적 개념이 먼저 떠오르지만, 시장이란 말은 수요와 공급에 의한 자유로운 소통을 먼저 연상시키기 때문이 아니겠는가.

이와 달리 사회주의는 자본주의처럼 변화를 추구하지 않았다고 생각한다. 역사가 짧은 탓이겠지만, 자본주의가 사회주의 계획경제의 장점을 받아들인 것만큼 사회주의는 자본주의 시장경제의 장점을 받아들이지 않은 것이다. 사회주의국가들 가운데서는 아마 중국이 처음으로 1980년을 전후하여 자본주의 시장경제의 요소를 받아들이기 시작했을 것이다. 자본주의가 계획경제와 결합할 수 있듯이, 사회주의도 시장경제와 결합할 수 있다면서 말이다. 이른바 '중국 특색의 사회주의'요, '시장사회주의(market socialism)'다.

자본주의가 사회주의의 장점을 받아들이며 수정과 발전을 추구해왔듯이, 사회주의도 자본주의의 장점을 받아들이며 수정과 발전을 추구할 수 있을 것이다. 사회주의에서는 수정주의를 비판적으로 보는 경향이 지배적인데, 무슨 사상이나 이념 또는 주의나 주장이든 세월이 흐르면 변할 수도 있고, 수정이 바람직할 경우도 많으리라고 생각한다.

게다가 나는 현존하는 사회주의체제들이 공산주의를 실현하기 어렵다고 생각한다. 그리고 자본주의체제들을 무너뜨리고 완전한 공산주의 세계를 만드는 것은 거의 불가능하다고 생각한다. 개인 차원에서든 국가 차원에서든 세월이 흐르면서 경제가 커지고 성장할수록 사회주의와 공산주의에 대한 긍정적 인식이나 매력이 줄어든다고 믿기 때문이다.

　　개인 차원을 보자. "나이 20에 진보적 생각을 갖지 않으면 가슴이 없는 사람이요, 나이 40이 되도록 그러한 기질을 간직하면 머리가 없는 사람이다"는 서양 속담이 암시하듯이, 젊을 때는 뜨거운 가슴을 가지고 정의를 외치며 사회주의 같은 진보적 사상에 빠져들기 쉽지만, 나이가 들면서 직장을 갖고 가족이 딸리면 불의와 타협하면서 보수적으로 바뀌는 경향이 크다. 우리 주변을 봐도, 대학교에 다닐 때는 이른바 운동권에 속해 있으면서 민주주의와 사회 정의를 부르짖다가, 졸업한 뒤 안정된 직장을 갖고 결혼을 하게 되면 부정과 불의를 보고도 눈을 감아버리는 사람들이 많다. 젊어서 가진 것이 없거나 적을 때는 세상이 뒤바뀌더라도 잃어버릴 게 없기 때문에 변화나 혁명을 추구하기 쉽지만, 나이 들어 사회적 지위가 올라가고 가진 것이 늘어나면 세상이 뒤집어질 경우 잃어버릴 게 많기 때문에 현상이 유지되기를 바라게 된다. 대개 가난한 동네의 못사는 사람들이 개혁을 앞세우며 진보적인 데 반하여 부유한 동네의 잘사는 사람들이 안정을 내세우며 보수적인 것은 이 때문이다.

이와 마찬가지로 국가 차원에서도 경제가 성장하고 안정될수록 공산주의와 멀어지는 것을 볼 수 있었다. 제2차 세계대전 이후 소련이 동유럽에 공산주의사상을 확산시키자, 미국이 이에 맞서 서유럽에 대규모의 경제원조를 실시했던 것을 떠올려보라. 마샬 플랜(Marshall Plan) 말이다. 전쟁으로 피폐해진 국가들이 경제성장을 통해 공산주의에 빠져들지 않도록 했던 것이다.

물론 마르크스의 주장에 따르면 경제가 성장할 때 노동자혁명이 일어나기 쉽다. 경제가 성장하는 과정에서 노동자들이 빈익빈부익부 현상을 직접 보면서 자신들이 착취당하고 있다는 것을 느껴야 자본가들을 타도해야겠다는 생각이 들 것이기 때문이다. 이른바 계급의식을 갖게 되는 '의식화'가 먼저 이루어져야 혁명을 추구하게 된다는 것이다. 그러나 현실은 이와 다르다는 것을 보게 된다. 남한에서만 하더라도 노동자들이 혁명은커녕 노동조합조차 만들지 못하는 경우가 있지 않은가.

요약하자면 공산주의가 추구하는 목표는 매우 바람직하지만, 공산주의를 실현하는 것은 거의 불가능하다는 것이 내 생각이다. 따라서 자본주의든 사회주의든 한쪽이 다른 쪽을 타도의 대상으로 삼지 않고 공존하는 가운데, 경우에 따라 서로 협력도 하고 때로는 경쟁도 하면서, 인류의 삶의 질을 높이는 데 함께 기여하게 되기를 기대한다.

2

한인들의 공산주의 운동:
일제하 민족해방운동의 수단

앞에서 공산주의에 관해 얘기했는데, 남한에서 공산주의 하면 아마 많은 사람들이 가장 먼저 북한이나 김일성 등을 떠올리기 쉬울 것이다. 세계적으로는 북한이 최초로 또는 유일하게 공산주의를 추구해온 나라도 아니요, 한반도 안에서는 김일성이나 그의 동료들이 가장 먼저 또는 유일하게 공산주의운동을 벌였던 것도 아닌데 말이다.

또한 대부분의 사람들은 공산주의라는 말을 들으면 치를 떨게 될지 모른다. 공산주의가 태어난 배경과 지향하는 목표는 매우 훌륭하고 바람직하지만, 그것은 전혀 생각하지 못하고 폭력과 독재라는 수단만 떠올릴 것이기 때문이다. '6·25동족상잔'을 통해서다. 연로한 세대들은 한국전쟁의 참상 가운데서도 북한 인민군의 잔혹함을 직접 겪거나 들었다며 공산당에 몸서리를 치게 되고, 젊은 세대들은 학교와 사회의 극심하고 왜곡된 반공문화와 안보교육에 세뇌당하여 공산주의에 기겁하고 두려워하게 된 게 아닐까 한다.

우리는 분단과 전쟁을 통해 공산주의를 처음으로 접한 것처럼 오해하기 쉽지만, 한반도에서 공산주의운동은 일제치하에서부터 시작되었다. 그것도 북녘 평양보다는 남쪽 서울에서 훨씬 활발했다. 서울은 1945년 해방이 되면서 많이 불리게 된 공식 이름이니 정확하게 말하면 경성(京城)에서다. 물론 한반도가 남북으로 분단되기 훨씬 이전이었으니 평양과 서울을 구별하는 것도 큰 의미는 없지만 말이다.

여기서 강조하고 싶은 점은 소련이 1945년 분단과 함께 북녘에 들어와 공산주의를 전파하고 김일성이 1950년 6·25전쟁을 통해 남쪽을 공산화하려고 했던 것이 한반도 공산주의운동의 시작이 아니라, 1925년 서울(경성)에 공산당이 생기는 등 늦어도 1920년대 초부터 한반도에서 공산주의운동이 시작되었다는 사실이다.

한인 최초의 공산주의운동

1917년 10월 러시아혁명은 유럽뿐만 아니라 세계 도처에 영향을 끼쳤다. 제2차 세계대전 이후 세계 제1의 반공국가가 되어 소련과 대치하며 냉전을 이끌었던 미국에서도 1917년부터 공산주의운동이 일어나기 시작해 1919년에는 전국적인 공산당이 두 개나 생길 정도였다. 물론 공산당은 한 나라에 두 개 이상 있을 수 없다는 레닌의 지적을 받고 1921년에 하나로 합쳐졌지만.

바다 건너 미국 사람들이 이럴 정도였다면 조선인들을 포함한 식민지 피압박 민족들은 어떠했을까. 한반도는 지리적으로 러시아와 멀리 떨어진 것도 아니고 육지로 연결되어 있어서, 우리 조상들은 일본제국주의의 가혹한 식민통치를 피해 중국 만주지역뿐만 아니라 러시아 연해주지역에도 많이 나가 살고 있었다. 당시 공산주의라면 민족해방사상으로 받아들여지던 터에 조선의 독립운동가들은 당연히 마르크스주의에 빠져들면서 공산주의운동을 항일운동의 효과적 수단으로 받아들였을 것이다. 그 시절에는 항일독립운동가들뿐만 아니라 글줄이나 읽는 사람이 공산주의에 빠지지 않으면 진짜 지식인이 아니라는 말까지 떠돌았다고 하지 않은가.

한인들 또는 조선인들 가운데 최초의 공산주의운동 조직은 1917년 러시아혁명 직후 러시아 연해주에서 생겼다. 중국의 만주지역과 더불어 일찍부터 조선인 이주민 사회가 이루어져 전통적으로 항일민족해방운동이 싹텄던 지역에 1918년 사회주의정당인 〈한인사회당〉이 만들어진 것이다. 이를 만들고 이끄는 데 핵심 역할을 했던 사람은 성재 이동휘. 우리에게 상해임시정부의 초대 국무총리로 널리 알려진 사람이지만, 흔히 '한인 최초의 공산주의자'로도 불리는 사람이다.

그는 1873년 함경남도 단천에서 태어나 1895년 한성무관학교에 입학해 공부했다. 1902년 이준, 민영환 등과 〈개혁당〉을 만들어 개화운동을 펼쳤으며, 1907년 일제가 광무황제를 강제로 퇴위시키자 의병을 일으키려다 헤이그밀사 사건과 관련해 옥고를 치렀다. 석방된 뒤에는 안창호, 이동녕 등과 〈신민회〉를 조직하여 계몽운동과 항일투쟁을 벌이다 1911년 이른바 '105인 사건'으로 유배당했지만, 다음 해 탈출에 성공하여 시베리아로 망명했다. 1913년 연해주로 옮겨 이상설, 신채호 등과 함께 민족해방투쟁에 힘쓰는 한편 중국쪽에 무관학교를 세워 독립군 양성에 힘쓰다 일제에 쫓기던 중, 1917년 러시아혁명이 일어나자 그에 영향 받아 1918년 연해주지역에 〈한인사회당〉을 만들고 〈한인적위군〉을 편성했다. 1919년 3·1운동이 일어나자 독립만세운동을 펼쳤으며, 대한임시정부의 군무총장에 취임하여 항일독립군 양성에 힘쓰다 상해임시정부의 국무총리가 되었다. 그러나 이승만 대통령과 갈등이 빚어지던 터에 레닌의 원조자금을 유용했다는 시비가 일자 1921년 국무총리를 그만두고 상해와 연해주를 오가며 꾸준히 항일민족해방투쟁을 전개하다 1935년 사망했다.

이동휘의 약력을 이렇게 길게 소개한 이유가 있다. 훌륭한 계몽운동가요 치열한 항일독립운동가였다는 사실을 밝히기 위해서다. 그러나 그는 남한에서 오랫동안 제대로 인정받지 못했다. 남한이 상해임시정부의 법통을 이어받는다고 헌법에까지 명시해놓고 있으면서도, 그 정부에서 초대 국무총리까지 지낸 사람의 업적을 인정하는 데는 무려 70년이 넘게 걸렸다. 김영삼 정부 때인 1995년에야 그에게 건국훈장을 주었던 것이다. 왜? 공산주의자였다는 이유로. 물론 그의 공산주의운동 경력이 한반도의 분단이나 북한 정권의 수립 또는 한국전쟁과 조금이라도 관련된다면 어느 정도 이해할 수 있다. 그러나 그의 공산주의운동은 철저하게 항일민족해방투쟁에 초점을 맞춘 것이었고, 그는 해방되기 10년 전인 1935년에 죽었기 때문에 1945년의 남북 분단이나 1948년의 북한 정부 수립 그리고 1950년의

국립서울현충원에서 열린 이동휘의 79주기 추모식. ⓒ연합뉴스

6·25동족상잔과는 전혀 관계없었다.

이동휘가 일제하에서 공산주의자였다는 이유로 항일독립운동의 빛나는 업적에 대해서조차 오랫동안 인정을 받지 못한 것은 무엇보다 남한 정부의 치졸하고 왜곡된 반공정책 때문이었지만, 백범 김구도 이에 한몫했을지 모르겠다. 당시 민족지도자들을 정치이념에 따라 분류해본다면 이승만과 함께 가장 오른쪽에 자리 잡게 될 극우파였지만, 요즘 남한 사회에서 가장 존경받는 인물 가운데 한 사람인 김구는 『백범일지』에 다음과 같은 기록을 남겨놓았기 때문이다.

"임시정부 직원 중에도 민족주의니 공산주의니 하여 음으로 양으로 투쟁이 개시되었다. 심지어 국무총리 이동휘가 공산혁명을 부르짖고, 이에 반하여 대통령 이승만은 데모크라시를 주장하여 국무회의 석상에서도 의견이 일치하지 못하고 대립과 충돌을 보는 기괴한 현상이 층생첩출하였다. 예하면 국무회의서는 러시아에 보내는 대표로 여운형, 안공근, 한형권 세 사람을 임명하였건마는, 정작 여비가 손에 들어오매 이동휘는 제 심복인 한형권 한 사람만을 몰래 떠나보내고 한이 시베리아를 지났을 때쯤 하여서 이것을 발표하였다. 이동휘는 본래 강화진위대 참령으로서 군대해산 후에 해사위로 건너가 이름을 대자유라 하고 행세한 일도 있다."

민족주의자였던 이동휘가 공산주의운동 조직을 만들었던 가장 큰 이유는 레닌 정부의 힘을 빌려 조선 독립을 성취하기 위해서였다고 한다. 당시 러시아는 제국주의의 식민통치를 받고 있는 피압박 민족들의 해방을 위해 원조를 아끼지 않았기 때문이다. 실제 그는 1919년 세 명의 사절단을 모스크바에 보내 상당한 독립운동자금을 얻어냈는데, 이 돈을 상해임시정부에 내놓지 않은 바람에 임시정부 지도자들 사이에 갈등이 빚어졌다. 그래서 그는 국무총리직을 사임하고 〈한인사회당〉의 후신이랄 수 있는 〈고려공산당〉을 만들어 공산주의를 통한 항일운동을 벌이다 생을 마쳤던 것이다.

한반도 안에서의 공산주의운동

러시아혁명 이후 공산주의운동이 세계적으로 널리 퍼지는 가운데 1920년대 초부터 식민지 조선 안에서도 공산주의운동이 일어나기 시작하여 1925년에는 경성에 〈조선공산당〉이 세워졌다. 초대 책임비서는 1891년 경상북도 안동 출신의 김재봉. 나와 성은 다르지만 이름이 같은 사람이다. 1920년을 전후하여 농민운동을 하기도 하고 신문기자로 지내기도 하다 두어 차례 감옥살이를 하고, 조선 독립과 공산혁명을 목표로 1924년 〈조선노농총동맹〉과 〈조선청년총동맹〉을 조직했는데, 이를 기반으로 1925년 〈조선공산당〉이 들어

김재봉의 옥중 사진. 2005년에 대한민국
건국훈장이 추서되었다.

서자 책임비서로 선출된 것이다. 그리고 〈조선공산당〉의 청년조직
인 〈고려공산청년회〉의 책임비서는 1900년 충청남도 예산 출신으
로 그 무렵 〈동아일보〉와 〈조선일보〉 기자로 활동하던 박헌영이었
다. 우리에게 많이 알려진 사람이다.

　김재봉, 박헌영 등이 주도한 〈조선공산당〉은 '타도 일본제국주
의'와 '조선 민족해방 만세' 등의 기치를 내걸고 항일독립운동을 펼
쳐나갔다. 그러나 1925년 11월 신의주에서 일어난 일본 경찰에 대
한 폭행사건을 통해 조직이 탄로 나는 바람에 일제가 대대적인 단속
을 벌여 지도자들을 비롯한 60여 명의 당원을 체포함으로써 〈조선

공산당〉1차 조직은 1년도 가지 못하고 해체되고 말았다. 1925년 12월 비밀리에 2차 조직이 결성되었지만 당원들이 1926년 6·10만세운동을 주도하다가 백 수십 명이 일제헌병대에 붙잡힘으로써 다시 붕괴되고 말았다. 1926년 11월에는 3차 조직이 만들어졌지만 1928년 2월 해체되고, 3월에 4차 조직이 이루어졌지만 갈수록 가혹해지는 일제의 감시와 탄압에 수많은 공산주의자들이 체포 투옥되면서 이 역시 해체되고 말았다.

김재봉은 1925년 체포되어 1931년 출옥하였지만 병으로 고생하다 1944년 죽었으니, 그 역시 이동휘처럼 1945년의 남북 분단이나 1948년의 북한 정부 수립 또는 1950년의 6·25동족상잔과는 전혀 관계없음에도 죽은 지 60여 년이 지난 뒤에야 항일독립운동의 공로를 인정받았다. 노무현 정부 때인 2005년 건국훈장을 받은 것이다. 박헌영은 1945년 해방 직후 〈조선공산당〉을 재건하고 1946년 여운형과 함께 서울에 '인민공화국'을 선포했지만, 미군정의 인정을 받지 못한 채 체포령이 내려지자 1946년 북녘으로 올라갔다가 1948년 평양에 북한 정부가 수립되자 부수상이 되었다. 그리고 1950년 6·25전쟁에도 참여했지만, 1955년 '미국의 간첩'이라는 죄목으로 사형 선고를 받고 이듬해 처형되었으니 남과 북 양쪽에서 인정을 받지 못하고 있는 비운의 혁명가다.

〈조선공산당〉과 관련하여 한 사람만 더 소개한다. '빨치산의 전설적 지도자', '남부군 총사령관', '한국의 체 게바라' 등으로 불리는 이현상이다. 1905년 전라북도(지금은 충청남도) 금산 출생으로 고등학교에 다니던 1925년 박헌영과 함께 〈고려공산청년회〉를 조직하는 등 공산주의운동에 적극 참여하였다. 일제 식민치하에서 약 12년간의 감옥 생활을 하면서 단 한 번도 전향하거나 변절하지 않았다고 한다. 해방 이후 박헌영과 〈조선공산당〉을 재건하고 〈남조선노동당(남로당)〉으로 개편한 뒤 연락부장 등으로 활동하다가 미군정이 공산당 활동을 탄압하자 월북하였다. 1948년 남쪽으로 내려와 빨치산투

이현상이 사살되었음을 빨치산들에게 알리는 전단. 전쟁기념관 소장.

쟁을 위해 지리산에 들어가 6·25전쟁을 맞았는데, 1951년 남쪽 빨치산 총사령관이 되어 조직적인 투쟁을 전개하다가 휴전협정 이후인 1953년 9월 사살되었다. 이런 이현상에 관해 책도 나오고 영화도 만들어져 이제는 많은 사람들이 그를 알고 있으리라 생각한다. 1988년 이태의 『남부군』이라는 2권짜리 빨치산 수기가 출판되었고 몇 년 뒤에는 같은 제목의 영화도 상영되었는데, 그 수기의 저자 겸 영화의 원작자가 빨치산 출신으로 1988년 국회의원에 당선되었던 사람이어서 책이나 영화가 더 주목을 받았을 것이다. 그리고 2007년엔 『이현상 평전』이 나오기도 했다.

그런데 1953년 남쪽 지리산에서 죽은 이현상을 나는 45년이 흐른 1998년 평양에서 만날 수 있었다. 신미리 애국렬사릉에서 '남조선 혁명가 이현상'의 묘비를 찾은 것이다. 물론 시신이 없는 가묘다. 일제시대 〈조선공산당〉 또는 해방 이후 〈남로당〉에서 활동하던 사람들이 미군정의 탄압을 피하여 북녘으로 올라갔다가 1948년 북한 정부가 세워지자 거기에 참여했는데, 이현상은 김일성을 반대하고 남한으로 돌아와 빨치산 활동에 투신했지만, 북한 정부는 그를 '공화국 영웅'으로 떠받들고 있는 셈이랄까.

한편, 우리 중고등학교 역사 교과서에는 공산주의자들의 항일 독립운동에 관한 소개가 거의 없다. 거듭 말하건대 남북 분단이나 한국전쟁과 관련이 없는 일제치하에서의 독립운동이라도 공산주의

북한 신미리 애국렬사릉의 이현상 가묘. 나는 1953년 남쪽 지리산에서 죽은 이현상을 45년이 흐른 1998년 평양에서 만날 수 있었다.

와 관련되었다는 이유로 우리 역사에서 통째로 빠져버린 것이다. 엄청난 역사 왜곡이요 용서받지 못할 횡포다. 분단과 전쟁의 상처 때문에 공산주의를 반대하는 것은 어느 정도 이해하지만, 무슨 이유로든 역사를 왜곡하는 것은 피해야 하지 않을까.

예를 들어, 6·10만세운동은 1926년 6월 10일 조선의 마지막 임금인 순종의 장례식에 맞춰 일어난 독립만세운동이라고 공부했을 텐데 주동자들이 누구인지는 배우지 않았을 것이다. 공산당원들만 참여한 것은 아니었지만 그들이 주도 세력이었다. 〈조선공산당〉이 당시 산발적으로 일어나던 항일투쟁을 한데 모아 투쟁하기 위하여 회의를 갖고 청년조직인 〈고려공산청년회〉 책임비서인 권오설을 중심으로 6·10만세운동 투쟁 지도부를 결성하게 했던 것이다. 또한 1920~30년대에 활동했던 문화운동 단체인 〈카프(KAPF)〉 또는 〈예맹(조선 프롤레타리아예술가 동맹)〉에 대해 중고등학교 국어 시간에 배웠던 기억이 있는데 이게 공산주의 조직인지는 몰랐다. 〈조선공산당〉의 산하 단체였다는 것은 나중에 알았다.

한반도 밖에서의 공산주의운동

아무튼 한반도 안에서의 공산주의운동은 일제의 끈질긴 감시와 가혹한 탄압을 이기지 못하고 1930년대 중반 자취를 거의 감추거나 지하로 잠복하게 되었다. 이러한 상황에서 한반도를 조금 벗어나 중국 만주나 러시아 연해주를 중심으로 항일독립운동을 펼쳤던 공산주의자들이 많았다. 크게 두 개의 조직으로 나눌 수 있을 것이다.

첫째, 1930년대 국내외를 통틀어 가장 치열하게 항일독립운동을 했던 사람들은 누가 뭐래도 만주지역에서 무장투쟁을 벌였던 빨치산들일 것이다. 만주는 지리적으로나 경제적으로 조선과 가까워서 다른 지역에서보다 유격대 활동이 쉬웠으리라 생각되는데, 이들이 항일무장투쟁을 전개하기 시작한 것은 1930년대 초였다. 1931년 일본이 중국 센양 북쪽 류타오거우(柳條溝)에서 철도폭파 사건을 일으키고 이를 계기로 둥베이(東北) 지방을 침략하여 전쟁을 일으킨 만주사변이 일어나자 중국공산당은 이 지역의 공산주의자들에게 항일유격대를 창설하라고 지시했다. 이에 조선인 공산주의자들은, 공산당이란 한 나라에 하나밖에 둘 수 없다는 원칙에 따라, 중국공산당에 합류하여 항일빨치산부대를 만들었던 것이다.

여기에 주도적으로 참여했던 사람들이 김일성을 비롯해 김책, 최용건 등인데, 그들이 벌였던 무장투쟁 가운데 가장 널리 알려진 것은 1937년의 보천보전투다. 김일성이 이끄는 100여 명의 부대가

'보천보전투 승리 70돌'을 기념하기 위해 2007년 발행된 북한 우표 ⓒ연합뉴스

함경북도 갑산군 보천보에 있는 일제의 관공서를 습격하고 일시 점령한 사건이다. 경찰주재소, 면사무소, 우체국, 산림보호구 등을 공격하여 무기를 탈취하고 '조국광복회 10대 강령' 등의 포고문을 뿌린 뒤 모인 주민들을 향해 김일성이 연설을 한 뒤 만주로 돌아갔다고 한다.

이는 전투라고 할 것도 없는 순식간의 습격이었고 군사적으로 커다란 성과를 거둔 것도 아니지만, 우리 민족에게 사기를 높이면서 희망과 용기를 심어준 사건으로 평가받는 듯하다. 그 무렵 일제는 전쟁 준비에 광분하여 조선 민중을 가혹하게 착취하고 탄압하는 한편, 국내의 많은 독립운동가들은 일제에 체포되고 탄압이나 회유에 의해 전향함으로써 광복에 대한 허무주의와 패배주의가 확산되고 있는 상황이었다. 예를 들어, 〈동아일보〉는 호외까지 만들어 김일성을 비롯한 '공비'들이 보천보에서 살인, 방화, 약탈 등을 저질렀다는 내용을 대대적으로 보도했다. 이에 김구는 환성을 지르며 기뻐했고, 여운형은 주위 사람들을 불러 밤새 술을 마시고 다음 날 보천보 현장으로 직접 달려가 일제의 패배를 확인한 뒤 김일성을 만나려고 했다는 것이다. 25살 청년 김일성은 이 보천보전투를 통해 '식민지 조선의 영웅'으로 더 널리 알려지게 되었다.

그런데 남한에서는 이에 관해 말하거나 얘기하는 것 자체가 오랫동안 금지되다가, 얼마 전부터는 그 성과가 보잘것없었다거나 김일성이 아닌 다른 사람이 주도했다는 등의 얘기가 퍼지기도 했는데,

요즘엔 일부 중고등학교 교과서에도 실리고 있다니 늦었지만 다행이다. 하기야 북한에 대해 상당히 비판적인 기사를 많이 쓰는 〈동아일보〉조차 보천보전투는 확실하게 인정한 터다. 실제로, 이를 가장 먼저 알렸던 당시 〈동아일보〉 기사 원판은 60여 년이 흐른 뒤인 1998년 황금으로 만들어져 북한에 전달되었다. 남한 사람들이 평양을 방문하면 거의 모두 들르게 되는 곳 가운데 하나가 묘향산 국제친선전람관인데, 거기엔 '보천보전투 소식을 소개한 〈동아일보〉 금인쇄 원판'이라는 소개 아래 황금으로 만들어진 '소화 12년 6월 5일 호외'가 전시되어 있다. 당시 동아일보사 회장을 비롯한 '남조선 동아일보사 취재단'이 1998년 10월 26일 증정한 것이다.

북한에서는 보천보전투에 관해 어느 정도 과장을 섞어 선전해왔을 텐데 김일성이 회고록에서 밝히고 있는 부분을 그대로 아래에 옮기니 참고하기 바란다.

"우리는 6월 3일 밤 압록강을 건넜다. 전원이 강을 도하할 때까지 자신도 모를 긴장감이 온몸을 엄습하였다. 적들이 1선, 2선, 3선도 모자라 4선으로 경계진을 치고 있다는 삼엄하고 조밀한 국경경비였다. 300여개를 헤아린다는 북부 국경지대의 경찰서와 경찰관주재소들, 거기에만도 수천명의 폭압무력이 배치되어 있었다.…… 나의 총성을 신호로 하여 사방에서 적 기관들을 들부시는 사격소리가 자지러지게 들려왔다. 먼저 이 고장 경찰들의 소굴이며 온갖 폭압과 만행의 아성인 경찰관주재소에 주되는 타격을 안기었다. 오백룡의 기관총이 주재소 창문을 향해 사정없이 불을 뿜었다. 그때 우리는 산림보호구에 적들이 많이 모이게 되어 있다는 정보에 기초하여 거기도 드세게 공격하게 하였다. 순식간에 온 거리가 발칵 뒤집히였다.…… 얼마 후에는 여기저기서 불길이 타래쳐 오르기 시작했다. 면사무소, 우편국, 산림보호구, 소방회관을 비롯한 여러 개의 적 통치기관들이 일시에 화염에 휩싸였다. 거리 전체가 여러 개의 대형 조명등을 설치한 무대처럼 환하게 밝아졌다.…… 나는 김주현을 앞세우고 거리 한복판으로 들어섰다. 이 골목, 저 골목에서 사람들이 모여들기 시작했다. 처음에는 총소리를 듣고 움쩍도 못했는데 우리 선동원들이 부르는 구호를 듣고 이 골목, 저 골목에서 막 쓸어나왔다.…… 군중이 우리를 둘러싸고 끓어대자 권영벽이 내 귀에 대고 조용히 말했다. 아무래도 조국 동포들에게 인사 겸 연설을 한마디 해야겠다는 것이었다. 운집한 사람들을 둘러보니 별빛 같은 시선들이 일제히 나한테로 쏠리였다. 나는 모자를 벗어 쥔 다음 팔을 높이 들어 흔들면서 만장을 향해 필승의 사상으로 일관된 반일연설을 하였다. '여러분, 나라가 해방되는 날 다시 만납시다!' 연설을 마친 다음 이런 말을 남기고 화광이 충천하는 면사무소 앞을 떠났으나 가슴이 그냥 저려들었다."

왼쪽에 서 있는 인물이 김두봉. 맨 오른쪽에 김일성이 서 있고, 그 옆이 박헌영이다.
ⓒ한국학중앙연구원

한편, 일제는 이 보천보전투를 계기로 김일성을 더욱 주시하면
서 국내에 잠입해 있던 김일성 세포조직을 검거하는 한편 만주지역
의 항일유격대를 뿌리 뽑기 위해 대규모 토벌전을 전개하였다. 이에
김일성부대는 조선과 만주를 넘나들며 항일투쟁을 벌이다가 1930년
대 말부터 전개된 일제의 대토벌작전에 밀려 1940년 말 러시아 연해
주지역으로 물러가게 되었다. 북한에서는 이들이 소련으로 이동해간
뒤에도 만주와 조선으로 유격대소조를 파견하면서 항일투쟁을 계속
한 것으로 주장하고 있는데 이는 검증이 더 필요한 부분이다.

둘째, 중국 옌안(延安) 또는 화베이(華北) 지역에서 항일독립운동

을 하던 조선 공산주의자들도 많았다. 이들을 흔히 '옌안파'로 부르는데, 대표적 인물로는 김두봉과 김무정을 꼽을 수 있을 것이다. 먼저 김두봉은 1890년 경상남도 동래 출신으로 국어학자 주시경의 지도를 받으며 조선어문을 연구하다 3·1운동에 참여한 뒤 상하이로 건너가 임시정부에 참여하는 등 독립운동을 했다. 1935년에는 김원봉과 함께 〈조선민족혁명당〉을 조직하였고 1942년 옌안으로 옮겨 〈조선독립동맹〉을 결성하고 위원장이 되었다.

흔히 무정 장군으로 불리는 김무정은 1904년 함경북도 경성 출신으로 3·1운동에 참여한 뒤 일제 침략자들을 몰아내고 광복을 이룩하겠다는 결의로 중국에 건너가 1924년 보정군관학교 포병과를 졸업한 뒤 중국공산당 상하이 조선인지부에서 활동하였다. 1942년 〈조선독립동맹〉 산하의 항일무장투쟁 조직인 〈조선의용군〉 사령관이 되었는데, 이 부대의 초기 인원은 약 400명이었으나 해방 직전엔 약 2,000명으로 확대되었다고 한다.

셋째, 항일운동 조직이라고 볼 수는 없지만 러시아에서 공산당 활동을 하던 사람들도 있었다. 흔히 '소련 2세파'로 불리는데 대표적 인물로 허가이를 들 수 있다. 그는 1904년 러시아 연해주에서 출생한 2세로 모스크바에서 대학을 졸업하고 우즈베크 타슈켄트에서 소련공산당 간부로 활동하다가 1945년 8월 소련군이 북녘에 진주할 때 평양에 들어갔다.

이처럼 대부분의 한인 공산주의자들은 국내외에서 일제의 가혹한 탄압에도 굴복하지 않고 줄기차게 민족해방투쟁을 벌였다. 그들은 해방 이전까지 쌓은 이러한 항일독립운동 경력을 바탕으로 해방과 함께 새로운 나라 건설에 정당하게 뛰어들 수 있었다. 그러나 남쪽에서는 미군정이 공산주의 활동을 불법화하고 탄압했기 때문에 그들은 북쪽에 모여 소련의 지원으로 나라를 세우게 되었으니 그게 바로 조선민주주의인민공화국 즉 북한이다.

3

한반도 분단과 한국전쟁:
'분단의 원흉'은 미국

　　인터넷에서 '분단의 원흉'을 검색해보면 이승만, 김일성, 미국, 소련, 일본, 중국 등이 떠오른다. '원흉(元兇)'이란 "못된 짓을 한 사람들의 우두머리"라는 뜻이니, 당시 남북한 지도자와 주변 4강대국 모두 악역을 담당하거나 주도했다는 말이다. 대체로 진보 쪽에서는 미국과 이승만이 분단을 이끌었다고 서술하는 한편, 보수 쪽에서는 소련과 김일성이 분단에 큰 책임이 있다고 주장하는 듯하다. 역사를 인식하거나 해석하는 시각에 큰 차이가 있다는 사실을 보여준다. 한국사든 세계사든 역사는 승자나 강자에 의해 써지고 고쳐지며 퍼지게 되기에, 정권이 바뀔 때마다 '역사 고쳐쓰기'나 '역사 재해석' 또는 '역사 바로 세우기' 운동이 벌어지는 배경이기도 하다.

　　분단의 시기와 관련해서도 혼란이 빚어진다. 1945년 8월이라고 말하는 사람들이 많지만 1953년 7월이라고 생각하는 사람들도 적지 않다. 1945년 8월 확정된 38선을 따라 처음으로 국토가 분단되었는데, 1953년 7월 그어진 휴전선이 현재 남북한의 국경선으로 되어버렸기 때문이다.

분단의 원흉이나 시기에 대해 이견과 혼란이 생기는 데는 크게 세 가지 이유가 있는 것 같다. 분단에 대한 각자의 정의가 다르고, 역사에 대한 진보주의자와 보수주의자의 시각과 가치관에 큰 차이가 있으며, 의도적으로 역사를 왜곡하는 사람들이 적지 않다는 점이다. 이 가운데 의도적 역사 왜곡은 천벌을 받을 짓이다. 분단이 6·25 전쟁에 의해 이루어졌다고 오해하는 사람들은 분단의 원흉이 김일성이나 소련 또는 중국이라고 주장하는 게 당연하다. 그러나 해방과 동시에 분단이 이루어졌다거나 분단이 1945년 38선에 의해 이루어졌다고 하면서, 또는 2015년이 분단 분단 70주년이라고 주장하거나 이에 동의하면서, 분단의 원흉을 김일성과 소련 또는 중국이라고 말하는 것은 억지를 부리거나 악의적으로 역사 왜곡을 하는 것이다. 38선은 미국이 1945년 8월 조선 사람들 아무도 모르게 소련에 제안하고 소련이 받아들임으로써 확정되었기 때문이다.

분단과 관련해 언론 오보가 역사 왜곡으로 이어진 경우도 있다. 1945년 12월 미국, 영국, 소련의 외무장관들이 모인 이른바 '모스크바 3상회의(三相會議)'에서 미국의 끈질긴 요구에 소련이 마지못해 응함으로써 조선에 대한 신탁통치가 결정되었다. 그러나 그 회의가 끝난 12월 27일 〈동아일보〉와 〈조선일보〉 등이 "미국은 즉시 독립을

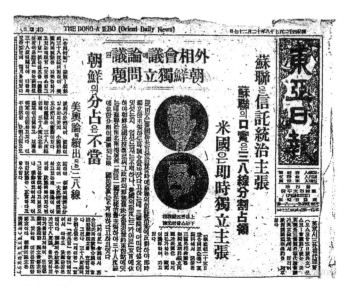

소련이 신탁통치를 주장하고 미국이 즉시 독립을 주장했다고 밝힌 〈동아일보〉 기사.
사상 최악의 오보로 기록될 만하다.

주장"했는데 "소련은 신탁통치를 주장"했다고 정반대로 엄청난 오보를 함으로써, '반탁(反託: 신탁통치 반대), 반소(反蘇: 소련 반대)' 운동이 전개되고, 우리 역사책에도 그렇게 왜곡 서술되어온 것이다.

한반도가 1945년 8월 미국이 제안한 38선에 의해 분단되었다는 사실을 아직 모르는 사람은 거의 없을 것이다. 미국이 늦어도 1943년부터 조선에 대한 신탁통치를 영국과 소련에 제안하고 주장하면서 조선의 즉시 독립을 반대했다는 사실은 우리 현대사를 어느 정도 공부한 사람들에겐 이미 널리 알려져 있다. 그럼에도 미국이 분단을 주도했다는 사실을 제대로 말하기 어려웠던 것은 친미 반공의 사회

구조 안에서 무지와 오해 그리고 왜곡과 억지가 어우러져왔기 때문이다. 미국이 '분단의 원흉'이라는 아주 기본적이고 엄연한 사실을 아래서 밝힌다.

한반도 분단의 유형과 과정

분단은 크게 세 가지 유형 또는 과정으로 나누어볼 수 있다. 첫째, 1945년 8월 해방과 거의 동시에 38선에 의해 국토가 남북으로 잘렸다. 둘째, 1948년 8월 남쪽에 자본주의를 지향하는 대한민국이 들어서고 9월 북쪽에 사회주의를 지향하는 조선민주주의인민공화국이 세워짐으로써 서로 다른 이념과 사상에 의해 체제가 나뉘었다. 셋째, 1950년 6월부터 1953년 7월까지 6·25전쟁으로 같은 민족이 원수처럼 갈리게 되었다.

한반도는 이렇게 1단계 국토 분단 또는 지리적 분단이 이루어지고, 2단계 체제 분단 또는 정치적 분단으로 강화되었으며, 3단계 민족 분단으로 굳어졌다. 여기서 아무런 수식어를 붙이지 않고 분단을 말하면 당연히 국토 분단을 가리킨다. 국토 분단을 통해 서로 다른 체제가 들어서게 되고, 이 때문에 전쟁이 일어나 민족까지 갈리게 되었기 때문이다.

해방되기 전에 이루어진 국토 분단

우리는 흔히 해방과 동시에 분단되었다고 말하는데, 정확하게 얘기하자면 해방되기 전에 먼저 분단되었다. 해방은 일본 천황이 공식적으로 항복을 선언한 1945년 8월 15일 찾아왔지만, 분단은 일본군이 미군에 은밀하게 항복 의사를 전한 직후인 1945년 8월 10일 확정되었기 때문이다.

일본군이 미군에 항복의 뜻을 전한 때는 1945년 8월 6일 히로시마에 이어 8월 9일 나가사키에 원자폭탄을 맞은 직후였다. 소련이 8월 8일 일본에 전쟁을 선포하고 한반도로 진격해 오기 시작한 때와 겹치기도 했다. 미국은 막 실험에 성공한 핵무기를 떨어뜨리면 일본이 오래 버티지 못하리라 예상했어도, 그렇게 즉시 항복할 줄은 짐작하지 못했던 모양이다. 일본의 갑작스러운 항복 의사를 받고 오히려 당황했던 것이다.

미국 국무부와 군부는 8월 10일 일본군의 항복을 받을 계획을 세우면서 조선 지도에서 38선을 찾아냈다. 38선 북쪽에서는 소련군이 항복을 받고 남쪽에서는 미군이 항복을 받도록 하기 위해서였다. 미국은 될수록 조선 북쪽 멀리까지 올라가 일본군의 항복을 받고 싶었지만, 바다 건너 오키나와 및 필리핀에 있던 미군들이 군함으로 조선에 이르려면 거의 한 달이 걸려야 했다. 이에 반해 소련군은 미국이 오래전부터 부탁한 대로 일본에 대해 선전포고를 하고 이미 조선으로 진격해 남쪽으로 내려오는 중이었기 때문에, 미국은 조선의 절반이라도 차지하기 위해 소련군이 38선에서 멈출 것을 제안했던 것이다. 38선 이남이 이북보다 땅덩어리는 조금 작아도 수도 서울 및 인천과 부산 등 큰 항구를 갖고 있어 어느 정도 가치가 있다고 생각했다. 미국은 소련이 훨씬 더 남쪽까지 내려올 수 있었고 그렇게 하겠다고 주장하리라 짐작했는데, 소련은 뜻밖에 이 제안을 받아들여 미군이 조선에 들어오지도 않은 터였지만 38선에서 남하를 중지했다.

산이나 강을 따라 이루어진 자연적 경계선도 아니요, 생활이나 풍습이 달라 문화적으로 차별이 되는 경계선도 아니라, 단순히 위도(latitude)를 나타내는 38선으로 남북이 나뉘게 된 이유다. 한마을에서 큰집은 북쪽에 작은집은 남쪽에, 또는 한집에서도 안채는 북쪽에 뒤채는 남쪽에 속하게 되는 황당한 일이 벌어지게 된 까닭이기도 하다. 소련군은 북쪽으로 8월 9일 들어왔지만 미군은 한 달 뒤인 9월 8일에야 남쪽에 도착함으로써, 해방된 뒤에도 38선 이남에서는 일본군과 친일파들이 활개 칠 수 있었던 배경의 하나도 여기에 있다.

따라서 미국과 소련이 국토 분단의 공범이지만, 정확하게 얘기하면 미국은 38선을 '먼저 제안한 주범'이고 소련은 그 '제안을 받아들인 종범'이다. 미국이 '분단의 원흉'이라고 주장하는 이유다. 역사에 대한 시각과 가치관에 따라, 미국과 소련의 조선 점령 및 분단에 빌미를 준 침략자 일본도 분단에 큰 책임이 있고, 힘이 약해 일본

에 침략 당한 우리 조상들도 분단에 어느 정도 책임이 있다고 주장
할 수 있지만 말이다.

한마을을 38선이 갈라놓았다(위).
한국전쟁 당시 38선 경계표시판(아래, 프레시안 자료사진).

침략자 일본이 아니고 피해자 조선이 분단된 이유

여기서 우리가 꼭 생각해봐야 할 문제가 있다. 왜 침략자 일본이 아니고 피해자 조선이 분단되었는가. 유럽에서는 제2차 세계대전을 일으킨 독일이 분단되었다. 1945년 이후엔 미국이 전쟁을 가장 좋아하고 가장 많이 하는 나라가 되었지만, 그 이전엔 독일이 그랬다. 다른 나라들이 견제하기 어려울 만큼 군사력이 강하니까 호전적으로 된 것이다. 그래서 더 이상 다른 나라를 침략하지 못하도록 분단시킨 것이니, 독일은 전쟁이란 범죄에 분단이란 처벌을 받은 셈이다. 그러면 아시아 대부분의 국가를 침략하고 미국까지 폭격한 전범 국가 일본이 분단이란 처벌을 받았어야지, 힘이 약해 항상 침략만 받아온 피해자 우리가 오히려 분단까지 되었으니 얼마나 분통터질 일인가. 더구나 일본은 땅덩어리가 길쭉해서 자르기도 쉬운데 말이다.

어느 나라든 전쟁에서 승리하면 전리품 즉 적에게서 빼앗은 물품을 챙기기 마련이다. 예를 들어 미국은 1898년 스페인과 전쟁을 벌여 이기자, 당시 스페인의 식민지였던 쿠바, 푸에르토리코, 괌, 필리핀 등을 전리품으로 차지했다. 쿠바는 1959년 카스트로와 게바라 등이 혁명에 성공해 지금은 북한과 함께 세계에서 가장 반미적인 국가가 되었고, 푸에르토리코는 머지않아 미국의 51번째 주가 될 가능성이 매우 큰 자치령이 되었으며, 괌은 미국의 주와 마찬가지지만 아직

정식으로 편입되지 않은 상태에서 군사기지로 잘 활용되고 있다. 그리고 필리핀은 미국의 식민통치를 받다 제2차 세계대전 중 일본의 침략과 점령을 당했지만 1946년 7월 독립했다. 필리핀 사람들이 영어를 공용어로 쓰는 것은 지난날 미국의 식민통치 영향 때문이다.

이렇듯, 미국이 일본과의 전쟁에서 이겼기 때문에 일본의 식민지 조선은 당연히 미국이 차지했어야 할 전리품이었다. 그런데 소련이 자청해서가 아니라 미국의 끈질긴 요구를 받고 한반도로 내려오던 참이었으니, 미국이 전리품 조선을 소련과 38선으로 나누어 점령하게 된 것이다. 바꿔 말하면 패전국 일본은 미국이 통째로 차지했다 물러가는 바람에 온전한 모양으로 남았고, 전리품 조선은 소련과 나눠 점령하는 바람에 분단의 상처를 입은 것이다.

신탁통치 결정과 체제 분단

다음은 조선의 신탁통치에 관해 미국 국무부가 비밀 해제하고 공개한 외교문서에 나오는 내용을 정리한 것이다.

첫째, 미국이 일본과 한창 전쟁을 벌이던 1943년 3월 루즈벨트 미국 대통령은 워싱턴을 방문한 이든(Anthony Eden) 영국 외상에게 일본이 항복하면 조선을 국제적 신탁통치 아래 두자고 제안했다. 이든은 아무런 대응도 하지 않았다.

둘째, 미국, 영국, 중국의 정상들이 1943년 11월 만난 카이로 회담의 속편이랄 수 있는 미국, 영국, 소련의 정상들이 1943년 12월 만난 테헤란 회담에서 루즈벨트는 조선 사람들이 자치정부를 꾸리고 유지할 능력이 아직 없으므로 40년간 식탁통치를 받아야 한다고 주장했다. 스탈린은 간단히 동의했다.

셋째, 미국, 영국, 소련의 수뇌들이 1945년 2월 만난 얄타 회담에서 루즈벨트는 필리핀 사람들이 자치정부를 준비하는 데 약 50년이 걸린 경험에 비추어 조선 사람들은 적어도 20~30년 신탁통치를 받아야 할 것 같다고 주장했다. 이에 스탈린은 신탁통치 기간이 짧을수록 좋다고 대응했다.

넷째, 미국, 영국, 소련의 외무장관들이 1945년 12월 모인 모스크바 3상회의에서 미국 대표는 조선에 5년간 신탁통치를 실시하고, 5년 더 연장하자고 제안했다. 소련 대표는 조선 문제에 강대국들이 꼭 개입해야 한다면, 조선 사람들이 먼저 임시정부를 세우도록 하고 그를 미국, 영국, 소련, 중국 등 4대국이 후원하는 것으로 그치자고 하면서, 연장 없이 한 번만 실시하자고 수정 제안했다. 이게 모스크바 3상회의의 결과다.

소련의 제안대로 조선에 대한 5년 후견제 또는 신탁통치안이 채택된 것은 사실이다. 그러나 미국이 40년, 20~30년, 5년씩 두 번 실시하자고 줄기차게 주장해온 것을 소련은 5년 한 번만 실시하자고 마지못해 응했다. 미국은 조선의 즉시 독립을 주장했는데 소련이 신탁통치를 주장했다고 알려진 데는 〈동아일보〉와 〈조선일보〉 등의 엄청난 오보와 미군정의 교활하고 악의적인 방치가 어우러진 왜곡이 있었다.

여기서 우리는 자칫 '반미 친소(反美 親蘇)' 감정을 갖기 쉽다. 미국은 신탁통치를 내세워 조선의 자주독립을 늦추려고 한 반면, 소련은 조선의 자치정부를 앞세워 즉각 독립을 추구했기 때문이다. 그러나 방법과 과정이 달랐을 뿐, 어떻게 하면 조선 땅에 자신에 의존적이거나 종속적인 나라를 세울 수 있을까 하는 목표에 초점을 맞춘 것은 미국이나 소련이나 마찬가지였다.

일제하에서부터 해방정국에 이르기까지 조선 사람들이 자본주의보다 사회주의를 원했던 것은 너무도 지당하고 합리적인 선택이었다. 자본주의의 폐해인 제국주의 침략과 수탈을 뼈저리게 경험했으니 말이다. 북쪽은 말할 필요도 없이 남쪽의 미군정 아래서도 압도적으로 사회주의체제를 선호했다는 당시 여론조사 결과가 이를 잘 보여준다.

따라서 미국의 속셈은 이러한 조선에 대해 될수록 오랫동안 신탁통치를 실시하면서 사회주의 대신 자본주의체제를 지향하는 친미정부가 들어서도록 하는 것이었다. 4대국 가운데 당시 중국은 장제스(蔣介石) 국민당 정부였으므로 자본주의체제가 3:1로 우세했기 때문이다. 반면 조선에 외세가 개입하지 않으면 자연스레 사회주의를 지향하는 친소 정부가 들어설 것이 뻔했기 때문에, 소련은 조선의 즉각 독립을 바라며 신탁통치를 반대했던 것이다.

이와 관련하여 적지 않은 사람들이 1945년 9월부터 1948년 8월까지 남쪽에서 신탁통치가 실시되었다고 오해하는데, 그때 실시된 것은 신탁통치가 아니라 미군정이었다. 남쪽에서든 북쪽에서든 한반도에서 신탁통치가 실제로 실시된 적은 없다.

1946년 3월부터 미국과 소련은 신탁통치 실시를 준비하기 위한 미소 공동위원회를 열게 되는데, 조선 사람들 가운데 누구와 협의할 것인가에 대해 의견이 엇갈렸다. 미국은 1945년 12월 모스크바 3상회의에서 통과된 신탁통치안에 대해 찬성했든 반대했든 남북의 모든 정당과 사회단체를 참가시키자고 했고, 소련은 신탁통치에 관해 협의하는 자리에 신탁통치를 반대한 정당과 사회단체를 어떻게 참가시킬 수 있느냐고 맞섰던 것이다.

해방 직후 조선에는 온갖 정당과 사회단체들이 우후죽순처럼 생겨났는데 숫자로 따지면 우익 성향의 단체가 좌익 성향의 단체보다 많았다. 그런데 앞에서 밝힌 것처럼 신탁통치는 미국이 줄기차게 주장해온 반면 소련은 소극적이었지만, 역설적이게도 우익들은 신탁통치를 반대하고 좌익들은 찬성했다. 따라서 미소 공동위원회에 모든 단체를 참여시키면 미국에 유리하고, 찬탁한 단체만을 참여시키면 소련에 유리하게 되었다.

신탁통치를 반대한 단체들의 참여 문제에 관해 1947년 5월부터 열린 두 번째 미소 공동위원회에서도 두 나라의 의견은 좁혀지지 않았다. 이에 미국은 미소 공동위원회를 일방적으로 결렬시키고 한반도 문제를 유엔으로 떠넘겼다. 한반도에 대한 신탁통치안은 미국에 의해 줄기차게 제기되었다가 미국에 의해 일방적으로 폐기된 것이다.

거듭 강조하건대, 애초에 미국이 신탁통치를 제기하고 적극적이었던 이유는 조선의 독립을 미루어 사회주의 성향이 강한 조선에 친소 정부가 들어서는 것을 막기 위해서요, 소련이 신탁통치를 반대하고 소극적이었던 까닭은 조선의 독립을 앞당겨 친미 정부가 들어서는 것을 막기 위해서였다.

또한 미국이 신탁통치 실시를 준비하기 위한 미소 공동위원회에 신탁통치안에 반대했던 단체들까지도 참여시켜야 한다고 주장한 것은 수적으로 우세한 우익 성향의 단체들을 끌어들여 조선에 친미 정부가 들어서도록 하기 위해서요, 소련이 찬성했던 단체들만 참여시켜야 한다고 고집을 부린 것은 좌익 성향의 단체들을 앞세워 친소 정부가 들어서도록 하기 위해서였다. 미국이나 소련이나 염불보다 잿밥에 마음을 두기는 마찬가지였던 셈이다.

미국이 비난을 무릅쓰고 일방적으로 미소 공동위원회를 결렬시키면서 한반도 문제를 유엔으로 떠넘긴 배경을 이해하기 위해서는 당시 국제 상황을 대강이나마 살펴보아야 할 것이다. 제2차 세계대전을 통해, 유럽에서 세계 제1의 패권 국가로 군림하던 영국과 프랑스는 물론 이에 맞서 패권을 추구하던 독일과 이탈리아 등은 승전국이든 패전국이든 전쟁의 참화에서 벗어날 수 없었다. 영국과 독일 그리고 프랑스를 비롯한 세계 강국들이 겨우 30년 사이에 두 차례의 세계대전을 거치면서 급속하게 퇴조한 반면, 상대적으로 전쟁의 부담이나 피해가 적었던 미국은 세계의 새로운 지도적 국가로 발돋움할 수 있었다. 이렇게 세계 최강대국이 된 미국은 정치, 경제, 군사 등 모든 분야에서 힘의 공백을 채울 수 있는 기회를 잡았다.

이러한 미국에 정면으로 맞서는 나라가 나타났다. 마르크스주의를 바탕으로 자본주의의 멸망을 주장하며 정치, 경제, 군사적 능력에서 미국에 이어 세계 2위를 기록하는 소련이었다. 소련은 그리스에 공산주의를 전파하고 소련의 영향권 아래 들어 있던 유고슬라비아, 불가리아, 알바니아 등으로 하여금 그리스 공산주의자들을 지원해 권력을 장악하도록 시도하는 등 공산주의 확장을 꾀하였다. 그리스뿐만 아니라 터키에도 공산주의 정부가 들어설 가능성이 높아지자, 두 나라에 가장 큰 영향력을 행사해왔던 영국은 미국에 협조를 요청했다. 영국은 붕괴 위기에 처해 있는 두 나라를 공산 세력으로부터 지켜낼 수 있는 경제적 군사적 능력이 없으니 미국이 나서서 소련의 침투를 막아달라는 것이었다.

미국의 대응으로 나온 것이 1947년 3월 발표된 트루먼 선언(Truman Doctrine)이다. 소련의 세력 확장에 맞서 자유국가를 지원하겠다는 내용이었다. 중동지역의 관문이랄 수 있는 두 나라가 공산화되면 중동지역에서 서구 세력의 우위를 유지하기 어렵게 될 뿐만 아니라, 중동의 석유 자원도 소련의 영향권 아래 놓일 것을 우려했기 때문이다. 그리고 트루먼 선언의 후속 조치로 나온 것이 3개월 뒤인 1947년 6월 발표된 마샬 계획(Marshall Plan)이다. 공산주의 팽창으로부터 유럽을 지키기 위한 경제적 처방으로, 전쟁에 의해 황폐화된 유럽 경제를 복구하고 나아가 경제 혼란을 틈타 공산 세력이 선거에서 승리하는 것을 막기 위해 서유럽에 전폭적인 경제 지원을 하겠다는 내용이었다.

이렇듯 1947년 무렵 미국은 유럽지역에 온 힘을 기울이고 있어서 한반도에 신경 쓰기 어려웠다. 그렇다고 발을 빼자니 한반도에 대한 영향력을 완전히 잃어버릴 것 같았다. 당시 미국의 의회나 군부는 한반도가 그리스나 터키보다 전략적으로 덜 중요하다고 생각했기 때문에, 국무부는 1947년부터 한반도에 친소 정부가 들어서는 것을 막으면서도 명예롭게 물러날 수 있는 수단을 강구했는데, 고심 끝에 나온 계책이 바로 미소 공동위원회를 결렬시키고 한반도 문제를 유엔으로 넘기는 것이었다. 미국의 영향력 아래 있던 유엔을 통해 한반도를 관리하겠다는 속셈이었다. 그 무렵 작성된 미국의 외교문서도 밝히고 있듯이, "미국의 가장 중요한 목표는 조선에서 소련의 지배를 막는 일이요, 조선의 독립은 2차적 목표"였던 것이다.

유엔에서는 미국의 의도대로 한반도 문제가 처리되었다. 1950
년대부터 1960년대에 이르기까지 아시아와 아프리카 국가들이 독
립하여 이른바 비동맹 세력으로 유엔에 진출할 때까지는 유엔에서
미국의 영향력이 압도적이었기 때문이다. 이러한 상황에서 미국이
내놓은 유엔 한국임시위원단 설치안에 소련이 반대한 것은 당연한
일이었다. 1948년 5월 남쪽에서만 총선거가 강행되고 이를 통해
1948년 8월 남쪽에 대한민국이 들어서고, 이에 맞서 1948년 9월 북
쪽에 조선민주주의인민공화국이 들어섬으로써 체제 분단이 이루어
지게 되었다.

참고로, 이 과정에서 위와 같은 단독 선거를 통한 분단 고착을
막겠다고 저항했던 운동의 하나가 1948년 4월 제주도에서 일어난
'4·3항쟁'이요, 이 항쟁에 참여한 사람들에게 총부리를 겨눌 수 없
다며 제주도행 배에 오르는 것을 거부한 군인들의 저항이 이른바
'여수·순천 반란 사건'이다.

정리하면 미국은 신탁통치를 줄기차게 제안했다가 미소 공동위
원회를 일방적으로 결렬시켰으며, 한반도 문제를 유엔으로 떠넘겨 남
쪽에서의 단독 선거를 강행토록 함으로써, 한반도 국토 분단에 이어
체제 분단에서도 "가장 결정적인 역할"을 했다. 국토 분단에서와 마찬
가지로 체제 분단에서도 미국이 주범이고 소련은 종범이었던 것이다.

6·25전쟁과 민족 분단

1950년 6월부터 1953년 7월까지 약 3년간의 전쟁을 통해 같은 민족이 원수처럼 갈리는 민족 분단이 이루어진 사실은 이미 앞에서 얘기했다. 북한군의 남침으로 일어난 전쟁이니 김일성이 민족 분단의 원흉이라는 점도 거듭 밝힌다.

| 전쟁의 명칭에 관하여 |

우리는 중요한 역사적 사건을 이름 짓는 데 날짜를 포함하기 좋아한다. '3·1절', '4·3제주항쟁', '4·19혁명', '5·16쿠데타', '5·18광주항쟁', '6·25전쟁', '8·15광복절' 등으로 말이다. 나는 이게 좀 불만스럽다. '3·1절', '5·16쿠데타', '8·15광복절' 등과 같이 어떠한 일이 일어나 그 행위가 오래 지속되지 않고 하루에 끝났다면 이런 명칭도 괜찮다. 그러나 '4·3제주항쟁', '4·19혁명', '5·18광주항쟁', '6·25전쟁'처럼 운동이 이틀 이상 지속되었다면 어느 특정한 하루를 잡아 명칭을 정하는 게 바람직한지 의문이다.

특히 '6·25전쟁'은 몇 달도 아니고 몇 년 동안 지속된 것이다. 게다가 전쟁이 6월 25일 갑자기 시작된 것도 아니다. 남쪽 안에서 일어난 이념 갈등은 빼더라도, 1949년부터 38선 일대에서 남북의 군대가 격렬하게 충돌한 적이 적지 않았다. 미군이 이 땅에 발을 디딘 1945년 9월부터 1950년 6월 이전에 분단에 따른 갈등과 투쟁 때문에 거의 10만 명이나 죽었는데, 전쟁이 1950년 6월 25일 갑자기 시작되었다고 주장하는 것도 부적절하고 '6·25전쟁'이라 이름 붙인 것도 어색하다. 이 명칭엔 "1950년 6월 25일 일요일 새벽 4시경 비가 부슬부슬 내리는 가운데 북한 괴뢰군이 남침을 시작했다"는 점을 세뇌시키기 위한 의도가 배어 있는 것이다. 우리가 지금까지 한국사에서나 세계사에서나 무슨 전쟁이 일어난 시기를 공부할 때 연도를 넘어 날짜에다 요일과 시각까지 암기한 적이 또 있는가. 전쟁이 왜 일어났는지 그 배경과 이유보다 언제 누가 시작했는지에만 초점을 맞춘 역사 인식을 강요당한 셈이다.

참고로, 북한은 이 전쟁을 '조국해방전쟁'이라 부르는데, 미국이 점령해서 식민통치하고 있는 조국의 남쪽을 해방시켜 통일한다는 취지와 목표를 드러낸 이름이다. 미국은 '한국전쟁(The Korean War)'이라고 하는데, '베트남전쟁'이나 '이라크전쟁'처럼 전쟁이 일어난 장소를 포함시킨 명칭이다. 중국은 '항미원조(抗美援朝)전쟁'이라 부름으로써 '미국에 대항해 조선(북한)을 도와준 전쟁'이라는 성격을 드러내고 있다.

한편, 유럽의 한 학자는 '한국전쟁'이라 표기하는 것도 전쟁의 성격을 왜곡시킬 수 있다며, '한국에서의 전쟁(War in Korea)'이라고 이름 붙여야 한다고 주장한다. '한국전쟁'이라고 하면 남북한만 전쟁을 벌인 것 같은 인상을 주기 쉬운데, 전장은 한반도지만 전쟁 주체는 미국을 비롯한 자본주의 진영과 소련을 비롯한 사회주의 진영이었기 때문에 '한국에서의 전쟁'이라고 불러야 더 정확하다는 것이다. 이와 관련해 미국이 2003년 이라크를 침략해 전쟁을 벌일 때 남한 언론은 하나도 빠짐없이 '이라크전쟁'이라 썼지만, 미국 언론은 'War in Iraq(이라크에서의 전쟁)'로 표기한 경우가 많았다는 점도 참고하기 바란다.

| 전쟁의 성격에 관하여 |

앞에서 북한의 '조국해방전쟁'이란 이름을 소개하며 "남조선을 해방시켜 통일한다는 취지와 목표"를 드러낸 것이라고 했듯이, 6·25전쟁은 분명히 '통일을 위한 전쟁'이었다. 그런데 2005년 강정구 동국대 사회학 교수가 한 인터넷신문에 기고한 "맥아더를 알기나 하나요"라는 제목의 글에서 "6·25전쟁은 통일전쟁이면서 동시에 내전이었다"고 썼다가 검찰에 국가보안법 위반 혐의로 기소되고 대학에서 직위 해제된 적이 있다. 이에 앞서 2001년엔 김대중 대통령이 6·25전쟁을 "무력에 의한 통일 시도"라며 앞으로는 결코 무력에 의해서가 아니라 반드시 평화적으로 통일을 이루어야 한다고 말한 데 대해 국회에서는 북한의 입장만을 대변했다며 대통령직을 사퇴하라는 말도 안 되는 주장이 나오기도 했다.

6·25전쟁을 '침략전쟁'이라고 해야지 어떻게 '통일전쟁'이라고 하느냐는 억지였다. 1945년 9월 남쪽에 들어온 미군이 "점령군인가 해방군인가" 하는 불순하고도 무식한 질문과 마찬가지로. 미군이 점

령군도 되고 해방군도 되었듯이, 6·25전쟁은 침략전쟁도 되고 통일전쟁도 된다. 둘의 성격이 서로 다르거나 어긋나는 것이 아니라 비슷하며 보완적이기 때문이다. 북한은 분명히 '남침'과 '전쟁'이라는 방법으로 '적화'와 '통일'이라는 목표를 이루고자 했다. 그러면 이게 통일을 위한 전쟁이지 분단을 위한 전쟁이었단 말인가.

보수주의자들은 6·25전쟁을 북한이 남한을 적화하기 위해 기습 침략을 감행한 전쟁이라고 한다. 맞다. 진보주의자들 가운데 6·25전쟁을 북침전쟁이라고 주장하는 사람들이 더러 있을지 모르겠는데, 김대중 대통령이나 강정구 교수는 분명히 6·25전쟁을 북침전쟁이라고 하지 않았다. 물론 한국전쟁을 1950년부터 시작된 '6·25전쟁'으로 한정하지 않고 분단 이후 시작된 전쟁으로 범위를 넓혀 본다면 미국이 전쟁을 부추긴 점도 있고, 남침이 먼저냐 북침이 먼저냐 따지기가 애매하거나 별 의미가 없을 수도 있다. 그러나 '6·25전쟁'만 떼어놓고 본다면 북한이 남한을 공산화하기 위해 먼저 침략을 저지른 남침전쟁이다. 그렇다고 적화통일은 통일이 아니고, 침략전쟁은 통일전쟁이 아니라는 것은 말이 안 된다.

통일은 여러 가지로 추구할 수 있다. 평화적 수단에 의한 통일도 있고, 전쟁에 의한 통일도 있다. 자유민주주의와 자본주의를 확장하기 위한 녹화(綠化)통일도 있고, 사회주의와 공산주의를 퍼뜨리기 위한 적화(赤化)통일도 있다. 서로 다른 두 체제가 공존하며 수렴될 수 있는 통일도 있고, 한 체제는 반드시 없어져야 할 통일도 있다. 이 가운데는 바람직한 통일도 있고 꼭 피해야 할 통일도 있다.

6·25전쟁은 무력에 의한 통일 시도였고, 사회주의와 공산주의를 퍼뜨리기 위한 적화통일 시도였다. 수단과 방법이 나빴어도 통일을 위한 전쟁이었고, 추구하는 목표와 가치가 달랐어도 통일을 위한 전쟁이었다. 김 대통령이나 강 교수가 이러한 통일 시도의 방법과 목표를 바람직하다고 했다면, 나를 비롯해 전쟁을 반대하는 사람들에게 비난받을 수 있고, 사회주의와 공산주의를 혐오하는 사람들에게 위협을 당할 수도 있다. 그런데 6·25전쟁이 통일전쟁 또는 통일 시도라는 너무나도 당연한 얘기가 도대체 왜 시빗거리가 되는지 기가 막힐 뿐이다.

1950년대에는 남쪽에서나 북쪽에서나 무력에 의한 통일을 추구하다가, 남쪽에서는 실행에 옮기지 못했고 북쪽에서는 시도했다가 실패했다. 앞으로는 남쪽에서든 북쪽에서든 무슨 일이 있어도 전쟁에 의한 통일은 추구하지 말아야 한다는 교훈을 얻는 게 중요하지, 통일전쟁이냐 아니냐라는 말도 되지 않는 시비는 없어져야 한다.

| 미국과 중국의 참전에 관하여 |

미국은 남쪽을 살렸고 중국은 북쪽을 구했다. 미국이나 중국이나 자신들이 추구하는 자본주의와 사회주의를 지키기 위해 각각 남쪽과 북쪽에 군대를 보냈다. 미국이 개입하지 않았다면 전쟁은 2~3

개월 만에 끝나고 사회주의로의 통일이 이루어졌을 것이며, 중국이 개입하지 않았다면 전쟁은 5~6개월 만에 끝나고 자본주의로의 통일이 이루어졌을 것이다. 두 나라의 개입을 긍정적으로 평가하면 남북이 각각 자신의 체제를 지킬 수 있었다는 점이요, 부정적으로 평가하면 빨리 끝났을 전쟁이 확대되고 그에 따라 희생자가 엄청나게 늘었다는 점이다.

이와 관련하여, 강정구 교수가 6·25전쟁을 통일전쟁이라고 부른 것보다 미국의 개입이 없었으면 전쟁이 빨리 끝났을 테고 사람들이 덜 죽었을 것이라고 주장한 것에 대해 더 큰 비난과 처벌을 받았는데, 미국에서는 이미 오래전에 유명한 정치학자가 미국의 한국전쟁 개입을 정당화하거나 미화하기 어렵다고 주장했다. 1950년부터 1952년까지 한국전쟁에 미군포병 연락장교로 참여했다가 1968년 『The Korean Decision』(한글 번역본: 『미국의 한국 참전 결정』)이라는 책을 펴내 세계적으로 널리 알려진 글렌 페이지(Glenn Paige) 하와이대 정치학 교수가 1977년 자신의 책을 스스로 비판하며 하나의 폭력에 대해 또 다른 폭력으로 대응한 것을 반드시 정당화할 수는 없다고 반성했던 것이다. 미국의 개입 때문에 중국까지 참전하여 전쟁의 규모가 커지고 남북 양쪽에서 수백만 명이 죽게 된 것을 바람직하다고만 할 수 있느냐는 뜻이었다. 이러한 내용을 담은 그의 책 『To Nonviolent Political Science: From Seasons of Violence』가 1999년 안청시 서울대 정치학 교수와 정윤재 한국정신문화원 정치학 교수에 의해 『비폭력과 한국정치』라는 이름으로 번역 출판되었으니 참고하기 바란다.

지금은 남한이 북한보다 정치적으로 훨씬 자유롭고 경제적으로 비교도 되지 않을 만큼 풍요롭다. 쉽게 말해 체제 경쟁은 끝났다. 그러기에 남한에는 그때 수백만 명이 죽었을지라도 사회주의체제에 흡수되지 않았던 게 다행이라고 생각하는 사람들이 많을 것이다. 그러나 1940~50년대에는 그렇지 않았다. 북쪽이 남쪽보다 정치적으로나 사회적으로 또는 경제적으로나 군사적으로 모든 분야에서 더 안정되어 있었고 훨씬 개혁적이었으며, 압도적으로 많은 사람들이 사회주의체제를 원했다. 따라서 지금의 기준이 아닌 당시의 상황을 바탕으로 한다면 엄청난 인명의 희생을 막고 사회주의체제로의 통일을 바랐을 사람들이 많았으리라고 생각할 수 있다.

| 전쟁의 피해에 관하여 |

6·25전쟁의 피해와 관련하여 1998년 논란이 일어난 적이 있었다. 당시 대통령 정책자문 기획위원장이던 최장집 고려대 정치외교학 교수가 오래전 발표했던 논문에서 "한국전쟁의 가장 큰 피해자는 북녘 인민들이었다"고 쓴 구절에 대해, 〈조선일보〉를 비롯한 보수 계층은 무슨 빨갱이 같은 소리냐며 흥분했던 것이다. 6·25전쟁을 통해 남북 모두 엄청난 피해를 입었으리라는 것은 누구나 짐작할 수 있다. 인민군에 의한 남쪽 양민의 피해만 큰 것이 아니었다는 말

이다. 오래전부터 '노근리'를 통해 밝혀지고 있듯이, 남쪽 양민들은
미군과 국군에 의해서도 끔찍한 피해를 당하지 않았는가. 따라서 친
북이나 반공이라는 감정을 떨쳐버리고 객관적으로 따져보면, 최 교
수의 주장은 충분한 근거를 가지고 있다. 미군 조종사들이 북한을
공격할 때 더 이상 폭격할 목표물을 찾지 못할 정도였다면, 6·25전
쟁 중 북쪽의 피해가 어느 정도였으리라는 것은 충분히 짐작할 수
있다.

이와 관련해 스페인 출신의 세계적인 화가 피카소가 1951년 6·25
전쟁을 소재로 그린 스케치가 있다. '조선에서의 학살(The Massacre
in Korea)'이란 제목이 붙은 이 그림은 벌거벗은 임산부들과 아이들
을 향해 총칼을 겨누고 있는 군인들의 모습을 보여준다. 이 그림을

피카소의 〈조선에서의 학살〉. 미군의 북한 양민 학살을 그린 작품이다.

보면 언뜻 인민군들이 남한 양민을 학살하는 것을 떠올리기 쉽겠지만, 1950년 10월 38선을 넘은 미군들이 황해남도 신천에서 52일 동안 머무르며 당시 신천군 인구의 1/4에 달하는 무고한 양민을 잔인하게 죽였다는 사실을 고발한 것이다.

미국은 6·25전쟁 중에 북한이 1세기 동안 걸려도 복구하기 어려울 정도로 철저히 파괴하려 했다고 한다. 북한의 모든 산업시설을 초토화하여 휴전협정이 맺어진 이후에 북한이 피해 복구를 쉽게 하지 못하고 경제개발에 어려움을 겪으면, 사회주의가 자본주의보다 못하다고 선전하기 위해서 말이다. 이렇게 북한은 전쟁을 통해 엄청난 피해를 입었다. 어느 쪽 군인들이 먼저 전쟁을 시작했느냐는 문제와 어느 쪽 양민들이 더 큰 피해를 입었느냐는 문제는 분명히 별개의 문제라는 것을 깨달아야 하지 않을까.

| 전쟁의 경과와 결과 |

명칭이 한국전쟁이든 6·25전쟁이든 이 전쟁은 1953년 끝났다. 그러나 정확하게 말하자면 이 전쟁은 '실질적으로는' 끝났을지라도 '법적으로는' 종결되지 않았다. 1953년 7월 맺어진 것은 전쟁을 쉬거나 멈춘다는 휴전 또는 정전협정이었지, 전쟁을 끝내거나 평화를 추구하자는 종전 또는 평화협정이 아니었다. 2014년 현재 61년이나 지나도록 전쟁을 완전히 끝내지 못하고 있는 것이다. 이런 가운데 남한과 중국은 1992년 적대 관계를 풀었지만, 북한과 미국은 아직

국교를 정상화하지 못하고 있으며, 남북관계는 불안정하다. 이럴진 대 진보세력이든 보수세력이든 앞으로 6·25전쟁을 생각하거나 기념하면서, 전쟁을 언제 누가 왜 먼저 시작했는지 따지며 상대방에 대한 원한이나 적대감을 키우기보다는 왜 아직까지 휴전 또는 정전 협정을 종전 또는 평화협정으로 바꾸지 못하고 있는지 반성하면서 어떻게 평화와 통일을 진전시켜야 할지 고민해보는 게 바람직하지 않겠는가.

4

북한의 정통성:
남한 못지않고 '괴뢰'가 아니다

법정에서 증언할 때마다 변호사로부터 가장 많이 또는 먼저 받는 질문 가운데 하나가 북한이라는 나라의 성격에 관한 것이다. 북한은 '단체'인가 '국가'인가? 국가보안법은 북한을 '국가'가 아닌 '단체'로 규정하고 있기 때문이다. "북한도 남한 못지않은 정통성을 지닌 국가"라는 게 내 답변이다. 더 솔직하게 표현해, 국가 정통성의 기준을 무엇으로 삼을 것이냐에 따라, "북한은 남한보다 더 큰 정통성을 가진 국가"라고 대답하기도 한다.

1991년 개정된 국가보안법은 북한을 '반국가단체'로 규정한다. "정부를 참칭하거나 국가를 변란할 것을 목적으로 하는" 단체라는 것이다. 여기엔 북한이 국제 사회에서 정부나 국가로 인정받지 못하는 주제에 분에 넘치게 스스로를 정부나 국가로 부른다는 뜻이 담겨 있다. 그리고 북한은 남한이라는 '국가'를 뒤집어엎으려는 목적을 가진 불순한 '단체'라는 의미도 포함되어 있다. 참고로, '변란'이란

"큰 재앙이나 사고로 세상이 어지러워지는 일"이란 뜻이기에, "국가를 변란할"이라는 문구가 어색하다. 명사를 동사로 쓰고 있기 때문이다. 국가보안법은 이미 폐지되었어야 할 악법이라고 생각해온 터에, 일부 문구가 어법에 어긋난다고 시비 거는 짓이 오히려 그 악법을 인정하는 셈이긴 하지만.

앞에서 "북한도 남한 못지않은 정통성을 지닌 국가" 또는 "북한은 남한보다 더 큰 정통성을 가진 국가"라고 했는데, 요즘 우리 사회에서는 몹시 민감하고 정말 위험한 표현이다. 내 답변 자체가 국가보안법 위반이 될지 모른다. 북한을 "찬양·고무·선전"하는 것으로 간주될 수도 있을 테니까. 따라서 국가의 정통성이 무엇인지 객관적으로 살펴볼 필요가 있다.

'국가의 정통성'이란 국민 또는 인민의 신뢰와 지지를 받을 수 있는 국가 권력의 정당성과 합법성이다. 이를 구성하는 요소는 여러 가지가 있을 텐데, 학자들마다 견해가 다르겠지만, 다음과 같이 대략 다섯 가지를 꼽을 수 있을 것이다. (1) 국가를 세운 지도자들의 자질과 경력, (2) 국가가 지향하거나 추구하려는 사상이나 체제, (3) 이전 국가와의 연속성, (4) 정부 수립 과정, (5) 국제 사회의 승인. 차례대로 한 가지씩 짚어본다.

첫째, 북한 건국 지도자들이 이전에 무슨 일을 하던 사람들인

가? 대부분 공산주의자들로 1920~30년대 나라 안팎에서 항일독립
운동을 이끌던 사람들이다.

　　이들은 크게 네 계파로 나뉜다. 첫째, 지금의 서울인 경성에서
조선공산당을 이끌며 항일운동을 펼친 '경성파' 또는 '남로당파'로
대표적 인물은 박헌영이다. 둘째, 만주지역에서 항일무장투쟁을 벌
이던 '만주파' 또는 '빨치산파'로 김일성이 주도적 인물이다. 셋째,
중국공산당의 본거지였던 옌안(延安) 지역에서 항일운동을 벌이던
'옌안파'로 대표적 인물은 한글학자 김두봉이다. 넷째, 연해주지역
에 거주하며 소련공산당에서 활동하던 '소련파'로 허가이가 주도적
인물이다.

　　이들 대부분은 1920~30년대부터 국내외에서 일제의 악랄한 탄
압에 굴복하지 않고 민족해방투쟁을 전개했으며, 1945년 해방을 맞
아 이러한 활동과 경력을 바탕으로 새로운 국가 건설에 정당하게 뛰
어들었다. 남쪽에서는 미군정이 공산주의 활동을 불법화하고 탄압
했기 때문에 북쪽에 소련의 지원을 받아 나라를 세웠다. 북한의 건
국 지도자들은 대부분 항일독립운동을 이끌던 사람들이란 뜻이다.

　　둘째, 북한이 지향하거나 추구하려는 사회주의와 공산주의가
1948년 9월 정부 수립 당시 인민의 신뢰와 지지를 얼마나 받았을
까? 압도적 지지를 받았다.

　　남한에서는 1950년 '6·25동란'을 거치면서 '빨갱이'들의 잔인

한 폭력을 직접 겪거나 보고 느꼈다며 '공산당'에 몸서리치는 사람들이 많은 듯하다. 한국전쟁 이후 '반공'을 '국시(國是)' 즉 국가 정책의 기본 방침으로 정하면서, 전후 세대는 공산주의가 무엇인지 제대로 배우거나 알지도 못한 채 공산주의에 치를 떨게 되었다.

그러나 '6·25전쟁 이전엔, 특히 1948년 남북한 정부 수립 전후로, 한반도 남쪽에서나 북쪽에서나 인민들 대부분은 사회주의와 공산주의 정부가 들어서길 원했다. 1910년 8월 나라를 잃고 1945년 8월 해방될 때까지 35년간 가혹한 일본 식민통치를 겪으면서 제국주의에 맞서는 사회주의와 공산주의에 호감을 갖지 않거나 받아들이지 않은 사람들이 얼마나 있었겠는가. 친일파나 지주 또는 자본가들을 빼고는 말이다. 자본가들의 착취를 막고 사회의 평등을 추구하며 노동자와 농민이 주인 되는 세상을 만들자는 데 반대하는 민중은 거의 없었으리라는 뜻이다. 일제하에서 조선 사람들은 대부분 공장노동자 또는 소작농들이었으니까.

그러기에 '조선공산당'이 1925년 서울에 세워지고, 일제의 무자비한 탄압에 1935년 폐쇄되지만, 당시 글줄이나 읽으면서 사회주의와 공산주의에 빠지지 않으면 지식인이 아니라는 말이 나돌았던 것이다. 심지어 해방 이후 1946~47년 남쪽에서 공산주의를 탄압하며 자본주의를 앞세운 미군정이 실시한 여론조사에서조차 인민들의 70~80%가 사회주의나 공산주의 정부가 들어서길 원했다.

1980년대 말부터 세계적으로 사회주의체제가 무너지면서 체제 경쟁에서 자본주의가 승리했다는 얘기가 나오고, 남한이 미국으로부터 자본주의를 받아들인 게 '축복'이라는 말도 들린다. 물론 이 글을 쓰는 2014년 현재를 기준으로 하면, 자본주의를 지향하며 세계 15위 안팎의 경제력을 자랑하는 남한과 사회주의를 지향하며 '빌어먹고 굶어 죽을' 정도로 경제난을 겪고 있는 북한 사이에 정통성을 따지는 것 자체가 부질없는 일이다. 그러나 1948년 8~9월 남북한 정부가 세워질 때, 국가 이념이나 정부 체제와 관련해서는 사회주의나 공산주의가 자본주의보다 인민들의 신뢰와 지지를 훨씬 더 많이 받았다는 점을 거듭 밝힌다.

셋째, 북한이 이전 국가인 조선을 어떻게 계승하고 있는가? 조선을 계승하지 않았기에 이전 국가와의 연속성이 없다.

남북한이 수립된 1948년 이전의 국가로는 1897년 세워진 대한제국을 들 수 있는데, 이는 1392년에 들어선 조선의 한 부분으로 보는 게 적절하다. 조선이든 대한제국이든 1905년 일본에 외교권을 빼앗기고 1910년 주권을 빼앗기는 등 망해버렸기에 이 국가들은 바로 계승될 수 없었다. 참고로, 남한은 헌법 전문에 1919년 3·1운동 이후 건립된 상해임시정부의 법통을 계승한다고 밝혀 비록 '망명' 정부지만 이전 국가와의 연속성을 강조하고 있는데, 북한은 헌법 서문에 김일성이 조선민주주의인민공화국의 '창건자'이자 '시조'라고 명시함으로써 이전 국가와의 연속성을 애써 무시하고 있다.

넷째, 북한 정부가 인민의 지지를 받으며 민주적으로 세워졌는 가? 인민들의 선거로 남한의 국회에 해당되는 최고인민회의를 구성해, 여기서 헌법을 채택하고 정부 정책을 결정했다.

남쪽에서 1948년 5월 총선거를 실시하고 8월 정부를 수립하자, 북쪽에서는 8월 총선거를 실시했다. 선거 방식은 비밀 투표가 아닌 이른바 '흑백 찬반 투표'였다. 많은 인민들이 글을 읽을 줄 몰라 흑백 투표함을 이용했다고 하지만, 민주적 선거의 기본인 비밀 투표에 분명히 어긋난 것이다. 그러나 국회의원에 해당되는 대의원 572명 가운데 절반이 훨씬 넘는 314명이 노동자와 농민이었다니 최고인민회의가 인민의 대표성은 제대로 지녔던 셈이다.

다섯째, 주변 국가들을 포함한 국제 사회가 북한을 지지하거나 승인했는가? 소련과 동유럽 사회주의국가들이 지지하고 승인했다.

북한이 1948년 9월 수립되자, 한 달 뒤 소련이 가장 먼저 승인하고, 11월엔 몽골, 폴란드, 체코슬로바키아, 루마니아, 헝가리, 불가리아 등이 승인했다. 이에 북한은 "공화국 정부의 합법성에 대한 국제적 승인이며 공화국의 자주독립을 위한 담보"라고 주장하며 국제 사회에 등장했다. 그리고 1949년엔 알바니아, 중국, 동독 등과 국교를 맺었다.

위와 같은 국가 정통성의 요인들 가운데, 북한은 건국 지도자들의 자질과 경력을 가장 중시한다. 그들 대부분이 해방 이전에 항일 독립운동을 이끌었기 때문이다. 남한 건국 지도자들 가운데는 식민 통치 아래서 독립운동은커녕 일제에 부역했던 사람들이 적지 않았다는 사실과 비교하기 위한 속셈일 것이다. 한편, 남한은 국가 정통성으로 국제 사회의 승인을 가장 강조한다. 앞에서 얘기했듯, 북한은 1948년 11월까지 기껏해야 7개 사회주의국가들의 승인을 받았지만, 남한은 1948년 12월 유엔총회에서 미국을 비롯한 48개국으로부터 승인을 받았기 때문이다. 아무튼 이러한 국가 정통성 요인을 기준으로 삼는다면, 북한도 남한 못지않은 정통성을 지녔거나 오히려 남한보다 더 큰 정통성을 가진 국가라고 할 수 있다. 정부를 참칭해온 단체가 전혀 아니라는 뜻이다.

한편, 남한에서는 오랫동안 북한을 국가로서의 정통성이 없을 뿐만 아니라 자주성도 없는 단체로 간주해왔다. '북한 괴뢰' 또는 '북괴'라고 불러온 것이다. 이와 마찬가지로 북한은 남한을 '남조선 괴뢰'라고 불러왔다. 남한은 북한이 대한민국의 북쪽 지역을 불법으로 점령하여 소련의 지령을 받아 활동하는 꼭두각시라 비난하고, 북한은 남한이 조선민주주의인민공화국의 남쪽을 불법으로 차지하여 미국의 조종에 따라 움직이는 앞잡이라고 헐뜯은 것이다.

그런데 남한이 북한을 어떻게 비하하거나 비난하더라도 자주성을 깎아내리는 것은 바람직하지 않다. 미군정에 의존해 수립된 남한 정부가 미국에 대해 지녀온 자주성과, 소련 군부의 도움으로 세워진 북한 정부가 소련에 대해 지켜온 자주성을 비교할 수 있겠는가. 남한은 일본과 아울러 "미국의 51번째 주"와 다름없다는 국제 사회의 비웃음도 나오는 터다.

북한과 서로 총부리를 겨누며 대치하고 있기에 '주적'으로 삼고 '적국'으로 부를 수 있다. 북한이 빌어먹고 굶어 죽으면서도 핵무기와 미사일을 개발하고 있으니 '거지 국가'나 '깡패 국가'로 비난할 수 있다. 그러나 군사 외교적으로 미국에 종속적이다시피 의존적인 남한이 군사적으로든 외교적으로든 자주성만큼은 어느 나라보다 강한 북한을 '괴뢰'라고 욕하는 것은 너무도 어울리지 않는다.

5

김일성:
'가짜'가 아니고 진짜 독립운동가

　지금까지 20년 정도 북한에 관해 공부하고 강의하면서 가장 강조해온 점은 '북한 바로 알기'다. 우리에게 북한은 오랫동안 극심한 편견과 왜곡의 대상이었기에. 그러나 남한에서 '북한 바로 알기'는 아직도 어려울 뿐만 아니라 위험한 일이다. 북한의 훌륭한 점이나 긍정적 부분을 소개하면 '친북'이나 '종북'으로 매도되기 쉽고 국가보안법 위반으로 감옥에 갈 수도 있기 때문이다. 남한이 아무리 좋고 잘났어도 나쁜 점이나 부정적 측면이 있듯, 북한이 아무리 나쁘고 못났어도 좋은 점이나 긍정적 부분이 있기 마련인데 말이다.

　'북한 바로 알기'의 기본 또는 핵심은 김일성과 주체사상이라 생각한다. 북한은 김일성에 의해 세워지고 주체사상에 의해 유지되는 나라이기 때문이다. 북한을 껴안아야 할 동포로 생각하든 처부숴야 할 적으로 간주하든, 평화통일의 상대로 여기든 전복이나 타도의 대상으로 삼든, 김일성과 주체사상을 편견과 왜곡 없이 제대로 알아야 한다. 싸우더라도 상대를 먼저 알고 나를 알아야 이길 수 있다고 하지 않는가. 그런데도 김일성은 50대 이상의 세대엔 '가짜'로, 40대 이하의 세대엔 '분단의 원흉'으로 매도되고, 주체사상은 음흉한 대남 적화전략으로 오도되고 있으니 한심한 일이다.

단도직입적으로 말한다. 김일성, '가짜' 아니다. 진짜 독립운동가였다. 그의 아버지와 삼촌 그리고 동생까지 독립운동하다 죽었다. 그처럼 어릴 때부터 오랫동안 목숨 내걸고 총칼로 일제에 맞서 싸운 조선 사람 얼마나 되겠는가. '분단의 원흉'도 아니다. 1945년 8월, 김일성이 조선 땅 밟기도 전에 조선 사람들 아무도 모르게, 미국이 38선으로 국토를 갈랐으니 '분단의 원흉'은 미국이지 왜 김일성인가. '6·25전쟁'을 통해 분단이 굳어지게 한 죄로 '전쟁의 원흉'이나 '분단의 종범'으로 불릴 수는 있어도 '분단의 주범'은 결코 아니라는 뜻이다. 물론 1945년 미국에 의한 분단이 없었다면, 1950년 김일성에 의한 '6·25남침'도 일어나지 않았을 테지만.

김일성이 해방 이후 저지른 '악행'은 너무 잘 알려져 있다. 대표적으로 '6·25전쟁'을 일으키고, '수령 독재'를 실시했으며, '권력 세습'을 이끌었다는 것 등이다. 그러나 해방 이전의 '선행'은 고의적으로 감춰지고 악의적으로 왜곡되었다. 앞에서 얘기한 국가 정통성 경쟁 때문에. 박정희의 심복 또는 최측근으로 1960년대 6년간이나 중앙정보부장을 지낸 김형욱이 회고한 대로, "해방 전에 25세 약관의 김일성이 항일 무장게릴라전을 지휘하였고 한때는 중국공산당 만주지역의 동북항일군 소속으로 압록강 및 두만강 연안에서 항일운동에 헌신했다"는 사실이 "친일을 했던 이승만 휘하의 대부분 관리들과, 친일 정도가 아니라 한 걸음 더 나아가 일본군 장교가 되어 독립군을 때려잡았던 경력이 있는 박정희에게" 어떻게 비교될 수 있겠는가.

그래서 지금까지 감추어져왔거나 왜곡된 '분단 이전의 김일성'을 소개한다. 김일성이 진짜 독립운동가였으니 그를 찬양하자는 것은 아니다. 해방 이전의 선행 때문에 분단 이후의 악행에 비판을 삼가자는 것도 아니다. 국가 정통성 경쟁 때문이었든, 반공정신을 드높이기 위해서였든, 터무니없이 심각하게 저질러진 '역사 왜곡'을 바로잡자는 것이다. 어떤 역사적 인물에 대한 평가는 각자의 교양이나 지식, 신념이나 가치관, 이념이나 사상, 그리고 주변 환경이나 시대 변화 등에 따라 달라질 수 있다. 그러나 그에 대한 사실 자체는 언제나 누구에게든 같아야 한다. '분단 이전의 김일성'에 대한 진실을 밝히는 이유다.

김일성의 항일독립운동

김일성은 1912년 4월 15일 지금의 평양인 평안남도 대동군 만경대에서 태어났다. 본명은 김성주(金成柱). 전주 김씨로, '이룰 성',

해방 직후 만경대 고향 집으로 돌아온 김일성의 청년 시절 모습. 북한의 조선중앙TV가 방영한 다큐멘터리 〈조국광복을 위하여〉에 나온 것이다. ⓒ조선중앙TV=연합뉴스

'기둥 주'. 아버지가 나라의 기둥이 되라는 뜻으로 지어준 것이란다.

아버지 김형직은 1894년생으로 1917년 기독교 계통의 항일운동 조직인 〈조선국민회〉를 설립해 활동하다 감옥에 갇혔고 1918년 출옥한 뒤 〈조국광복회〉를 만들어 만주에서 독립운동을 벌이다 1926년 죽었다. 어머니 강반석은 남편과 아들 뒷바라지를 하다 1932년 만주에서 병사했다. 동생 김철주는 1930년대 초부터 항일빨치산에 투신해 1935년 옌지에서 일본군과 전투를 벌이다 죽었고, 삼촌 김형권 역시 1930년대 초부터 항일무장투쟁을 벌이다 일본 경찰에 체포되어 서울 마포형무소에서 복역하다 1936년 죽었다.

김성주는 1926년 아버지의 유언과 아버지 친구들의 권유에 따라 "민족주의자들이 독립군 간부들을 키워낼 목적으로 만주에 세운 2년제 정치군사학교"인 화성의숙에 입학했다. 그러나 공산주의에 관심을 갖고 1927년 길림 육문중학으로 전학해 반일운동에 참여하다 1929년 일제에 체포되어 감옥에 갇혔다. 1930년 감옥에서 나와 중국공산당과 연계하며 국제공산당과 공조할 필요성을 느껴 만주에서 〈조선공산당〉을 세우고, 무장투쟁을 준비하기 위해 〈조선혁명군〉을 조직했다. 그의 말대로 "독립군 출신의 몇몇 동무들과 화성의숙을 다닌 얼마간의 동무들이 있고 몇 자루의 권총이 있을 뿐"인 데다, "조선부락에나 숨어있을 뿐 다른 데는 얼씬거리지도 못하고 밤에만 몇 사람씩 비밀리에 나다니는 형편이었다"고 하니, 이름만 거창하게 '혁명군'이지 기껏해야 수십 명의 '비밀유격대'였을 것이다.

이 무렵 그의 이름이 김성주에서 김일성으로 바뀌었다. 북한 자료들에 따르면, 그가 〈조선혁명군〉을 만들 때 동지들이 그에게 별과 같은 지도자가 되라고 '한별 장군'이란 별명을 지어주었단다. '한별'을 한자로 '한 일(一)', '별 성(星)'으로 바꾸어 김일성(金一星)이 된 것이다. 그리고 얼마 후 이왕이면 별보다는 태양 같은 지도자가 되라는 취지에서 '날 일(日)', '이룰 성(成)'으로 다시 고쳐 김일성(金日成)이 되었다. 이러한 북한의 주장에 대해 외부에서는 엇갈린 추정이나 해석을 내놓고 있으니 검증이 필요한 대목이다. 첫째, 개명 시기에 관해 남한 정보부는 김성주가 1930년 김일성(金一星)으로 바꾸고 1935년 김일성(金日成)으로 고쳤다고 추정한다. 둘째, 개명 이유에 관해 일본의 북한연구 전문가 와다 하루키 도쿄대 교수는 그 무렵 항일투쟁을 전개하면 일제가 가족들까지 괴롭히기 마련이었을 테니 이를 염려하여 사려 깊게 가명을 썼으리라고 해석한다. 그리고 간도 지역에 떠돌던 '김일성'이라는 '전설적 영웅'의 이름을 빌린 것은 게릴라투쟁의 지도자로서 능력을 보여주었다고 평가한다.

김일성은 1931년 일제가 만주를 침략한 뒤부터 중국공산당 조직에 들어가 활동하기 시작했다. 공산당 조직은 한 나라에 하나밖에 둘 수 없다는 국제공산당의 지침에 따라 중국 안에서 〈조선공산당〉이 독립적으로 존재할 수 없기 때문에 중국공산당 하부 조직으로 참여했던 것이다.

1932년 4월 25일에는 '비밀유격대' 같은 〈조선혁명군〉을 바탕으로 100여 명 규모의 〈중국공산당 조선인부대〉를 만들어 대장이 되었으니, 이때부터 그의 항일무장투쟁이 본격적으로 시작된 셈이다. 북한에서는 이를 〈반일 인민유격대〉라고 부르는데, 이게 바로 지금 조선인민군의 뿌리라고 주장한다. 북한에서 1948년 2월 8일 조선인민군을 창설해 이날을 창군기념일로 삼아오다, 1978년부터 4월 25일로 창군기념일을 바꾼 배경이다.

1934년엔 〈반일 인민유격대〉를 〈조선 인민혁명군〉으로 바꿨다는데 이게 흔히 〈동북항일련군 조선인부대〉라고 불리는 것이다. 그 때까지는 주로 만주지역에서 무장투쟁을 벌여왔는데, 1936년엔 〈조국광복회〉를 조직하고 백두산 곳곳에 밀영을 만들어 조선 안에도 들어와 빨치산투쟁을 벌이기 시작했다. 국내에서 전개한 투쟁 중 가장 대표적인 것은 1937년 보천보전투. 김일성이 이끄는 부대가 함경북도 갑산군 보천보의 일제 관공서를 습격하고 잠시 점령한 사건이다. 경찰주재소, 면사무소, 우체국, 산림보호구 등을 공격해 무기를 탈취하고 '조국광복회 10대 강령' 등의 포고문을 뿌린 뒤 김일성이 주민들에게 연설하고는 만주로 돌아갔다고 한다. 전쟁 준비에 광분한 일제의 가혹한 탄압으로 광복에 대한 허무주의와 패배주의가 확산되고 있는 가운데, 이 전투는 25살 청년 김일성을 '식민지 조선의 영웅'으로 널리 알려지게 만들었다.

이 보천보전투를 계기로 일제는 김일성을 더욱 추적하면서 국내에 잠입해 있던 그의 조직을 검거하는 한편 만주지역의 항일유격대를 뿌리 뽑기 위해 대규모 토벌전을 전개했다. 이에 김일성부대는 조선과 만주를 넘나들며 빨치산투쟁을 벌이다 1939년 제2차 세계대전이 일어나면서 일제의 침략과 약탈이 극도로 심해지자 1940년 말 소련 연해주지역으로 물러가게 되었다. "대부대 활동으로부터 소부대 활동으로 넘어가기 위한 새로운 전략적 방침"을 세우고 소련으로 옮긴 것이다. 그 후 1942년까지 소규모 유격대를 이끌고 소련 연해주, 중국 만주, 조선 백두산 등을 오가며 간헐적으로 투쟁

했다고 한다. 그리고 1942년 7월 "쏘련, 중국의 동지들과 함께 국제 련합군을 편성하고 조선혁명의 주체적 력량을 백방으로 강화해 나 가면서 국제 반제 력량과의 공동투쟁을 통하여 일제의 격멸과 제2 차 세계대전의 승리에 기여하였다"고 한다. 그러나 이 부분에 대해 서는 앞으로 더 확인하고 검증해볼 필요가 있다. 남한 정보부와 일 부 북한전문가들은 김일성부대가 1940년 소련으로 후퇴한 뒤 1945 년 평양에 들어올 때까지 항일무장투쟁은 없었다고 주장하기 때문 이다.

김일성에 대한 남한의 왜곡

이렇듯 해방 이전 "식민지 조선의 영웅"이었던 김일성이 분단 이후엔 "조선민주주의인민공화국의 창건자이시며 사회주의 조선의 시조"가 되었다. 그리고 "조선노동당 총비서이시며, 조선민주주의 인민공화국 주석이시며, 조선인민군 총사령관이신 위대한 수령 김 일성 동지"로 살다 죽었다. 거의 신 같은 존재였던 것이다.

남한에서는 당연히 정반대였다.

첫째, '세상에서 가장 나쁜 놈'이었다. 박정희 정부 때인 1970 년 김○○ 씨는 자신의 집을 무너뜨리는 철거반원들에게 화가 나서 "김일성이보다 더한 놈들"이라고 울부짖다 구속되었다. 김일성이 철거반원들보다 덜 나쁘다고 말한 셈이 되어 '이적 행위'로 1심과 2심 재판에서 실형을 선고받았던 것이다.

둘째, '때려잡아야 할 놈'이었다. 전두환 정부 때인 1980년 여고 1년생이던 조카가 "흑보 영감 가짜 김일성 때려잡자"는 주제로 웅변대회에서 우수상을 받았다. 그 원고는 내가 썼음을 고백한다. 대학 2학년 때였다.

셋째, '고이 죽어서는 안 될 놈'이었다. 김영삼 정부 때인 1994년 7월 김일성이 죽자 KBS TV 뉴스 진행자는 "우리가 처단하지 못하고 그냥 죽게 해서 원통하다"고 아쉬워했다. '분단의 원흉'이요 '전쟁을 일으킨 범죄자'라면서.

위에 든 사례와 같이 우리 사회에서 김일성을 아무리 부정적으로 인식하거나 악의적으로 평가해도 괜찮다고 생각한다. 특히 끔찍한 전쟁을 겪었던 사람들로서는 '전쟁을 일으킨 범죄자'에 대해 무슨 말인들 못 하고 무슨 짓인들 못 하겠는가. 그러나 그 인식이나 평가가 '가짜'나 '분단의 원흉' 같은 잘못된 세뇌 교육 때문에 빚어지는 것이라면 문제가 있다.

김일성이 남한에서 '가짜'가 되었던 데는 크게 두 가지 구실이 있었다.

첫째, 이름 때문이었다. 아직도 "소련군 대위 김성주가 1945년 평양에 들어와 김일성 장군 행세를 하기 시작했다"는 내용의 글이 인터넷 게시판을 도배하고 있으니 과거엔 오죽했겠는가. 김성주가 김일성으로 바뀐 것은 명백한 사실이지만, 여기서는 그의 이름이 1945년에 바뀐 게 아니라는 점만 강조한다. 1930년대 항일유격대 활동을 시작할 때부터 '김일성 장군'이었지, 1945년 평양에 들어와 갑자기 '김일성 장군'이 된 게 아니라는 뜻이다.

둘째, 나이 때문이었다. '장군'치고는 좀 어렸기 때문이다. 1945년 10월 평양에서 '조선 해방 축하 겸 김일성 장군 환영 대회'가 열렸을 때, 백발이 휘날리는 사람이 아니라 30대 젊은이가 연단에 오르자 너무 젊다며 '가짜'로 의심하는 사람들이 있었단다. 그러나 그건 잘못이다. 겨울이면 흔히 영하 30~40도를 오르내리는 만주와 백두산 일대에서 20~30대의 젊은이들이 아니고 40~50대의 장년들이나 노인들이 눈 쌓인 산야에서 풍찬노숙하며 빨치산투쟁을 벌일 수 있었겠는가. 참고로, 요즘 남한 군대에서는 나이 50 안팎에 별을 달게 되겠지만, 1950년엔 정일권이 33살의 나이로 3군총사령관 겸 참모총장을 맡기도 했다. 1950년대 한 국가의 몇 십만 군대를 지휘했던 30대 초반의 대장에 비하면, 1930년대 수백 명 규모의 유격대를 이끌었던 20대 중반의 대장은 전혀 어리지 않았다는 뜻이다.

김일성의 나이와 관련해 주목할 만한 대목이 몇 가지 있다. 먼저, 스무 살의 김일성이 '장군' 노릇을 할 때부터 여섯 살 위의 친삼촌 김형권이 부하대원이었다. 유격대원들 가운데 김일성보다 나이를 더 먹은 사람들이 많았다는데도 그가 항상 지도자 역할을 했다. 특히 우리에게도 널리 알려진 김책은 김일성보다 많이 배웠고 아홉 살이나 많았지만 김일성을 깍듯이 상관으로 받들었다는 일화가 널리 퍼져 있다. 나아가 분단 이후 정부를 수립할 때도 30대 중반의 김일성이 수상을 맡을 때 그보다 나이와 배움이 훨씬 많은 지도자들이 부수상을 맡았다. 경성파 지도자 박헌영은 열두 살, 옌안파 지도자 김두봉은 스물두 살, 소련파 지도자 허가이는 여덟 살이 많았던 것이다. 그리고 '조선의 3대 천재'요 『임꺽정』의 작가로 유명한 홍명희는 지금의 연세대학교인 연희전문 교수 출신으로 스물네 살이나

1945년 10월 평양에서 열린 '조선 해방 축하 겸 김일성 장군 환영대회'

많았는데 중학교 중퇴 학력의 김일성 아래서 부수상을 지낸 것을 보면, 그의 지도력이 꽤 뛰어났던 것 같다.

그런데 김일성이 가짜로 매도되기 시작할 때부터 이를 바로잡을 수 있는 결정적 인물들이 남한에도 있었다. 두 집안사람들만 소개한다. 최동오-최덕신 집안과 손정도-손원일 집안.

최동오는 1926년 김일성이 만주 화성의숙에 입학했을 때 그 학교장이었다. 김일성의 아버지 김형직의 친구로 1919년 3·1운동에 참가했다 2년간 감옥살이를 한 뒤 중국으로 건너가 상해임시정부 국무위원을 지내기도 했던 독립운동가다. 해방 후엔 서울에서 좌우합작 운동을 벌이다가 1948년 평양에서 열린 남북협상회의에 김구, 김규식 등과 함께 참석하여 화성의숙 제자였던 김일성을 만났다. 그의 아들 최덕신은 1930년대 만주에서 중국군 장교로 항일전에 참가했다가 해방 후 귀국하여 육군사관학교장을 지냈는데, 6·25전쟁 중엔 남한군 사단장으로 북한 인민군과 싸웠고, 휴전회담 때는 남한군 대표를 맡았으며, 군단장을 지내다 중장으로 예편하였다. 1956년부터 베트남 대사, 외무부장관, 서독주재 대사로 일하다 1967년 천도교 교령 자리에 올라 한국종교협의회장을 맡았다. 그리고 1976년 미국으로 건너가 살다가 몇 차례 북한을 방문한 뒤 1986년부터 평양에 정착했다.

손정도는 1929년 김일성이 일제에 체포되어 감옥에 갇혀 있을 때 옥바라지하며 석방에 큰 힘을 쏟았고 그 뒤에도 꾸준히 그를 친자식처럼 보살폈던 목사다. 그 역시 김일성의 아버지 김형직의 친구로, 상해임시정부 임시의정원 의장을 맡기도 했던 독립운동가이기도 하다. 그의 아들 손원일은 남한 해군을 창설하고 초대 해군참모총장을 지낸 뒤 1950년대에 국방부장관을 지냈다. 분단 이전 2대에 걸쳐 우정을 나눈 김일성의 친구들이 해방 이후 남한의 육군과 해군을 이끌었던 셈이다.

또한 남한 권력자들이 김일성의 과거를 진짜 몰랐던 것은 아니다. 특히 정보부처에서는 잘 알고 있었다. 반공을 통한 통치의 효율성을 꾀하기 위해 김일성이 '가짜'라고 국민을 세뇌시켰을 뿐이다. 그의 독립운동을 인정했던 박정희의 중앙정보부와 김일성을 존경하기까지 했던 전두환의 안전기획부를 소개한다. 앞에서 잠시 소개했듯, 1960년대 중앙정보부를 6년간이나 이끌었던 김형욱은 1983년 다음과 같이 회고했다.

"김일성에 대해서도 한마디 안 할 수 없다. 전직 대한민국의 중앙정보부장이었던 내가 이런 발언을 한다면 소스라치게 놀라는 사람이 많을 것이다. 그러나 사실은 사실로서 받아들여져야 한다. 그것이 비록 당장은 충격파를 가져올 수 있으나 장구한 민족사의 체계로 보아서는 오히려 바람직할 수도 있다. 나는 진실을 말한다면 해방 전에 25세 약관의 김일성이 항일 무장게릴라전을 지휘하였고 한때는 중국공산당 만주지역의 동북항일군 소속으로 압록강 및 두만강연안에서 항일운동에 헌신했다는 것을 알고 있었다. 비록 규모가 작기는 하였으나 그가 함남의 길주, 명천 등지의 남삼군에 상당한 조직을 가지고 있었고 보천보전투를 지휘한 사실도 알고 있었다.

그런데 어인 일인지 김일성은 완전한 '가짜'라는 대목이 이승만 정권 이래 한국의 반공전선 교육의 가운데 토막이 돼오고 있었다. 이것은 공화당 정권에 들어서서 더욱 강화되었다. 아마도 친일을 했던 이승만 휘하의 대부분 관리들과, 친일 정도가 아니라 한 걸음 더 나아가 일본군 장교가 되어 독립군을 때려잡았던 경력이 있는 박정희에게는 김일성의 그만한 경력도 묵살하고 싶었는지도 모르겠다.

부끄러운 일이지만, 나는 재직 중에 김일성의 경력을 인정해주고 비판할 것은 비판하는 식의 보다 현실적이고 합리적인 반공교육 체제를 확립하는 데 성공하지 못하였다. 김일성이가 완전 '가짜'가 아니고 사실은 '진짜'라고 교정하는 데 있어서는 중앙정보부장인 나도 겁을 먹고 조심을 해야 할 만큼 한국의 반공문화는 무서운 존재였다. 한국에서 용공이란 딱지는 천형만큼 잔인한 저주였다."

1980년대 대통령 경호실장을 거쳐 안전기획부장을 맡고 있던 장세동은 1985년 10월 전두환 대통령의 친서를 지니고 평양을 방문해 김일성을 만나 다음과 같이 말했다.

"그동안 일제하의 항일투쟁을 비롯하여 40년간 김 주석께서 북녘 땅을 이끌어오시고 그동안 평양의 우뚝 솟은 의지를 보고 이러한 발전을 위하여 심려해오신 점에 대한 존경과 감사를 다시 드립니다. 대통령 각하께서는 비록 체제와 이념은 다르지만 주석님의 조국애와 민족애를 높이 평가하고 계십니다."

박정희 정부의 중앙정보부장이 한참 뒤에 회고록을 통해 김일성이 진짜라는 사실을 고백했다면, 전두환 정부의 안전기획부장은 현직으로 김일성의 면전에서 그의 항일투쟁에 대해 단순하게 인정한 것을 넘어 존경과 감사까지 드린 것이다. 더구나 그 자리에는 안전기획부장 특별보좌관 두 명이 함께 있었는데 박철언과 강재섭이다. 박철언은 1970년대 흔히 공안검사로 불리는 특수부장검사 출신으로 국회의원을 세 번 하고 장관을 두 번 지내는 등 노태우 정부의 '황태자'로 불렸던 사람이고, 강재섭 역시 1970년대 검사 출신으로 2008년까지 국회의원을 다섯 번 하는 동안 한나라당 부총재, 원내대표, 대표최고위원, 대표 등을 맡았던 사람이다.

김영삼 정부 때인 1994년엔 안전기획부 산하기관이었던 북한 전문 통신사 〈내외통신〉이 『북한조감』이라는 책을 펴내며 다음과 같이 김일성의 항일투쟁을 공개적으로 밝혔다. "1930년 김성주(金成柱)를 김일성(金日星)으로 개명, 1931년 중국공산당 입당, 1932년 중국공산당 조선인부대 지대장, 1935년 김일성(金日成)으로 재개명, 1936년 조국광복회 조직, 1937년 함경남도 보천보 및 증평리 습격……."

참고로, 〈내외통신〉은 1999년 〈연합뉴스〉에 합병되었는데, 그 전까지는 북한에 관한 모든 정보를 정리하여 남한 언론에 전달하는 일을 해왔다. 당시엔 개별 언론사가 북한에 관해 독자적으로 취재하지 못하고 이곳을 통해 정보를 전달받는 식이었기 때문에, 우리가 신문이나 방송을 통해 접했던 북한에 관한 소식은 거의 모두 〈내외통신〉을 거쳤을 것이다. 그런데 이 책 가운데는 다음과 같이 써진 조그만 쪽지가 끼워져 있다. "참고: 북한 주요인물 30인 약력 가운데 항일투쟁활동 등 일부 내용은 북한측 주장임."

이 쪽지는 국가정보원의 전신인 중앙정보부와 안전기획부가 얼마나 무능했거나 횡포를 일삼았는지 짐작케 한다. 첫째, 막대한 국가예산을 쓰면서 북한에 관한 정보를 독점해온 중앙정보부—안전기획부가 북한을 반세기 동안이나 통치해온 김일성의 과거 행적을 독자적으로 파악하지 못하고 "북한측 주장"을 그대로 옮기기만 했다면, 1960년대 초 중앙정보부 창설 이래 30여 년이 지나도록 무슨 일

을 했기에 가장 기본적인 정보조차 확인하지 못했을까. 둘째, 일반
인들은 물론 북한에 관해 연구하는 학자들도 사실로 확인된 북한의
주장을 그대로 소개하거나 알려도 국가보안법 위반으로 처벌받기
쉬웠는데, 안전기획부는 "북한측 주장"을 그대로 널리 공표해도 괜
찮다는 말인가.

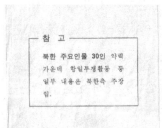

참 고

북한 주요인물 30인 약력
가운데 항일투쟁활동 등
일부 내용은 북한측 주장
임.

『북한조감』의 표지(좌상)과 '참고' 쪽지
(좌하) 그리고 '부록 1'(우).

1. 북한주요인물 30인

金日成

1912.	4. 15	평남 대동군 고평면 남리 만경대 출생
1923.		만주 장백현 八道溝 소학교 졸업
1924.		창덕학교 재학
1926.		만주 화전현 화성義塾 수학
1926.		만주 길림 육문중학 중퇴, 재학중 共青 가입
1930.		金成柱를 金日成으로 개명
1931.		중국공산당 입당
1932.		중국공산당 조선인부대 지대장
1935.		金日成으로 재개명
1936.		조국광복회 조직
1937.	6.	함남 보천보 습격
1937.	9.	함남 증평리 습격
1940末		소련으로 망명
1945.	8.	소련군 소좌
1945.	9.	소련점령군 비호하 入北
1945.	10.	조선공산당 서북5도당책임자 및 열성자대회 참석
1945.	10.	'김일성장군'환영 평양시군중대회에 등장
1945.	12.	조선공산당 북조선분국 책임비서
1946.	2.	북조선 임시인민위원회 위원장
1946.	7.	북조선 민주주의민족통일전선의장단 의장
1946.	8.	북조선로동당 부위원장
1947.	2.	북조선 인민위원회 위원장
1948.	8.	최고인민회의 제1기 대의원
1948.	8.	북조선로동당 부위원장

〈내외통신〉이 안전기획부의 무능이나 횡포를 드러내면서까지 그 궁색한 내용의 쪽지를 끼워놓은 까닭이 있다. 안전기획부의 막강한 권력과 영향력을 뛰어넘는 보수 언론의 억지와 압력 때문이었다. 1990년대 초 냉전이 끝나고 1991년 북한과 관계 개선이 이루어지기 시작하자 안전기획부와 그 산하 기관인 〈내외통신〉이 김일성이 '가짜'가 아니라는 사실을 조심스럽게 밝히고자 했는데, 『북한조감』을 미리 받아본 극우 신문에서 거세게 항의를 했단다. 당시까지 약 50년 동안 모든 국민이 교육과 언론을 통해 김일성이 '가짜'라고 배우고 들어왔는데, 이제 안전기획부와 〈내외통신〉마저 김일성이 진짜라고 공개하면 여태껏 '김일성 가짜설'을 퍼뜨려온 언론은 어떻게 하느냐는 것이었다.

시대가 바뀌고 진실이 밝혀지면 과거의 왜곡에 대해 반성하거나 사죄하는 게 아니라, 이처럼 끝까지 진실을 가리려고 억지를 부리는 게 남한 극우 언론의 참모습이랄까. 분단과 전쟁을 핑계로 반공을 앞세워 편견과 왜곡을 일삼았던 교육과 언론을 통해 우리는 이렇게 세뇌되어온 것이다. 1994년 이른바 '문민시대'에 그러했을진대 과거 군사독재 시대에는 어떠했겠는가. '가짜 김일성'의 사례들을 통해 역사 왜곡이 왜 빚어지고 어떻게 유지되며 왜 바로잡혀지지 않은지 살펴보았는데, 더 이상 역사 왜곡이라는 범죄가 일어나지 않기를 기대한다.

6

주체사상:
헌법보다 중시되는 통치이념

2014년 6월 23일 서울고등법원의 이석기 의원 항소심에서 변호사가 물었다. 주체사상이 대남 혁명전략이냐고. 주체사상은 헌법보다 중시되는 통치이념이라고 할 수는 있어도, 남한을 적화하기 위한 전략은 아니라고 답했다. 주체사상에 대해 설명해달라는 부탁엔 대략 다음과 같이 얘기했다.

"주체사상을 한마디로 정의하면 '당과 국가 활동의 지도적 지침'이다. 사상, 경제, 국방, 정치, 외교 등 모든 분야에서 자립과 자위 그리고 자주를 내세우며 말 그대로 주체적으로 살자는 내용이다. 그리고 물질보다 사람을 중시하는 등 철학적으로는 본받을 점도 있다. 그러나 1970년대 초 김정일이 후계자가 되면서 이른바 '수령론'을 통해 독재 정치를 정당화하고 '후계자론'을 통해 부자간 정권 세습을 합리화하는 등 변질되고 악용된

부분은 비판받아야 할 점이다."

　이 부분이 다음 날 일부 극우 신문에 고약하게 둔갑되었다. "한 반도를 공산화시키려는 북한의 대남 혁명전략은 철학적 측면에서 본받을 점이 있다는 등의 언급을 한 것으로 전해졌다"고. 이에 새누리당 사무총장이 기다렸다는 듯 화답했다. "아직도 북한 옹호 발언이 활개 치는 사실이 가히 충격적"이라고. 그의 말은 다음 날 그 신문들에 재생되었다. '세월호' 참사 보도와 관련해 유행어가 된 '쓰레기 같은 기자'가 악의적으로 왜곡한 기사에 개념 없는 정치인이 제멋대로 충격 받은 일을 다시 기사화한 것이다. 몰지각한 그들에게 한편으로는 고마운 마음도 갖게 된다. 그들 때문에 "이재봉의 법정 증언" 연재를 시작하게 되었기에.

　주체사상과 관련해 날 실소하게 만든 것은 이뿐만이 아니다. 2008년 3월 비슷하면서도 더 어처구니없는 일을 겪었다. 1999년 8월부터 매월 〈남이랑북이랑〉 소식지를 만들어오면서 2006년 3월호에 "김대중 방북과 연방제통일"이라는 제목의 글을 썼다. 언제나 그랬듯, 이 글도 여기저기 퍼지는 가운데 〈천주교 정의구현 전국사제단〉 홈페이지 자료실에도 실린 모양이었다. 다음과 같은 내용이었다.

　"과거 군사독재 정권은 북녘의 긍정적 부분에 대해서는 애써 감추어왔고 부정적 측면에 관해서는 턱없이 강조해왔다. 우리는 김일성이 해방 이전에 진짜로 목숨 걸고 항일독립투쟁을 벌였지만 '가짜'로만 배워왔고, 주체사상은 말 그대로 주체적이고 자주적으로 살자는 훌륭한 내용을 많이 담고 있지만 '불온한' 사상으로만 들어왔으며, 연방제통일 방안은 합리적이고 바람직한 측면도 크지만 '적화통일'을 위한 계략으로만 알아왔다. 워낙 오랫동안 철저하게 '세뇌'당해왔기에 아직까지 그렇게 알고 있는 사람들이 적지 않을 것이다."

그런데 자칭 '세상을 밝히는 자유언론'이라는 〈프리존 뉴스〉가 2008년 3월 6일 "사제단, '김일성 주체사상' 찬양 논란: '연방제 통일은 합리적이고 바람직' 글 메인화면에 게재"라는 제목으로 다음과 같은 글을 실었다.

"'삼성 떡값 명단' 폭로로 주목받고 있는 〈천주교 정의구현 사제단〉이 김일성 주체사상을 긍정적으로 평가하고 연방제통일을 주장하는 내용의 글을 최근 수년간 인터넷 홈페이지 메인화면에 배치해온 것으로 확인됐다. 사제단 공식 홈페이지의 메인화면에는 '이재봉'이라는 필명의 네티즌이 지난 2006년 6월 작성한 "김대중 방북과 연방제 통일"이라는 제목의 글이 현재까지 걸려 있다. 북한식 연방제통일을 두둔하는 뉘앙스의 이 글에서 필자는 "주체사상은 말 그대로 주체적이고 자주적으로 살자는 훌륭한 내용을 많이 담고 있지만 불온한 사상으로만 들어왔다"고 주장했다. 6·25남침 전범이자 수백만의 인명을 학살한 김일성의 주체사상을 공식적으로 찬양한 것이다.…… 이 글은 지금으로부터 2년 전인 지난 2006년 3월에 작성된 글로, 사제단은 현재까지 2년간 문제의 글을 메인페이지에 걸어두고 있는 것으로 보인다.……"

이틀 후인 3월 8일엔 "정의구현 사제단, 국보법 위반 혐의로 고발당해: '주체사상은 자주적으로 살자는 훌륭한 내용을 많이 담고 있다?'"는 제목의 기사가 추가되었다.

"'삼성 떡값 명단' 폭로를 주도하고 있는 〈천주교 정의구현 사제단〉이 국가보안법 위반 혐의로 경찰에 고발당했다. 문제가 된 것은 인터넷 홈페이지 메인화면에 올려 있는 주체사상을 비호하고 연방제를 주장하는 친북 게시물. 사제단의 이 같은 행태는 최근 〈프리존 뉴스〉에 보도됐고, 이후 시민 김모 씨는 사제단을 경찰에 고발해 수사가 진행 중인 것으로 알려졌다.……"

이른바 '수구꼴통'들이 전형적으로 써먹는 치졸한 수법이다. 아무리 천박한 재벌이라도 비호해야 하는 그들은 삼성의 비리를 고

발한 〈천주교 정의구현 전국사제단〉의 꼬투리를 찾기 위해 홈페이지를 뒤져보았을 것이다. 그러다 내 글에서 김일성과 주체사상 그리고 연방제를 긍정적으로 평가하는 대목을 발견하고 이를 논란거리로 만들기 위해 기사 제목에 '찬양 논란'이라는 말을 썼다. 그리고 떳떳하게 이름도 밝히지 못할 사람을 내세워 고발하도록 해놓고 그것을 다시 기사화한 것이다.

그때 사제단 홈페이지에 접속해보니 화면 중앙의 '칼럼'란에 실제로 "김대중 방북과 연방제통일"이라는 내 글이 실려 있었다. '칼럼'란에 실려 있는 20편의 글 가운데 내 글이 6편이나 되었고, '문제의 글'은 2년 동안 가장 많은 조회 수를 기록하며 화면 중앙을 차지해왔으니 나는 분에 넘치는 대접을 받아온 셈이다. 2007년 여름 사제단의 초청을 받아 강연한 적이 있는데 그때는 이런 사연을 전혀 모르고 있었다. 늦게나마 담당자에게 감사드린다.

여기서 주체사상을 '불온한 사상'으로만 여기는 보수 세력이 놓치는 게 있다. 그들이 위인이나 영웅처럼 떠받들던 '최고위 탈북자' 황장엽의 주장이다. 남한에서 자타가 인정했던 "주체사상의 이론적 창시자"인 그도 이 사상이 "조선로동당의 지도 사상"이며 철학적 측면은 훌륭하다고 공개적으로 밝혔다. 북한에서 주체사상을 "이론적으로 체계화하고 관리하는 사업을 주관"했던 그가 남한으로 망명해와서 이 사상은 대남 혁명전략이 아니고 본받을 점도 있다는 점을 나보다 먼저 말했던 것이다.

황장엽은 이미 널리 알려져 있듯 북한에서 1960년대부터 김일성종합대학 총장, 국회의장에 해당되는 최고인민회의 상임위원장, 조선로동당 비서 등을 지내며, 다른 한편으로는 사상가이자 철학자로서 주체사상을 체계적이고 이론적으로 다듬었다. 그리고 1997년 남한으로 건너와 〈국가정보원 통일정책연구소〉 이사장, 〈국가안보전략연구소〉 상임고문 등을 역임하다 2010년 '국민훈장 무궁화장'을 받고 국립현충원에 묻혔다.

그가 남한으로 망명하자 '주체사상의 대부'이자 '김정일의 개인교사'가 북한을 탈출했으니 김정일 체제가 무너진 것이나 다름없다며 '북한 붕괴론'이 힘을 얻었고, 그의 영향력은 남한에서도 꽤 커졌다. 주체사상을 따르는 '주사파'에 맞서 황장엽을 추종하며 '북한 민주화'를 내걸고 '김정일 정권 타도'를 외치는 이른바 '황파'들이 대학가를 중심으로 널리 퍼졌던 것이다.

이와 관련하여, 나는 그가 1997년 2월 중국에서 망명을 신청할 때부터 가장 먼저 그리고 2010년 죽을 때까지 줄기차게 그를 비판했다는 점을 밝힌다. 1996년 9월 북한 잠수함이 강릉 앞바다에서 좌초한 사건이 터지자 남북관계가 험악해졌는데, 이를 풀기 위해서는 정치인들보다 학자들이 나서는 게 바람직하다는 유럽 평화학자의 제안과 미국 정치학자의 주선으로 황장엽을 비롯한 북한학자 2명과 나를 포함한 남한학자 2명이 1997년 봄 스웨덴에서 '민간 평화회담'을 갖기로 했다. 그런 터에 그가 1997년 2월 중국에서 남한으로의 망명을 신청했다는 소식을 듣자마자 〈한겨레신문〉에 글을 썼다. "가족과 동지들의 희생까지 각오하며 남북 화해 및 평화통일에 도움을 주고 싶어 망명을 신청했다는데, 선생의 망명으로 남북 사이에 화해와 평화보다는 갈등과 긴장이 더 커질 것이다. 목숨까지 바칠 각오로 평화와 통일을 추구한다면 북한에서 선생을 따르는 유능한 후배와 제자들을 모아 김정일이 진정한 개혁개방으로 나가도록 이끄는 게 바람직하지 않겠느냐"는 내용이었다. 1997년 4월 그가 서울에 도착해 7월 기자회견을 갖고 "북한이 전쟁 준비에 몰두하고 있으니 김정일 정권을 무너뜨리거나 군비 경쟁을 통해 북한 체제를 조기에 몰락시켜야 한다"는 내용의 주장을 펴기에, 나는 조목조목 반박하는 글을 월간 〈말〉 7월호에 실었다.

그리고 1998년 5월 국가정보원 주선으로 '안가(安家)'에서 그를 만나 무산된 스웨덴 회담 및 그의 망명과 기자회견에 대한 나의 비판 등에 관해 의견을 물었다. 내가 북한 체제를 잘 모르는 것 같다며 후배나 제자들을 모아 북한의 개혁개방을 이끄는 게 불가능해서 망명했노라고 대꾸했다. 김정일 체제는 무너뜨려야 하지만 북한에 식량은 지속적으로 많이 보내는 게 좋다는 의견도 덧붙였다. 그리고 김일성은 훌륭하고 나라를 잘 이끌었는데 김정일이 문제이며, 주체사상도 처음엔 훌륭했는데 후에 변질된 게 문제라는 주장도 나중에 공개적으로 내놓았다.

황장엽은 남한에 내려와 정착하면서 책을 몇 권 펴냈는데 나에게도 보내주곤 했다. 나 역시 그를 비판하는 글을 쓰게 되면 그에게 꼭 보내주었다. 아무튼 그와의 인연을 자랑 삼아 털어놓느라 주제에서 좀 벗어났는데, 이제 김일성이 창시하고 황장엽이 이론화했으며 김정일이 수정했다는 주체사상에 대해 더 깊이 소개한다.

주체사상의 의의와 내용

주체사상은 "당과 국가 활동의 지도적 지침"이다. "조선로동당은 오직 위대한 수령 김일성 동지의 주체사상, 혁명사상에 의해 지도된다"는 당 규약과 "조선민주주의인민공화국은 사람 중심의 세계관이며 인민대중의 자주성을 실현하기 위한 혁명사상인 주체사상을 자기 활동의 지도적 지침으로 삼는다"는 국가 헌법이 규정하듯, 당과 국가를 이끌어가는 최고의 통치 방침인 것이다.

이는 "사람이 모든 것의 주인이며 모든 것을 결정한다"는 철학적 원리를 바탕으로 모든 분야에서 주체적이고 자주적으로 자기 실정에 맞게 혁명과 건설을 이루어나간다는 내용을 담고 있다. 인류의 운명을 좌우하는 것은 물질이 아니라 사람이므로 모든 결정을 하는 데 있어서 사람을 중심으로 사람이 주인이 되어야 한다고 강조한다. 국가적으로는 정치와 외교에서 자주성을 지니고, 경제에서 자립적으로 민족경제를 이루며, 국방에서도 남에게 의존하지 않고 스스로 나라를 지키자는 것이다.

주체사상이 태어난 시기와 배경

북한 당국은 김일성이 1930년 6월 만주 카륜에서 〈조선공산당〉을 결성하면서 처음으로 '주체'를 제시했는데, 그때는 사상으로서의 체계를 갖추지 않았지만 주체사상의 시원(始原)이라고 주장한다. 그러나 남한의 대다수 전문가들은 김일성이 1955년 12월 "사상 사업에서 교조주의와 형식주의를 퇴치하고 주체를 확립할데 대하여"라는 제목의 연설을 하면서 '주체'를 처음으로 내세우기 시작했다고 추정한다.

아무튼 김일성은 그 연설에서 조선혁명을 하기 위해서는 조선의 역사와 지리 그리고 조선인민의 풍속을 알아야 하며, 아이들에게 민족적 자부심을 가질 수 있도록 교육해야 한다고 했다. 아울러 대외정책이나 정치 사업에서 소련식도 아니고 중국식도 아닌 조선식으로 하자면서, "쏘련에서 나온 사람들"과 "중국에서 나온 사람들"을 비판했는데, 바로 이 대목을 통해 주체사상이 태어난 배경을 추정해볼 수 있다.

첫째, 1953년 스탈린이 죽은 뒤부터 소련과 중국 사이에 갈등과 분쟁이 일어나기 시작하자 북한이 난처해졌다. 소련은 사회주의 종주국으로 1948년 북한 정부가 세워질 때 결정적 도움을 주었고, 중국은 1950~53년 6·25전쟁에 대규모 병력을 보내 북한을 구해주었는데, 두 우방국들이 서로 다투고 있으니 어떠한 선택을 해야 할지 곤란해진 것이다.

둘째, 이 무렵 북한 안에서는 권력투쟁이 벌어지기 시작했다. 북한 정부를 세운 주도세력은 박헌영을 중심으로 한 경성파, 김일성을 대표로 한 빨치산파, 김두봉이 중심이 된 중국파, 그리고 허가이를 대표로 한 소련파였는데, 이들 4개 계파가 처음에는 힘을 합쳐 나라를 세웠지만, 시간이 흐르면서 권력투쟁이 일어난 것이다. 속된 말로 권력은 부자지간에도 나누지 못한다는 말이 있지 않은가.

이에 김일성은 소련식도 아니고 중국식도 아닌 조선식으로 혁명을 성취하자면서 소련파와 중국파를 사대주의자로 몰아붙여 숙청하기 시작했다. 그리고 소련과 중국 사이에서 이른바 등거리 외교를 펼치며 주체와 자주를 강조하기 시작했다. 주체사상의 태생적 배경은 안에서의 권력투쟁과 밖에서의 중·소분쟁이란 말이다.

주체사상의 발전 과정과 변질

북한은 1955년 '사상에서의 주체'를 앞세우고, 1956년 '경제에서의 자립'을 내세웠다. 1962년엔 '국방에서의 자위'를 발표하고, 1966년엔 '정치와 외교에서의 자주'를 선언했다. 이를 바탕으로 1970년 조선로동당 규약에 주체사상을 당의 이념으로 명시했으며, 1972년엔 헌법을 개정하면서 주체사상을 공식적인 통치방침으로 규정했다.

이러한 주체사상은 1974년 김정일이 후계자가 되면서 크게 변질되었다. 특히 그가 "당 안에는 오직 하나의 사상, 수령의 사상만이 지배해야 하고 수령을 중심으로 전 당이 굳게 통일 단결되어야 하며, 수령의 유일적 령도가 보장되어야 한다"는 '유일사상체계(唯一思想體系)'를 확립하면서부터다. 1960년대까지는 주체사상이 마르크스-레닌주의에 바탕을 두고 북한의 현실에 맞게 발전해왔다고 주장했지만, 1970년대부터는 전자가 후자보다 더 우월하고 독창적인 혁명사상이라고 주장하며, 마르크스-레닌주의를 버리고 주체사상만 따르라고 한 것이다.

변질된 내용은 크게 세 가지다.

첫째는 '수령론'으로, "사회변혁 운동에서 가장 중요한 문제는 참다운 정치지도자, 수령을 옳게 추대하는 것"인데, 사람이 자주성과 창조성 그리고 의식성을 가진 모든 것의 주인이기는 하지만, 무턱대고 자신의 운명을 자주적이고 창조적으로 개척해나갈 수 없고 반드시 수령의 올바른 영도를 받아야 역사적 주체로서의 역할을 할 수 있다는 내용이다.

둘째는 '사회정치적 생명체론'으로, 사람이 크게 머리와 몸통 그리고 팔다리로 이루어져 있듯이, 사회 역시 하나의 생명체처럼 이루어져 있는데, 수령이 머리이고 당이 몸통이며 인민대중이 팔다리라는 내용이다. 여기엔 사람이 진짜 부모로부터 타고난 육체적 생명과 "위대한 수령 김일성 동지께서 안겨주신 정치적 생명"을 갖게 되는데, "정치적 생명을 위해서는 육체적 생명을 초개와 같이 바칠 줄 알아야 한다"는 주장도 포함되어 있다.

셋째는 '후계자론'으로, 김일성의 혁명 과업은 "대를 이어 끝까지 계승하며 완성하여 나가야" 하는데, "수령의 직접적 계승자 후계자는 오직 수령의 혁명사상을 가장 완벽하게 체현하고 그것을 옹호 관철하기 위하여 한 목숨 바쳐 투쟁할 각오가 되어 있으며, 탁월한 령도력과 천재적 예지를 가진 사람만이 될 수 있다"는 내용이다.

주체사상에 대한 평가와 교훈

나는 주체사상의 가장 긍정적 측면으로 북한이 소련의 지배적 영향력에서 벗어나고 중국의 대국주의를 피하며 자주성을 추구하고 강화한 점을 꼽고 싶다. 이를 통해 우리는 요즘 미국과 중국 사이의 갈등과 경쟁에서 어떠한 길을 걷는 게 바람직할지 교훈을 얻을 수 있을 것이다.

주체사상의 가장 부정적 측면으로는 수령을 절대화하고 우상화하면서 인민의 무조건 복종과 수령 독재를 정당화하고 나아가 부자간의 권력 승계까지 합리화한 점을 들고 싶다. 우리는 이를 비난하는 데 머무를 게 아니라 과거 군사독재가 승계된 것을 반성하면서 재벌이나 교회 등의 세습 운영도 비판해야 하지 않을까.

한편, 1990년대 남한에서 이른바 '주사파' 논쟁이 불거졌는데, 우리 사회에 '주체사상을 추종하는 세력'이 존재한다면 나는 크게 두 가지 배경에서 형성되었으리라 생각한다.

첫째, 남한 사회의 천박한 자본주의 풍조와 미국에 대한 사대주의가 주체사상에 빠져들도록 이끌었을 것이다. 돈 때문에 사람 목숨까지 빼앗는 황금만능과 인명경시 풍조 속에서 물질보다 사람을 중시한다는 주체사상이 신선하게 받아들여졌을 수 있기 때문이다. 그리고 미국의 내정 간섭이나 부당한 압력에 굴종하는 남한의 종속적 현실에서, 자주외교를 내세우며 미국에 당당하게 맞서는 북한의 모습이 멋있게 보였을 것이기 때문이다.

둘째, 북한에 대한 정보를 철저하게 통제함으로써 오히려 주체사상을 확산시키거나 '주사파'를 만들어냈으리라고 믿는다. 주체사상에 대해 제대로 알리거나 건전하게 토론하는 것조차 허용하지 않고 정보를 통제하며 왜곡함으로써 궁극적으로 주체사상에 빠지도록 이끌었을 것이란 뜻이다. 주체사상의 부정적 측면만 강조하며 비난하는 보수 극우 학자와 언론인의 말과 글만 허용해왔으니, 젊은이들이 반발심과 호기심을 갖고 '지하로 들어가' 과장된 북한의 선전물을 그대로 접하며 주체사상의 긍정적 측면만 보고 짜릿한 쾌감을 맛보지 않았겠는가.

나는 지금까지 국가정보원과 법정의 검사들에게 여러 차례 호소해왔다. 북한의 신문 잡지나 방송 등을 있는 그대로 공개하면 김일성을 흠모하거나 주체사상을 추종하기보다 북한을 비판하거나 반대하는 사람들이 더 많아지리라 확신한다고. 예를 들어, 〈로동신문〉이 자유롭게 유통된다면 많은 사람들이 처음 하루 이틀 동안엔 호기심을 갖고 열심히 읽어보겠지만, 기껏 3~4일을 넘기지 못할 것이다. 재미없고 짜증나기 때문이다. 매일 1면에서 6면까지 온통 선전선동으로 가득 찬 신문을 무슨 재미로 읽겠는가. 남북 사이의 체제 경쟁은 이미 끝났다고 대통령이 공개 선언한 지 20년이나 흘렀는데, 한편으로는 북한의 사상이나 체제에 얼마나 큰 두려움을 느끼고, 다른 한편으로는 남한 국민의 지적 수준을 얼마나 경시하기에 아직도 〈로동신문〉조차 공개하지 못하는지 안타깝고 한심하다.

7

선군정치:
체제 유지를 위한 전략

1998년 10월 처음으로 평양을 방문했을 때다. 도착 첫날 호텔 배정 및 숙박비 문제로 북한 안내원들과 실랑이를 벌였다. 방문 일정을 합의하면서도 논쟁이 벌어지는 바람에 초청자인 〈아시아태평양 평화위원회〉의 환영 만찬은 다음 날로 연기되었다. 이튿날 저녁 환영 만찬에서조차 남한의 국장급에 해당된다는 참사(參事)들과 대판 싸웠다. 방문 희망 장소를 나열하며 내 요구를 들어주지 않으면 그냥 돌아가겠다고 공갈을 치기도 했다. 결국 내 객기와 만용이 제대로 통한 모양이었다. 다음 날 한 참사가 "엊저녁 교수 선생이 우리 공화국을 비판하는 걸 듣고 등골이 오싹했습네다"며 내 부탁을 "특례적으로" 받아들이겠다고 했다. 그리고 '윗분'들이 먼저 면담을 요청하기도 하고, 일주일간의 호텔비를 단 한 푼도 받지 않는 등 엄청난 환대를 베풀었다.

이런 환대 속에 대남정책을 총괄한다는 부서의 책임자들이 저녁을 내겠다고 했다. 나야 40대 초반의 새내기 교수이자 무명의 통일운동가였지만, 같이 간 목사가 널리 알려진 통일운동가였기에, 우리를 써먹을 만한 가치가 있다고 판단했는지 60대 후반의 원로 정치인 둘이 먼저 만나자고 한 것이다.

몇 마디 덕담을 주고받은 뒤 한 사람이 남한 정부의 대북정책을 비판하기 시작했다. 그때가 김대중 정부 초기였는데, 북한은 자기네가 무슨 곰팡이냐면서 햇볕정책을 반대했던 것이다. "미제의 연착륙정책이나 남조선의 햇볕정책 모두 공화국을 자본주의체제에 편입하려는 점진적 흡수통일 전략" 아니냐며, 주한미군과 국가보안법도 비난했다. 내가 그의 말을 끊었다. "북쪽에 와서까지 남쪽 비판하고 싶지 않다. 앞에서는 비판하되 아부하지 않고 뒤에서는 칭찬하되 흉보지 않는다는 게 내 소신이다. 우리가 남쪽에서는 북쪽 비판을 자제하며 국가보안법 폐지와 주한미군 철수를 주장해왔지만, 북쪽에 왔으니 남쪽을 비판하는 대신 북쪽을 비판해보겠다"면서.

잠시 후 그는 북쪽의 통일정책을 소개했다. 김일성이 제안한 연방제통일 방안과 '10대 강령' 및 김정일이 그해 4월 발표한 '5대 강령'이 "공화국의 유일하고도 공식적인 통일정책"이란다. 그리고 자신도 김일성 사후 김정일이 주석직을 승계하리라 예측했지만, 효성 때문에 주석 승계를 끝내 거부한 김정일이 얼마나 위대하냐면서, "위대한 장군님 말씀대로" 따라가면 올바른 통일을 이룰 수 있다고 주장했다.

이 대목에서 내가 다시 시비를 걸었다. 먼저 김정일의 직함에 대해. "북쪽은 사회주의를 지향하는 곳이니 당이 국가와 정부보다 우위에 있는 것을 이해한다. 따라서 장군님이 '로동당 총비서'라는 직함으로 공화국을 통치한다면 수긍하겠지만, '국방위원회 위원장'이라는 직함으로 나라를 영도하는 것은 받아들이기 어렵다. 국방위원회를 앞세워 국가를 이끌어가는 것은 군국주의를 지향하며 결국 무력통일을 이루겠다는 것 아닌가?" 그리고 군사독재는 박정희-전두환-노태우 정권으로 이어지는 남쪽의 30년으로 족하다며, '위대한 장군님'이 수령독재에 군사독재까지 하려느냐는 은근한 비판을 조심스레 덧붙였다.

어찌 보면 '수령의 존엄'을 건드리는 민감한 문제라 꽤 무모하고 당돌한 시비일 텐데 그는 당황하거나 언짢은 기색 없이 차분하게 대꾸했다. 1970년대부터 대남정책 분야에서 일해왔다는 백전노장다웠다. "우리가 군사제일주의로 나라를 지키겠다는 것이지, 군국주의나 무력통일을 지향하자는 것은 아니다. 지금 우리 공화국은 큰 어려움에 처해 있다. 미제와 일제가 손잡고 공화국을 압박하고 있다. 남조선에서는 주한미군도 모자라 일본군까지 불러들이려 하고 있지 않은가. 그리고 우리가 곧 붕괴할 것이라고 떠드는데, 이러한 막중한 위기를 돌파하고 살아남기 위해서는 군대를 앞세우지 않을 수 없다."

나는 김정일이 '총비서'보다 '국방위원장'이라는 직함으로 북한을 이끌어가는 것에 시비를 걸었는데, 그는 '선군정치(先軍政治)'의 배경과 당위성을 설명한 셈이다. 사실 난 그때까지 선군정치에 대해 공부해보기는커녕 그 말조차 들어보지도 못한 터였지만. 아무튼 그의 대꾸는 북한에서 국가 위기를 돌파하며 체제 붕괴를 막기 위해 군사제일주의 정책을 전개하게 되었고, 이에 따라 국방위원회를 강화해 김정일이 그 위원장을 맡아 통치한다는 취지였다.

그런데 내가 아직도 부정적으로 생각하고 당시엔 생소했던 '국방위원장'이라는 김정일의 직함이 2000년대부터는 북쪽보다 오히려 남쪽에서 더 널리 사용되고 익숙해졌다. 선군정치를 남한 침략용이라 간주하고 몹시 비난하면서도 그 논리나 정당성을 강화해준 셈이랄까. 김정일의 수많은 공식 직함 중 가장 대표적인 세 가지는 '조선로동당 총비서', '조선민주주의인민공화국 국방위원회 위원장', '조선인민군 총사령관'이었지만, 북쪽에서 실제 그에 대한 지칭은 '위대한 장군님'이었다. 김일성의 직함은 '조선로동당 총비서', '조선민주주의인민공화국 주석', '조선인민군 총사령관'이었지만, 그 지칭은 '위대한 수령님'이었듯이. 그러나 남쪽에서는 김정일을 '국방위원장'으로만 불렀다. 줄여서 '김정일 위원장'으로 부르기도 했지만, '총비서'라고는 전혀 또는 거의 부르지 않았다.

예를 들어, 2000년 6월 1차 남북정상회담이 열린 직후 한 초등학교에서 강연할 때의 일이다. 대학생들과 일반인들을 상대로는 여기저기서 무수하게 강연해온 터였지만, 초등학생들에겐 그야말로 난생처음이라 다른 때보다 많이 준비하고 살짝 긴장도 했다. "여러분, 대통령 할아버지가 지난주에 어디 다녀오신지 알아요?" "북한이요!" 또는 "평양이요!"라는 대답이 쏟아졌다. "그럼 거기서 누굴 만나고 오셨지요?" "김정일 국방위원장이요!" 초등학생들까지 '국방위원장'이라는 생소한 직함을 정확하게 댄 것이었다.

참고로, 그로부터 6년 전인 1994년 7월, 김일성이 죽은 다음 날 〈한겨레신문〉 1면에 "김일성 주석 사망"이라는 큼지막한 제목의 기사가 나가자 그 신문사에 항의 전화가 빗발쳤단다. "김일성이가 무슨 주석이냐"며 "그 따위로 신문 만들면 가만두지 않겠다"는 협박과 함께. 이렇듯 1990년대까지는 대통령에 해당되는 '주석'이라는 직함조차 잘 알지도 못하고 쉽게 쓰지도 못했다. 그러나 2000년대부터 '국방위원장'이라는 생소한 직함에까지 익숙하게 된 것은 물론 "역사상 최초의" 남북정상회담 때문이었지만, 그에 앞서 이는 선군정치와 직접적이고 깊은 관련이 있기에, 선군정치를 조금 더 자세히 소개한다.

선군정치의 배경과 논리

김정일의 선군정치는 1995년 이른바 '고난의 행군'과 함께 시작되었다. 북한 내외 정세가 몹시 불안할 때였다. 1980년대 말부터 1990년대 초까지 동독과 소련을 비롯한 동유럽 사회주의권이 무너졌다. 1993~94년엔 북한의 핵무기 개발과 관련해 미국이 경제 제재를 강화하며 금세 폭격할 태세였다. 그 와중에 북한을 세우고 반세기나 통치해온 김일성이 1994년 7월 갑자기 죽었다. 그리고 인민들이 굶어 죽을 정도의 극심한 식량난을 겪게 되었다. 이러한 위기를 극복하며 체제를 지키기 위해 김정일은 군대를 앞세워 통치하기 시작한 것이다.

지난날 박정희나 전두환이 군사쿠데타로 정권을 잡은 뒤 여차하면 계엄령이나 위수령을 선포해 군인들을 대학 캠퍼스에까지 쫙 풀어놓고 통치했던 것과 비슷한 모양새라고 할까. 남쪽의 장군 출신들이 북쪽을 침략하기 위해서가 아니라 정권을 지키고 강화하기 위해 계엄령이나 위수령을 선포했듯이, 북쪽의 '위대한 장군님' 역시 남쪽을 침략하고 적화하기 위해서가 아니라 체제를 유지하기 위한 생존 전략으로 선군정치를 펼쳐왔다는 뜻이다.

본디 사회주의와 공산주의를 지향하는 나라들에서는 당이 국가를 이끌어간다. 북한에서는 헌법에 명시되어 있기도 하다. "조선민주주의인민공화국은 조선로동당의 령도 밑에 모든 활동을 진행한다"고. 따라서 평상시엔 당이 앞장서 통치하는 게 원칙이지만, 1990년대 중반부터 비상 시기를 맞아 군대를 앞세워 통치하는 편법을 쓰게 된 것이다. 위기를 돌파하기 위해서는 노동자들보다 충성심과 단결력 그리고 투쟁정신이 강한 군인들이 앞장서는 게 효과적이기 때문이다.

북한 당국의 말을 빌리면, "나라 안팎으로 불어닥친 시련과 난관을 뚫고 혁명과 건설을 다그치기 위해서는 '가장 무권리하고 빈궁한 처지에 있던 로동계급' 대신 '가장 혁명적이고 전투적이며 위력한 혁명집단인 혁명군대'를 혁명의 주력군 또는 핵심세력으로 삼고 나아가야 한다"는 게 선군정치의 논리다. 그래서 '선군후로(先軍後勞)'라는 말도 만들어졌다. '앞엔 군대, 뒤엔 노동계급'이라는 뜻이니, 김정일이 노동계급을 대표하는 조선로동당 총비서라는 직함 대신 군대를 지휘 통솔하는 국방위원회 위원장이라는 직함을 앞세웠던 배경이다.

선군정치의 정의

김정일은 자신의 상징이나 마찬가지인 선군정치를 다음과 같이 정의했다. "선군정치는 군사를 제일 국사로 내세우고 인민군대의 혁명적 기질과 전투력에 의거하여 조국과 혁명, 사회주의를 보위하고 전반적 사회주의 건설을 힘 있게 다그쳐 나가는 혁명령도 방식이며 사회주의정치 방식"이라고. 여기서 군사를 제일 국사로 내세운다는 것은 "군사 분야의 사업을 다른 그 어느 분야의 사업보다도 나라의 제일 중요한 사업으로 내세우고 국방력 발전에 최우선적인 힘을 기울인다는 것"을 의미한다. 인민군대가 조국과 혁명 그리고 사회주의를 지켜야 하는 이유는 군대가 "사회주의 하에서 당과 수령에 대한 충성심이 높으며 조직성과 규률성, 단결력이 가장 강한 집단"이기 때문이라고 한다. 따라서 선군정치는 단순히 군사를 앞세우는 것에 머무르지 않고, "혁명군대를 핵심으로 하여 전반적인 혁명대오를 강화하는 정치이고, 혁명군대에 의거하여 사회주의를 보위하고 사회주의 건설의 돌파구를 열어나가는 정치이며, 군대를 본보기로 하여 온 사회를 혁명적으로 개조해 나가는 정치"라는 것이다.

선군정치의 목표

선군정치의 목표 가운데 북한 당국이 가장 중요하게 내세우는 것은 "미제와의 대결에서 승리하는 것"인데, 〈로동신문〉 1999년 6월 16일자 논설은 이를 잘 드러내고 있다.

"우리 시대는 제국주의와 반제 자주 세력이 가장 격렬하게 맞서고 있는 투쟁의 시대이다. 제국주의와의 장기적인 대결 속에서 사회주의 위업을 완성하자면 마땅히 군사가 중시되여야 한다.…… 제국주의와의 사상적 대결은 힘의 대결에 못지않게 간고한 투쟁이다. 이 첨예한 대결전에서 승리하자면 혁명성이 강하고 사상적 신념이 투철한 전위부대가 있어야 한다. 그 담당자가 바로 혁명군대이다. 군대가 사상적으로 무장 해제되면 사회주의의 지탱점이 허물어지게 된다. 설사 인민들이 정치사상적으로 준비되지 못하였다 하더라도 군대가 견결하면 사회주의가 무너질 수 없다. 동유럽의 여러 나라들에서 사회주의가 와해되던 과정이 이것을 증명해 주고 있다."

선군정치와 선군사상 및 주체사상

선군정치는 선군사상으로 발전되었다. 선군사상은 "선군시대의 유일한 지도적 지침"으로, "혁명과 건설에서 군사를 무엇보다 중시하고 군사를 다른 모든 사업에 확고히 앞세울데 대한 사상"이라고 정의할 수 있다. "혁명군대를 가장 강력한 정치적 력량으로 보고 그의 혁명적 기질과 전투력 그리고 그의 역할에 의거하여 혁명과 건설을 밀고나간다"는 내용이다.

이와 관련하여, 김정일이 2011년 12월 죽은 뒤 2012년 4월과 2013년 4월 부분적으로 수정 보충된 북한 헌법 서문엔 "김정일 동지께서는 김일성 동지께서 창시하신 영생불멸의 주체사상, 선군사상을 전면적으로 심화 발전시키시고"라는 대목이 나온다. 선군사상은 김일성이 창시하고 김정일이 발전시켰다는 것이다. 그러나 김정일의 선군정치가 시작되기 전엔 선군사상이란 말이 없었으니 선군정치가 선군사상으로 발전되었다는 내 주장에 큰 잘못은 없으리라 생각한다.

또한 김정일의 선군정치는 김일성의 주체사상과 연계되었다. 인민대중의 자주성을 지키려면 국가의 자주권을 확보하여야 하고, 국가의 자주권을 확보하려면 제국주의에 맞설 수 있는 강력한 군대를 앞세워야 한다는 논리를 바탕으로. 〈로동신문〉 2001년 12월 21일자에 실린 "선군의 기치를 높이 들고 주체의 사회주의 위업을 힘있게 다그치자"는 논설의 일부를 그대로 옮긴다.

"선군정치는 주체사상에 기초하고 있는 완성된 사회주의정치방식이다. 주체사상은 인민대중이 자기 운명의 주인이 되어 자기 운명을 개척해 나가야 한다는 위대한 진리를 밝히였다. 이 세상에 제국주의가 남아 있는 한 인민대중의 운명은 저절로 지켜질 수 없다. 강력한 총대가 없으면 인민대중의 운명은 롱락당하기 마련이다.……

사회주의운동사는 군대를 혁명의 주력군으로 내세우지 못한 탓에 사회주의 진지가 밑뿌리채 흔들리게 된 쓰라린 실패를 한두 번만 기록하지 않았다. 혁명군대는 로동계급을 비롯한 근로대중의 앞장에 서 있다. 군대가 흔들리게 되면 로동계급이 흔들리고 각계각층의 인민들이 동요하게 되는 것을 피할 수 없다.……

그 어떤 대적도 굽어보는 필승의 담력도, 제국주의의 횡포한 압력과 제재에도 위축되지 않는 든든한 배짱도, 하늘이 무너져도 솟아날 구멍이 있다는 락관주의 정신도 불패의 군력에 바탕을 두고 있다. 강력한 군대가 있었기에 우리 인민은 풀죽을 먹으면서도 신심 드높이 최후 승리를 향하여 전진해올 수 있었다. 우리 당이 간난신고를 겪으며 걸어온 선군의 길이 천만 번 옳은 길이었다. 만약 선군정치가 아니였더라면 우리의 자주권은 열백 번도 유린당했을 것이며 우리 인민은 제국주의 노예의 처참한 신세를 면치 못했을 것이다. 자주가 나라와 민족의 생명이라면 선군은 정치적 자주성을 고수하는 생명선이다."

선군정치의 미래: '병진노선'으로

그렇다면 1995년 '고난의 행군'과 함께 시작되었다는 선군정치는 언제까지 지속될까. 나는 북한 당국이 선군정치의 목표를 실현할 때까지 이를 중단하거나 포기하지 않으리라 생각한다. 앞에서 가장 중요한 목표로 "미제와의 대결에서 승리하는 것"이라고 소개했는데, 북한 학자들이 직접 확인해주었다.

나는 2000년대 초부터 2년마다 중국이나 유럽 등에서 열리는 한 학회에 참석해왔는데, 거기에 동참하는 수십 명의 북한학자들 가운데는 선군정치에 관해 발표하는 정치학자들이 한두 명 꼭 있기 마련이다. 북한 정치학자들의 논문은 로동신문 논설 몇 편을 짜깁기한 것이나 다름없지만. 그들과 토론하며 정보를 얻는 가운데 빠지지 않는 내 질문은 "선군정치는 언제까지 지속되는 것인가"였고, 그들의 한결같은 대답은 "미 제국주의의 위협이 제거될 때까지" 또는 좀 더 구체적으로 "주한미군이 철수할 때까지"였다.

앞에서 잠깐 소개한 김정일 사후 수정 보충된 헌법 서문에서도 다음과 같이 선군정치의 업적을 못 박아 자랑하고 있으니 이를 쉽게 중단하거나 포기할 수 있겠는가. "김정일 동지께서는 세계 사회주의 체계의 붕괴와 제국주의 련합세력의 악랄한 반공화국 압살공세 속에서 선군정치로 김일성 동지의 고귀한 유산인 사회주의 전취물을 영예롭게 수호하시고 우리 조국을 불패의 정치사상 강국, 핵 보유국, 무적의 군사강국으로 전변시키시였으며 강성국가 건설의 휘황한 대 통로를 열어 놓으시였다."

헌법 제4장 국방 부문 제59조 역시 다음과 같이 강조하고 있다. "조선민주주의인민공화국 무장력의 사명은 선군혁명 로선을 관철하여…… 외래 침략으로부터 사회주의 제도와 혁명의 전취물, 조국의 자유와 독립, 평화를 지키는 데 있다."

2012년 김정은이 정권을 잡자, 남쪽에서는 그가 군사보다는 경제를 앞세우는 이른바 '선경정치(先經政治)'를 펼 것이라는 기대를 표출하기도 하고 그렇게 하라고 압박하기도 했다. 핵무기를 포기하고 경제를 살리라는 말이었다. 그러나 북한의 젊은 새 통치자는 2012년 4월 "강성국가 건설과 인민생활 향상을 총적 목표로 내세우고 있는 우리 당과 공화국 정부에 있어서 평화는 더 없이 귀중하다"면서도, "우리에게는 민족의 존엄과 나라의 자주권이 더 귀중하다"고 강조했다. 평화보다 자주가 더 중요하다고 했으니 선군정치를 중단하거나 포기할 뜻이 없음을 내비친 것이다.

나아가 조선로동당은 2013년 3월 군사 건설과 경제 건설을 함께 발전시키겠다는 소위 '병진노선(並進路線)'을 채택했다. 핵무기 발전을 중단하지 않은 채 경제 살리기에도 힘쓰겠다는 것이다. 더구나 이를 김일성과 김정일이 추진했던 "독창적인 경제 국방 병진노선의 빛나는 계승"이라고 하며, "항구적으로 틀어쥐고 나가야 할 전략적 노선"이라고 규정했다. 선군정치를 영원히 포기하지 않겠다고 선언한 것이나 다름없다.

8

남한의 핵무기, 언제부터 왜 배치되었는가

　　남한엔 늦어도 1958년부터 1991년까지 수천 개에 이르는 각종 핵무기가 배치되어 있었다. 이런 사실이 어렴풋이 알려지기 시작한 것은 1970년대 중반부터다. 첫째, 에이브람스(Creighton Abrams) 미국 육군참모총장이 1974년 3월 의회에서의 증언을 통해 제한적인 핵전쟁을 위해 '현대화한 전술 핵무기'인 랜스(Lance) 미사일을 남한에 배치하고 있다고 밝혔다. 둘째, 슐레진저(James Schlesinger) 미국 국방부장관이 1975년 2월 의회에서 주한미군은 북한의 남침을 저지하기보다는 강대국을 견제하기 위해 있는 것이라고 증언하며 남한의 핵무기 배치를 확인했다. 그리고 1975년 4월과 6월 기자회견을 통해 "우리는 유럽과 한국에 우리 군대와 함께 핵무기를 배치해놓고 있다"고 밝히기도 하고, 만약 북한이 남한을 공격하면 핵무기로 보복할 것이라고 북한을 공개적으로 위협하며 남한에 핵무기를 계속 유지하겠다고 말하기도 했다.

이러한 의회 증언이나 기자회견은 미국의 베트남전쟁 패배에 따른 남한의 핵무기 개발 계획과 관련해 나온 것이었다. 미국은 1969년 7월 발표한 새로운 아시아 외교정책인 '닉슨 독트린'에 따라, 1970년 7월 주한미군 철수 계획을 남한 정부에 통고하고 1971년 3월 1개 사단을 철수했다. 남한은 미국이 이 계획을 연기하거나 취소하도록 노력하는 한편, 주한미군 철수에 대한 대비책으로 핵무기를 개발하기 위해 1974년 10월 프랑스와 원자력 기술 협력에 관한 협정을 맺었다. 1975년 4월 미국이 베트남전쟁에서 패배하자, 남한 정부는 1975년 5월 미국이 핵우산을 철수하면 남한은 자체적으로 핵무기를 개발할 수 있다고 발표했다. 이에 미국은 한미안보동맹을 파기하고 주한미군과 남한에 배치된 핵무기를 철수하겠다고 위협하며 프랑스로부터의 핵 재처리시설 구입 계획을 취소하라고 압력을 넣음으로써 남한은 핵무기 개발 계획을 포기할 수밖에 없었다.

이렇듯 남한에 배치된 핵무기에 관한 미국 의회에서의 증언을 바탕으로 미국의 핵무기 전문가들과 연구소들은 1970년대 중반부터 이에 관한 보고서나 논문을 발표하기 시작했다. 그러나 남한의 핵무기에 관해서는 '시인할 수도 없고 부인할 수도 없다(NCND: neither confirm nor deny)'는 미국 정부의 정책 때문에 무슨 종류의 핵무기가 언제부터 얼마나 어느 지역에 배치되었는지 구체적 내용은 밝히지 못했다. 1958년부터 도입되기 시작하여 1970년대 중반에는 최소한 수백 개의 핵탄두가 배치되어 있다고 추정할 수 있을 뿐이었다.

남한 사회 안에서는 이러한 추정조차도 쉽지 않았다. 예를 들어, 1985년 5월 국회에서 한 의원이 대정부 질의를 통해 1985년 현재 남한에 핵탄두가 1,000개 이상 배치되어 있다는데 사실이냐고 물었다. 이에 대한 윤성민 국방부장관의 대답은 다음과 같았다. "미국의 핵정책의 하나는 핵의 배치와 관련해서 그 확인, 부인 또는 부연 설명 등을 일체 안 하는 것을 관례로 하고 있다. 따라서 이 문제에 대해서는 우방국과의 관계를 고려해 답변할 수 없다." 2년 뒤인 1987년 9월 국회에서 똑같은 질문이 나왔을 때 정호용 국방부장관은 다음과 같이 대답했다. "핵이 없다고 하면 북한이 얕잡아보고 쳐들어올 가능성이 있고, 있다고 하면 비핵지대화 주장 등 여러 가지 문제가 생겨날 우려가 있다. 이 때문에 핵무기는 있어도 있다고 할 수 없고, 없어도 없다고 할 수 없으나 본인도 아는 바가 없다." 1년 뒤에도 마찬가지였다. 1988년 7월 국회에서 제기된 핵문제 관련 질의에 대해 오자복 국방부장관은 미국 정부의 '전략적 입장과 원칙'을 되풀이하면서 남한의 핵무기 배치에 대해 확인하기를 거부했다.

이 무렵 미국은 적국인 소련과 핵무기에 관한 정보를 공식적으로 주고받았다. 이 때문에 미국은 남한을 겨냥하여 시베리아에 배치된 소련 핵무기의 수량과 성능을 자세히 알고 있었고, 소련 역시 남한에 배치된 미국 핵무기에 관해 자세히 알고 있었다. 그럼에도 남한은 자신을 겨냥하고 있던 소련 핵무기에 관해서는 물론 자신이 지니고 있던 미국 핵무기에 관해서도 그 존재 여부조차 공식적으로 확인할 수 없었다. 북대서양조약기구(NATO) 국가들은 자국 영토에 배치된 미국 핵무기의 종류, 수량, 성능, 위치 등에 관한 정보를 미국으로부터 받았지만, 남한 정부는 한반도에서의 핵무기 사용에 대해 알거나 협의할 권리도 없었을 뿐만 아니라 남한에 배치된 핵무기에 관한 기초 정보조차 전혀 받지 못했던 것이다.

이러한 상황에서 남한의 학자들과 언론인들은 1980년대 후반부터 외국의 핵무기 전문가들과 연구소들의 논문이나 보고서를 참고하여 남한에 배치된 핵무기에 관해 제한적으로 연구할 수밖에 없었다. 이와 달리 나는 미국 국무부가 1990년대에 비밀 해제하여 출판한 1950년대 후반의 외교문서 자료집을 바탕으로 미국이 남한에 핵무기를 배치하게 된 시기, 배경과 이유, 그리고 준비 과정 등을 밝히고자 한다.

핵무기 배치의 배경과 이유

1950년대 초 한국전쟁을 통해 미국은 재정 적자가 심각해졌다. 정부 재정을 감축할 수 있는 가장 쉬운 방법 가운데 하나가 국방비를 감축하는 것이었고, 국방비를 줄이기 위해서는 해외에 주둔하고 있는 미군의 규모를 축소하는 것이었다. 이 같은 배경하에서 1953년 정전협정이 체결된 무렵 30만 명 이상이었던 주한미군을 1950년대 중반에는 5만 명 안팎으로 크게 줄이게 된다. 또한 재정 적자를 해결하기 위해서는 국방비 감축과 아울러 대외원조 축소도 필요했는데, 한국전쟁 이후 미국이 가장 많은 원조를 제공한 나라 가운데 하나가 남한이었다. 예를 들어, 1955년을 전후하여 남한에 대한 미국의 경제 및 군사 지원 액수는 해마다 10억 달러 안팎이었다. 남한은 당시의 병력 수준을 지속적으로 유지시킬 수 있는 인력도 없고 경제력도 없었는데, 거의 전적으로 미국의 원조에 의존하고 있던 남한의 병력을 줄이는 것이 미국의 재정 적자를 줄이기 위한 급선무였던 것이다.

1956년 9월 열린 국가안보위원회(NSC)에서 아이젠하워 대통령은 미국이 주한미군을 유지하면서도 남한에 해마다 8억 달러를 쏟아붓는 것이 문제라고 지적했으며, 윌슨(Charles Wilson) 국방부장관은 주한미군 및 남한의 병력을 감축시키지 않고는 미국의 재정 지출을 삭감할 수 있는 방법이 없다고 말했다. 이에 앞서 래드포드(Arthur Radford) 합참의장은 남한에 대한 방위비를 줄이는 것은 핵무기를 비롯한 주한미군 장비의 현대화를 통해서만 이루어질 수 있다고 주장했다.

이 무렵 남한의 공군은 북한의 공군보다 약했지만, 병력의 대부분을 차지하는 육군은 공격력에서나 방어력에서나 북한의 육군보다 강했다. 1956년 7월 작성된 미국의 국가안보위원회 보고서는 남한의 군사력에 대해 다음과 같이 평가했다.

"남한의 육군병력은 북한 육군병력보다 거의 2배나 많다. 개인별 장비도 충분하고 잘 훈련되어 있으며 전투 준비가 되어 있다. 남한 육군은 중화기와 야포에서 북한 육군보다 우세하다. 남한 해군은 전투 능력이 없어 보이는 북한 해군보다 확실히 우세하다. 남한 공군은 북한 공군보다 약하다. 남한은 공군의 열세에도 불구하고 적절한 병참 지원만 받으면 북한의 공격을 물리칠 수 있다."

당시 남북한에 주둔하던 외국군까지 비교하면 다음과 같다. 남한군 병력은 약 720,000명, 남한 주둔 미국군 병력은 50,000명, 미군과 남한군을 제외한 남한 주둔 유엔군은 약 8,000명이었는데, 이에 반해 북한군 병력은 약 350,000명, 북한 주둔 중국군 병력은 290,000명이었다.

남한의 군사력이 북한의 군사력보다 앞선 상태에서, 막대한 원조의 대부분이 남한의 병력을 유지하는 데 지출되었기 때문에, 미국은 재정 적자를 줄이기 위해 남한군 병력을 감축해야 했던 것이다. 그러나 이승만 대통령은 당시 정부 재정의 70% 이상을 국방비로 쓰

1952년 12월 방한한 미 대통령 당선자 아이젠하워가 이승만과 함께 군사훈련을 참관하고 있다. 〈라이프〉에 실린 사진.

면서 무력 북진통일을 이룰 때까지 남한군 병력을 조금도 감축할 수 없다며 미국의 계획에 거세게 반발했다. 그의 가장 중요한 목표는 생전에 남북통일을 이루는 것인데, 통일은 반드시 무력에 의해서만 이루어질 수 있다는 근본적 생각을 지니고 있었기 때문에 병력 감축 은커녕 오히려 병력 증강을 해야 한다고 주장했던 것이다.

　이승만은 1950년대 내내 미국에 몹시 거슬리는 존재였다. 미국은 무엇보다 그의 무력 북진통일을 위한 일방적 군사행동 위협에 항상 긴장하고 있었다. 미국은 한국전쟁 중이던 1951년부터 정전협정을 준비해왔는데 이승만이 이를 반대하자 1952~1953년 사이에 그를 극비리에 제거할 계획을 적어도 두 번이나 세웠다.

　이승만은 1953년 7월 휴전협정이 맺어진 이후에도 이를 무시하며 무력 북진통일을 추구했다. 이에 미국은 만약 남한이 휴전협정을 위반하거나 남한 군대가 일방적으로 북한군이나 중국군에 대해 군사작전을 감행한다면 미국과 유엔사는 이를 어떠한 형태로든 지원하지 않을 것임을 지속적으로 강조했다. 그럼에도 이승만이 남한군에 북진 명령을 내리려 하거나 내릴 경우엔 그를 제거해야 한다는 계획을 1955년 1~2월에 세웠다. 이승만은 또한 정전협정을 완전히 폐기시키기 위해 대중 시위를 부추기거나 선동하며, 1950년 6·25 발발 이전에 남한에 속했던 개성, 옹진반도, 한강하구 등을 되찾도록 촉구했다. 이에 이형근 합참의장은 그러한 지역을 되찾기 위해 군사력을 사용하는 것은 불가능하다고 강조했다. 정일권 육군참모총장은 남한 군대의 지휘체계에 관해 이승만 대통령과 '격렬한 싸움(dreadful fight)'을 벌인 뒤 남한 육군이 이승만보다 미국에 충성하겠다고 미국 측에 은밀하게 약속했다. 그리고 남한군이 개성과 옹진 지역에서 북한군을 몰아내려 하지 않는다고 불만을 토로하는 이승만을 제거하는 게 필요하다는 생각을 품기도 했다.

미국은 재정 적자를 해결하기 위해 남한에 대한 원조를 감축하려면 남한과 일본이 적대관계를 청산해야 한다고 생각했다. 한일 국교정상화가 이루어져야 일본이 미국 대신 남한에 원조를 할 수 있고 나아가 한미일 삼국조약(tripartite treaty)을 맺을 수 있기 때문이었다. 그러나 이승만은 이를 완강하게 거부하며 비타협적 자세를 취했다. 이와 관련하여 1957년 6월 국가안보위원회에서 덜레스(Allen Dulles) 국무부장관은 다음과 같이 말했다. "미국이 심각한 재정 문제를 겪고 있다는 사실은 온 세계가 다 알고 있다. 그러므로 우리는 쉽게 말해 지금까지의 방식으로 남한 병력을 유지할 돈이 없다고 이승만에게 말할 수 있다. 우리는 이승만에게 과거에 취했던 태도보다 더욱 강경한 입장을 확고하게 취해야 한다."

이와 같은 우여곡절을 겪으며 미국은 남한에 핵무기를 배치할 것을 결정하게 되었다. 요약하자면, 미국은 재정 적자 문제를 해결하기 위해 주한미군을 줄여야 했고, 미국의 원조에 전적으로 의존했던 대규모의 남한 병력을 줄여야 했다. 그러나 무력 북진통일을 추구하던 이승만 대통령이 거세게 반대하자 그를 무마하면서 병력을 감축하는 대신 주한미군의 안전을 위해 남한에 핵무기를 들여놓기 시작했던 것이다.

이러한 직접적 배경과 이유 이외에 미국이 남한에 핵무기를 배치하는 데는 다음과 같은 점들도 고려하였다.

첫째, 80세를 넘긴 고령의 이승만이 곧 죽거나 불구가 되리라 예상되는 터에 그가 사망하면 큰 혼란이 일어나기 쉬울 텐데 이를 이용해 북한군이 남침할 가능성을 배제할 수 없었다. 따라서 이에 대비해 주한미군이 핵무장을 해야 한다는 것이었다.

둘째, 이 무렵 미국이 남한에 배치하려던 핵무기들은 원자포 (280mm atomic cannon)와 어니스트 존 핵미사일(762mm Honest John atomic rocket)이었는데, 이들은 부피가 매우 크고 무게가 각각 86톤과 16톤이나 되는 등 몹시 무거워 다루기 힘들고 부담되는 무기들이어서 이미 생산이 중단된 상태였다. 그리고 북대서양조약기구 동맹국들 가운데는 이 무기들로 소련을 사정거리 안에 둘 수 있는 나라가 없어 유럽에서는 사용하기 어려웠다. 머지않아 폐기 처분해야 할 핵무기들을 비밀리에 배치할 수 있고 소련을 효과적으로 겨냥할 수 있는 "세계에서 유일한 곳"이 남한이었던 것이다.

셋째, 소련은 1957년 10월 인류 최초의 인공위성인 스푸트니크(Sputnik) 발사에 성공했다. 핵무기 개발은 미국이 소련보다 앞섰지만 핵무기를 바다 건너 멀리까지 운반할 수 있는 대륙간탄도미사일(ICBM) 개발은 소련이 미국보다 앞선 것이다. 이에 대해 주한미군과 한국인들이 겪을 심리적 충격을 완화하기 위해서도 미국은 주한미군의 핵무기 배치를 늦출 수 없었다.

핵무기 배치를 위한 준비 과정

미국이 남한에 핵무기를 배치하는 데는 크게 두 가지 걸림돌이 있었다. 하나는 "한국 경외로부터 증원하는 작전비행기, 장갑차량, 무기 및 탄약을 들여오는 것을 정지한다"고 명시된 한국전쟁 정전협정 규정이고, 다른 하나는 이 규정에 따라 무기와 장비들이 반입되지 못하도록 감시 활동을 벌이는 중립국 감독위원회였다. 한반도에 핵무기를 배치하는 것은 정전협정 위반이고, 정전협정을 위반하면서 핵무기를 반입하더라도 중립국 감독위원회의 감시와 반대에 직면할 것이 확실하기에 이 두 가지 문제를 해결하지 않고는 핵무기를 들여오기 어려웠던 것이다. 이 때문에 다음과 같이 두 가지 조치를 취했다.

| 중립국 감독위원회 감시소조 추방 |
1953년 7월 정전협정 체결 무렵 유엔군과 남한군의 전력이 중국군과 북한군의 전력보다 우세했기 때문에, 미국은 이 상태를 유지하면서 북한 측의 군사력 증강을 감시하기 위해 중립국 감독위원회를 설치할 것을 제안했다. 이에 따라 만들어진 중립국 감독위원회는 1953년 8월부터 정전협정 제2조 13항의 규정대로 한반도에 작전비행기, 장갑차량, 무기, 탄약 등이 반입되지 못하도록 감시 활동을 시작했다. 정전협정 제2조 37항 및 42항은 다음과 같이 규정하고 있다.

"중립국 감독위원회는 4명의 고급장교로 구성하되 그 중의 2명은 국제련합군 총사령관이 지명한 중립국 즉 서전(스웨덴) 및 서서(스위스)가 이를 임명하며 그 중의 2명은 조선인민군 최고사령관과 중국인민지원군 사령원이 공동으로 지명한 중립국 즉 파란(폴란드) 및 체코슬로바키아가 이를 임명한다. 본 정전협정에서 쓴 '중립국'이라는 용어의 정의는 그 전투부대가 한국에서의 적대행위에 참가하지 않은 국가를 말하는 것이다.…… 중립국 감독위원회는 그 위원 및 그 중립국 감시소조를 통하여 본 정전협정 제43항에 렬거한 출입항에서…… 감시와 시찰을 진행한다. 작전비행기, 장갑차량, 무기 및 탄약에 대한 중립국 감시소조의 시찰은 소조로 하여금 증원하는 작전비행기, 장갑차량, 무기 및 탄약을 한국으로 들여옴이 없도록 확실히 보장할 수 있게 한다.……"

이에 따라 스웨덴과 스위스 감시위원들은 북한의 신의주, 청진, 홍남, 만포, 신안주 지역에 주재하고, 폴란드와 체코슬로바키아 감시위원들은 남한의 인천, 대구, 부산, 강릉, 군산 지역에 주재하며 감시 활동을 벌였다. 그러나 적대적 관계에 있는 남북한 정부의 군사적 민감성 때문에 중립국 감독위원회의 활동은 제한되었으며 정전협정 위반 사례를 증명하기 어려웠다.

1954년부터 미국은 북한이 중립국 감독위원회의 감시를 피해 군사력을 증강하는 한편 남한에서 활동하는 폴란드와 체코슬로바키아 감시위원들이 유엔군사령부에 대한 정보수집 활동을 벌인다고 주장하면서 중립국 감독위원회 무력화 및 정전협정 관련 조항 폐기를 추진했다. 중립국 감독위원회를 궁극적으로 해체하기 위한 첫 단계로 스웨덴과 스위스 감시위원들이 북한지역에서 비무장지대로 철수하기를 원했다. 그러면 남한에 주재하는 폴란드와 체코슬로바키아 감시위원들을 추방할 수 있기 때문이었다. 이 때문에 미국은 1954년 12월부터 영국 및 프랑스와 함께 스웨덴과 스위스 정부에 영향력을 행사하는 한편, 남한에 군대를 보낸 16개국이 이 방안을 지지하도록 설득했다. 특히 국무부는 스웨덴과 스위스가 중립국 감독위원회에서 철수하도록 "모든 가능한 압력"을 행사하고 있었지만 두 나라는 선뜻 응하지 않았다.

남한 역시 1955년 초부터 중립국 감독위원회의 해체를 주장하며 폴란드와 체코슬로바키아 감시위원들에게 1955년 8월까지 철수하라고 통고했다. 이승만 정부는 수개월 동안 전국적으로 국민을 동원하여 중립국 감독위원회 반대 시위를 대대적으로 전개했다. 그리고 미국에게는 소련을 유엔에서 축출하고 유엔을 다시 조직하라고 촉구하기도 했다.

미국의 지속적인 압력에 스웨덴과 스위스는 완전 철수 대신 북측과 합의하여 1955년 8월 감시소조를 남북 각각 5개 팀에서 3개 팀으로 줄이는 데 성공했다. 1955년 10월 유엔군사령부는 정전협정 13항 폐기 및 중립국 감독위원회 해체에 관해 북측과 합의를 시도하고, 북측이 거부하면 유엔군사령부가 일방적으로 폐기 및 해체를 선언하겠다고 했다. 이에 스웨덴과 스위스는 3개 팀마저 비무장지대로 철수하자고 북측에 제안했지만, 북측은 1956년 1월 이를 거부하면서 남북 각각 3개 팀에서 1개 팀으로 줄이자고 제안했다. 그리고 스웨덴과 스위스는 미국의 지속적인 압력에 따라 1956년 2월부터 완전 철수를 준비하기 시작했다.

이런 과정을 통해 주한미군 및 유엔군사령부는 1956년 5월 31일 판문점에서 열린 군사정전위원회에서 북한군과 중국군의 비협조 및 폴란드와 체코슬로바키아의 방해 때문에 중립국 감독위원회가 본래 의도했던 기능이 실패했다면서 이 위원회의 활동을 일주일 안에 중지시킬 것이라고 선언했다. 나아가 1956년 6월 9일 남한의 인천, 부산, 군산에 주재하던 중립국 감시위원단 16명을 판문점으로 추방했다. 남한의 군사력 증강을 감시할 수 있는 장치를 제거한 것이다.

| 정전협정 일부 조항 폐기 |

한국전쟁 정전협정 제2조 13항 ㄹ목(영문으로는 13d 항목)은 다음과 같이 규정하고 있다.

"한국 경외로부터 증원하는 작전비행기, 장갑차량, 무기 및 탄약을 들여오는 것을 정지한다. 단 정전기간에 파괴, 파손, 손모 또는 소모된 작전비행기, 장갑차량, 무기 및 탄약은 같은 성능과 같은 류형의 물건을 1 대 1로 교환하는 기초 우에서 교체할 수 있다. 이러한 작전비행기, 장갑차량, 무기 및 탄약은 오직 본 정전협정 제43항에 렬거한 출입항을 경유하여서만 한국으로 들어올 수 있다.…… 중립국 감독위원회는 그의 중립국 감시소조를 통하여 본 정전협정 제43항에 렬거한 출입항에서 상기의 허가된 작전비행기, 장갑차량, 무기 및 탄약의 교체를 감독하여 시찰한다."

이렇듯 정전협정에 따르면 북한이나 남한이나 새로운 무기를 도입할 수 없었다. 그러나 1950년대 중반 미국과 남한은 북한이 정전협정을 위반하며 비밀리에 새로운 무기와 장비 등을 반입함으로써 남북 사이에 군사력의 균형이 깨지고 있다고 생각했다. 헐(John Hull) 주한미군사령관 겸 유엔군사령관은 1955년 4월 열린 국가안보위원회에 참석하여 아이젠하워 대통령에게 보고하면서, 주한미군과 남한군에 새로운 무기들을 공급해야 하는데 그러기 위해서는 정전협정 13항 ㄹ목을 변경하는 게 필수적이라고 강조했다. 이에 대해 국무부는 북한이 새로운 무기를 반입한다는 명백한 증거가 없는 터에, 미국이 일방적으로 그 조항을 폐기하면 미국이 먼저 정전협정을 위반했다는 비판을 받을 수 있다면서 이를 반대했다.

미국 국방부는 북한이 정전협정 이후 1956년 초까지 250대 이상의 제트비행기를 포함해 450대 이상의 전투기를 반입한 것이 분명하다며, 주한미군과 남한군의 노후된 무기와 장비를 교체하는 게 매우 시급하다고 주장했다. 그리고 핵무기를 포함한 새로운 무기와 장비를 남한에 반입할 수 있는 두 가지 방법을 제안했다. 하나는 정전협정을 일시적으로 중지시키는 것이요, 다른 하나는 정전협정의 13항 ㄹ목을 재해석하는 것이었다. 유엔군사령부 역시 그 조항을 '유연하게' 해석하여 남한의 오래된 무기를 교체해야 한다고 주장했다.

이에 대해 국무부는 법률 자문단의 조언을 받아 정전협정의 13항 ㄹ목을 아무리 자유롭게 해석하더라도 남한에 핵무기를 도입할 수 있다고 추론하는 것은 법적으로 불가능하다고 판단했다. 아울러 북한에 핵무기가 반입되지 않는 한 남한에 핵무기를 배치하는 것은 명백한 정전협정 위반이며 법적 정당성이 부족하기 때문에 매우 심각한 문제를 불러올 수 있다고 주장했다. 북한이 그와 비슷하게 정전협정을 위반했다는 확실한 증거를 가지고 있다면 남한의 핵무기 배치를 정당화할 수 있겠지만 그러한 증거가 아직 없다는 것이었다. 또한 전 세계와 유엔의 반응도 중요하게 고려해야 하는데, 남한에 핵무기를 배치하는 것은 미국의 세계정책과 목표 그리고 지위에 대해 부정적 영향을 미칠 것이라고 생각했다. 남한에 핵무기를 반입하면 공산국들과 중립국들뿐만 아니라 스위스와 스웨덴 그리고 남한에 있는 미국의 많은 동맹국들도 알게 될 텐데, 당시 국무부 정보를 바탕으로 이들 동맹국들 가운데서도 반발이 심할 것이라고 예상했던 것이다.

국방부는 북한에 핵무기나 그 운반체제가 있다는 첩보를 확인할 증거는 없지만, 정전협정 이후 새로운 무기와 장비가 많이 반입되었으며 머지않아 핵무기 운반체제가 들어갈지 모른다고 주장하며 남한의 핵무기 배치를 법적 문제로 결정할 게 아니라 정치적 군사적 문제로 결정해야 한다고 국무부를 설득했다. 이런 논의를 거쳐 1956년 12월 열린 국가안보회의에서 아이젠하워 대통령은 결국 국방부의 계획을 시인하게 되었다. 이에 국방부는 스위스와 스웨덴, 미국을 제외한 한국전쟁 참전 15개국, 그리고 유엔과 이 문제를 논의하기 위해 공산주의자들의 정전협정 위반 사례를 수집하는 것을 최우선 과제로 삼는 한편, 그 위반 사례들을 모두 모아 출판할 수 있을 때에 맞춰 국방부장관과 국무부장관이 중앙정보부장과 합의하여 남한에 핵무기를 반입하는 시기를 결정하기로 했다.

결국 국무부도 국방부의 주장을 받아들이게 되지만 덜레스 국무부장관은 끝까지 이에 대한 우려를 표명했다. 1957년 4월 열린 국가안보회의에서 그는 남한에 핵무기가 배치되면 세계 각처에서 심각한 반발을 초래할 것이라며 군사적 이익보다 정치적 불이익이 더 클 것이라고 주장했다. 그는 또한 소련이 중국군이나 북한군에게 핵무기를 넘길 가능성은 거의 없다고 믿는다며 북한이 핵무기를 도입한다는 증거가 없다고 했다. 나아가 미국의 정전협정 위반 및 핵무기 배치는 소련에 엄청난 선전 공세의 빌미를 줄 텐데 미국의 우방국들과 동맹국들에 미치는 영향이 상당할 것이라고 우려했다.

이런 과정을 거쳐 주한미군 및 유엔군사령부는 1957년 6월 21

일 판문점에서 열린 군사정전위원회에서 정전협정 13항 ㄹ목에 대한 '증거 없는(alleged)' 북한 측의 위반 사례를 나열하는 성명을 발표하면서, 남북 쪽의 군사력이 다시 균형을 이루고 북한 측이 정전협정을 지킬 의지를 행동으로 보일 때까지 그 조항에 구속받지 않겠다고 선언했다. 1956년 6월 중립국 감독위원회 감시소조를 추방한 데 이어, 남한의 핵무기 배치를 막는 규정을 폐기한 것이다.

최초의 핵무기 배치 시기

미국 국방부가 남한에 핵무기를 배치할 것을 검토하기 시작한 것은 늦어도 1956년 1월부터였다. 1956년 1월 6일 열린 국무부와 국방부 합동회의에서 테일러(Maxwell Taylor) 육군참모총장이 정전협정 13항 ㄹ목이 없다면 남한에 새로운 탱크와 대포 등을 반입할 수 있다며 원자포 및 핵무기를 탑재할 수 있는 어니스트 존 미사일을 배치할 수도 있다고 언급한 것이다. 그리고 렘니처(Lyman Lemnitzer) 유엔군사령관은 1956년 1월 30일 남북의 군사력 균형을 맞추기 위해서는 주한미군이 핵무기를 갖는 게 매우 바람직하다는 내용의 전문을 육군부에 보냈다.

래드포드 합참의장은 1956년 9월 윌슨 국방부장관에게 극비 전문을 보내 핵무장을 비롯한 주한미군 장비의 현대화가 지체 없이 이루어져야 한다고 주장하면서, 유엔군사령관이 중립국 감독위원회에 통보하지 말고 즉각적으로 남한에 핵무기를 배치할 수 있도록 해야 한다고 권고했다. 남한에 대한 군사 원조를 줄이는 게 미국의 가장 중요한 문제인데, 그는 핵무기를 포함한 군사력의 현대화에 의해서만 가능하다고 생각했기 때문이다.

국무부는 남한에 핵무기를 배치하는 것이 한반도에 작전비행기, 장갑차량, 무기, 탄약 등의 반입을 금지하는 한국전쟁 정전협정 13항 ㄹ목에 위반되기 때문에 반대 의견을 피력하였지만, 1956년 12월 아이젠하워 대통령이 국방부의 주장에 찬성함으로써 주한미군의 핵무장이 공식적으로 추진될 수 있었다. 이에 따라 덜레스 국무부장관은 1957년 5월 14일 기자회견을 통해 미국은 '더욱 현대적이고 더욱 효과적인' 무기를 남한에 배치할 것을 고려하고 있다고 발표했으며, 윌슨 국방부장관은 이 새로운 무기들은 재래식 성능과 핵 능력을 겸비한 '이중 성능 무기들(dual capability weapons)'을 포함한다고 조금 더 구체적으로 밝혔다.

이승만 대통령은 미국의 결정에 감사한다는 내용의 편지를 1957년 6월 아이젠하워 대통령에게 보낸 데 이어, 1957년 8월에도 편지를 보내 무슨 종류의 현대적 무기가 언제 얼마나 남한에 들어오며, 장비의 현대화 프로그램이 주한미군에만 적용되는지 또는 한국군에게도 적용되는지 물었다. 이에 국무부는 1957년 9월 다울링(Walter Dowling) 주한 미국대사에게 전문을 보내 이승만 대통령에게 다음과 같이 알리도록 했다. "주한미군 제7사단과 24사단은 (원자력으로 무장한 5개 전투단으로 편성된) 펜토믹(Pentomic) 사단들로 재편성될 것이며, 핵무기를 탑재할 수 있는 미사일 부대인 제100야전포병대대와 280mm 원자포 부대인 제663야전포병대대가 남한에 배치될 것이다."

사실 핵무기 배치를 남한에 알리는 문제는 논란거리였다. 1957년 6월 열린 국가안보회의에서 아이젠하워 대통령은 남한의 핵무기 반입에 대해 아무에게도 알릴 필요가 없다고 했다. 이에 래드포드 합참의장은 핵무기 반입을 남한에 알리지 않고는 병력 감축을 납득시킬 수 없기 때문에 어떠한 경우에도 남한에 알려야 한다고 말했다. 남한 정부가 1957년 12월까지도 병력 감축에 대해 동의하지 않고 있었기 때문에 미국은 이승만 대통령을 설득하기 위해 핵무기 반입을 반드시 알릴 필요가 있었던 것이다.

그런데 이승만 대통령은 1957년 12월 28일까지 핵무기 도착 소식을 듣지 못하자, 핵무기 반입이 자주 연기된다면서 큰 불만을 표출했다. 그는 그 무기들이 도착하기 전에 남한군 감축을 어떻게 동의할 수 있겠느냐는 하소연과 함께 그 무기들이 정말 반입되는지 의문을 품기도 했다.

국무부는 1958년 1월 8일 국방부에 전문을 보내 정확하게 언제 원자포와 미사일을 배치할 것인지 알려달라고 요청했다. 원자포 미사일 부대를 비밀리에 이동하기로 국무부와 국방부가 합의했지만, 이 무기들이 한국에 도착하면 한국인들은 공식성명과 언론을 통해 이를 밝히려 할 텐데, 이는 일본과 극동아시아의 다른 나라들에게 큰 영향을 미칠 것이기 때문에, 국무부가 배치 시기에 관한 계획을 미리 아는 게 중요하다는 취지였다. 이러한 국무부의 요청에 대해 국방부는 1958년 1월 16일자 답신을 통해 원자포 미사일 부대가 1958년 1월 안으로 남한에 배치될 것이라고 통보했다.

이렇듯 1994년 출판된 1950년대 미국 국무부의 외교문서들에 따르면, 주한미군은 늦어도 1958년 1월부터 남한에 핵무기를 배치하기 시작했다. 그러나 1991년 작성된 미국 태평양사령부(United States Pacific Command)의 비밀보고서에 따르면, 핵무기는 1957년부터 남한에 배치되어 1991년 철수했다고 한다. 미국의 주요 신문인 〈워싱턴 포스트〉 역시 "미국은 1957년부터 남한에 핵포병부대를 설치하고 핵무기가 탑재된 미사일을 들여놓기 시작했다"고 2006년 10월 보도했다. 남한에 핵무기가 최초로 도입된 때가 1957년 말인지 1958년 초인지 확실하지 않기 때문에 나는 '늦어도 1958년 1월'이라고 표현하는 것이다. 참고로, 주한미군은 280mm 원자포와 어니스트 존 핵미사일이 남한에 도착했다는 사실을 1958년 1월 28일 확인했으며, 1958년 2월 3일 이 무기들을 공개하고, 1958년 5월 1일 시험 발사했다.

핵무기에 대한 남한 국민의 인식

핵무기는 1945년 세계 최초로 미국에서 개발되었다. 미국의 뒤를 이어 소련이 1949년, 영국이 1952년, 프랑스가 1960년, 그리고 중국이 1964년 핵무기 개발에 성공했다. 이러한 핵무기가 실제로 사용된 것은 인류 역사상 처음이자 2014년 현재까지는 마지막인 1945년 8월이었다. 미국이 일본과의 전쟁에서 히로시마와 나가사키에 핵무기를 떨어뜨린 게 유일한 사례인 것이다.

미국의 핵무기 때문에 일본이 예상보다 일찍 항복했고 이 때문에 조선의 해방이 앞당겨졌지만, 핵무기에 따른 조선인들의 피해도 매우 크고 끔찍했다. 한 조사에 따르면, 1945년 8월 핵폭탄의 방사능에 노출된 사람은 히로시마에서 42만 명, 나가사키에서 27만 명으로 총 69만여 명인데, 이 가운데 조선인은 히로시마에서 5만 명, 나가사키에서 2만 명으로 총 7만여 명이라고 한다. 방사능 노출로 죽은 사람은 모두 23만여 명인데, 이 가운데 조선인은 약 4만 명으로 추정된다. 조선인이 전체 피폭자 가운데서는 약 10%이며 폭사자 중에서는 약 17%를 차지한 것이다.

미국의 핵무기에 우리 민족이 이렇게 큰 피해를 입었지만 미국의 핵무기 때문에 조선이 해방되었다는 인식 때문인지 우리는 핵무기의 엄청난 파괴력과 끔찍한 피해에 대해 유달리 무감각했다. 예를 들어, 1970년대 말 소련의 인공위성에 장착된 핵연료 추진장치가 고장을 일으켜 우주궤도를 이탈해 지구상에 떨어진 사고가 발생한 적이 있다. 그때 세상은 온통 그 핵물질이 자기 나라 땅에 떨어질까 봐 공포에 질려 있었다. 바다로 유도해 떨어지게 하는 방법을 마련하는 나라도 있었고, 최악의 경우를 대비해 예상 지역에 비상령을 내리고 주민들의 대피를 준비하는 국가도 나오는 등 세계가 발칵 뒤집히다시피 했다. 그렇게 온 인류가 새파랗게 질려 있을 때 우리나라에서 최대 발행부수를 자랑한다는 한 신문은 그 핵물질이 "제발 평양에 떨어져주소서!"라고 기원하는 만화를 실었다. 북한을 적으로만 생각하던 냉전시대였으니 평양이 잿더미로 변하는 것을 통쾌하게 지켜보고 싶었는지 모른다. 그러나 핵물질이 평양에 떨어졌다면 북한의 무고한 인민들은 물론 남한의 많은 사람들도 방사능 노출에 따른 피해로부터 자유로울 수 없었을 것이다.

1980년대 중반 대학생들이 전쟁 반대 및 핵무기 반대를 주장하자 대부분의 남한 언론은 이를 거세게 비난했다. 예를 들어, 한 신문은 "미국의 핵우위와 미국의 핵우산이 있었기에 대한민국이 존립하는 세상을 우리가 살아온 것이나 다름없다"고 했고, 다른 신문은 1986년 3월 20일 사설에서 "우리가 미군의 상주를 필요로 하고 위험부담을 안은 채 그들의 핵 지원을 마다하지 않으며…… 한미 합동 군사훈련 팀스피리트를 해마다 하는 이유는 불을 보듯 환하다. 즉 살아남기 위해서인 것이다"고 했다. 또한 당시 언론은 학생들의 반전 반핵 주장에 대해, 학생들이 "북괴의 구호를 대변해서" 외친다고 하거나 "이러한 주장들이 고스란히 북괴의 최근 대남 모략선전과 정치선동의 내용들과 일치하고 있다"고 하면서 반전 반핵 주장을 친북 행위로 매도하기도 했다.

1970년대 미국의 슐레진저 국방부장관이 밝힌 대로, 남한에 배치된 주한미군의 핵무기는 북한의 남침을 저지하기보다는 강대국을 견제하기 위한 것이었다. 그러기에 미국은 1980년대 초부터 북한의 핵무기 개발을 낌새채고 1980년대 말부터 이에 대해 확신을 가져왔으면서도, 1991년 소련의 위협이 사라지자 남한에서 핵무기를 철수했다. 미국과 소련의 경쟁 때문에 무려 34년 동안 남한 전역에 무수한 핵무기가 있었는데도 우리는 그 사실조차 모르고 있었거나, 알면서도 그 위험성을 느끼기보다는 핵무기 때문에 안전하게 살고 있다는 착각 속에 빠졌던 것이다.

우리가 핵무기의 공포에 대한 불감증에서 벗어난 것은 2006년 10월 북한이 핵실험을 했다고 발표했을 때였다. 그 무렵 남한 사회에는 금세 핵전쟁이 일어날 것 같은 공포감이 조성되었고, 이와 아울러 북한을 어떻게 응징할 것인가에 대한 논란이 뜨겁게 전개되기도 했다. 주한미군의 핵무기는 한반도 평화와 남한의 안전에 꼭 필요했지만, 북한군의 핵무기는 한반도 평화와 남한의 안전에 커다란 위협이 된다는 불균형적 인식이 자리 잡고 있는 것이다.

9

북한의 핵무기, 언제부터 왜 개발했는가

1995년 4월 이른바 '조중동'에 속하는 한 신문사 기자가 전화를 걸어 인터뷰를 요청했다. 미국에서 10여 년 공부하며 모았던 수많은 자료들을 갖고 귀국해 하나씩 풀어먹으며 열심히 논문을 발표하던 시간강사 시절이었다. 4월혁명에 관한 내 논문의 "늦어도 1958년 1월부터 남한에 미국 핵무기가 배치되기 시작했다"는 대목에 관해 취재하고 싶다는 것이었다. 남한 핵무기에 관해 학계나 언론계에는 1980년대 후반부터 조금씩 알려지긴 했지만, 미국 정부의 공식 외교문서를 이용해 확실하게 밝힌 논문은 아마 처음 같다며.

1990년대 말부터 '조중동'엔 글도 싣지 않고 인터뷰도 거절해 왔지만, 그때는 그런 거부감이 없었다. 다음 주에 서울 갈 일이 있어 그때 만나자고 했더니 급하다며 당장 경주로 오겠다고 했다. 별것도 아닌 걸로 인터뷰하겠다고 멀리 경주까지 오겠다는 데 부담스러워하자, 그의 대꾸가 재미있었다. "우리 기자들은 뉴스거리가 있으면 지구 끝까지도 날아갑니다." 정말 멋있었다. 정치학박사로 전문기자라는 그의 기자정신에 감탄해 기꺼이 인터뷰에 응하기로 했다. 다음날 집으로 찾아온 그에게 1960년 전후 상황을 설명해주며 내 논문과 미국 외교문서를 복사해 건네주었더니 흥분하다시피 한마디 던졌다. "와, 이거 우리 신문 1면 톱뉴스감인데요." 내가 맞장구를 쳤다. "제 덕분에 특종 한번 써보세요."

그러나 며칠이 지나도록 그에 관한 기사가 나오지 않았다. 일주일쯤 뒤 서울에서 그와 동료기자들 서너 명을 만나 함께 식사하며 '1면 톱뉴스'의 안부를 물었다. 물먹었단다. 북한 핵무기 개발 문제가 쟁점이 되고 있는 터라 남한 핵무기에 관한 기사에 대해 신문사 간부들이 몹시 민감하게 반응하며 잘랐다는 것이었다. 그 뒤로 거의 20년이 흐른 지금까지 남한 핵무기에 관한 기사는 1면 톱뉴스는커녕 맨 뒷면 맨 아랫줄 뉴스로도 실리지 않고 있다. 북한 핵무기에 관해서는 믿기 어려운 소문조차 1면 톱뉴스로 다루며 미주알고주알 보도하면서도, 남한 핵무기에 관해서는 확실한 증거를 갖고도 단 한 줄도 보도하지 못하고 있는 것이다.

남한의 핵무기 배치는 북한의 핵무기 개발을 불러온 직접적 배경과 원인이 되었다. 그에 관한 자세한 내막은 앞에서 다루었으니, 여기서는 핵심 내용만 소개한다. 미국은 1950년대 한국전쟁을 통해 재정 적자가 심각해졌는데, 이를 해결하기 위해 주한미군을 줄여야 했고 미국의 원조에 전적으로 의존했던 대규모의 남한 병력도 감축해야 했다. 그러나 이승만 대통령이 거세게 반대하자 그를 무마하면서 병력을 줄이는 대신 주한미군의 안전을 위해 늦어도 1958년 1월부터 남한에 핵무기를 들여놓기 시작했다. 가장 심각한 정전협정 위반이었다.

이른바 '북핵 문제'는 1990년대 초부터 20여 년이 지나도록 풀리지 않고 있다. 머지않아 해결될 기미도 보이지 않는다. 무슨 문제를 해결하려면 그 문제가 일어나게 된 배경이나 원인부터 정확하게 파악하고 대책을 세우는 게 바람직할 텐데, 우리는 2010년의 '천안함 침몰'과 '연평도 포격' 그리고 2014년의 '세월호 참사'에서 보듯 원인 규명엔 소홀하고 대책 마련에만 매달리는 경향이 있다. 예를 들어, 아이가 울면 울음을 그치라고 다그치기 전에, 배가 고파서 울면 젖을 주고, 기저귀가 젖었으면 갈아주며, 졸려서 울면 재워주는 게 좋지 않겠는가. 북한의 핵무기 개발을 막고 싶다면 그 배경과 원인을 제대로 파악하고 그에 걸맞은 대책을 마련하는 게 순리라는 뜻이다. '친북'이라는 딱지에 개의치는 않겠으나, 내가 이런 주장을 하는 이유가 북한의 핵무기 개발을 정당화하거나 옹호하기 위해서가 아니라 바람직한 해결 방안을 모색해보기 위해서라는 점을 강조한다.

남한의 핵무기 배치와 북한의 대응

주한미군과 유엔군사령부는 남한에 핵무기를 도입하기 위해 남한에서 무기 도입을 감시하던 중립국 감독위원회 감시위원들을 1956년 6월 추방했다. 정전협정에 따라 스웨덴과 스위스 감시위원들은 북한에서, 폴란드와 체코슬로바키아 감시위원들은 남한에서 군비 증강을 감시하기로 되어 있었는데, 인천, 부산, 군산에 주재하던 중립국 감시위원단 16명을 판문점으로 쫓아낸 것이다.

1년 뒤 1957년 6월엔 "한국 경외로부터 증원하는 작전비행기, 장갑차량, 무기 및 탄약을 들여오는 것을 정지한다"는 등의 정전협정 일부 조항을 폐기했다. 주한미군사령관 겸 유엔군사령관은 1955년부터 미국 대통령에게 주한미군과 남한군에 새로운 무기들을 공급하기 위해서는 무기 도입에 관한 정전협정 조항을 변경하는 게 필수적이라고 강조해왔는데 실행에 옮긴 것이다.

이에 북한은 미국이 남조선을 핵전쟁 기지로 만들려 한다고 비난했고, 소련과 체코슬로바키아는 유엔 회원국이 아닌 북한 대신 1957년 11월 유엔총회에서 이를 비난했다. 나아가 늦어도 1958년 1월부터 남한에 핵무기가 배치되기 시작하자 북한은 다음과 같은 대응책을 마련했다.

첫째, '북한의 4대 군사노선' 가운데 하나인 '전 국토의 요새화'를 대대적으로 시작했다. 쉽게 말해 '땅굴 파기'다. 김일성이 1963년 온 나라를 요새로 만들면 "원자탄을 갖지 않고도 원자탄을 가진 세력을 물리칠 수 있다"며, 전선 지역뿐만 아니라 후방 지역에도 주요 군사시설과 산업시설까지 지하에 건설하라고 지시했던 것이다.

이와 관련하여, 주한미군사령관은 2001년 3월 미국 의회에서 북한 전역에 지하 방어시설이 1만 개 이상 건설되어 있을 것이라고 보고했다. 그 가운데 하나가 1960년대 초 착공된 평양 지하철일 텐데, 나는 1998년 10월 평양에 들어갔을 때 직접 확인했다. 수직으로 땅 밑 100m 정도에 위치한 지하철을 타기 위해 150m 정도의 직선 고속 에스컬레이터에 올라 안내원에게 물었다. "지하철을 방공호로 쓰기 위해 이렇게 땅속 깊이 건설했다고 들었는데 맞습니까?" 안내원이 정색하리라 예상했지만 태연하게 답했다. "맞습네다. 전쟁이 터지면 우리도 피할 구멍이 있어야 하지 않겠습니까." 그러면서 한 가지 이유가 더 있다고 덧붙였다. 평양엔 대동강과 보통강 등 물줄기가 많아 지반이 약하기 때문에 웬만큼 깊이 파지 않으면 무너질수 있다고. 붕괴를 방지하며 방공호로 쓰기 위해 그렇게 깊이 땅을 팠다는 것이다.

둘째, 미군이 북한군을 상대로 핵무기를 사용하기 어렵도록 북한군을 휴전선 근처에 전진 배치시켰다. 이른바 '적 껴안기' 전략으로, 김일성은 남북의 병력이 서로 뒤섞여 전투를 하면 미국이 핵무기를 사용할 수 없을 것이라고 말했다. 휴전선 근처에 배치된 북한군을 핵무기로 공격하면 남한의 전방에 배치된 주한미군과 남한군은 물론 인근 지역에 살고 있는 민간인들도 방사능 피해를 당할 수 있기 때문에 핵무기를 함부로 사용하지 못하리라고 내다본 것이다. 참고로, 주한미군사령관은 2001년 3월 미국 의회에서 북한 현역군의 70%가 휴전선에서 약 150km 안에 배치되어 있는 것 같다고 보고했다.

셋째, 북한이 자체 핵무기를 개발하기 위해 1963년 소련에게 협조를 요청했다. 이에 소련은 핵무기 개발은 도와줄 수 없다고 거절하는 한편, 우방국인 북한을 달래기 위해 평화적 목적의 원자력 개발은 지원할 수 있다며 1965년부터 영변에 원자력발전소를 세우는 데 도움을 주기 시작했다. 이때부터 북한의 핵 과학자 300여 명이 소련에서 20여 년 동안 훈련을 받았던 것이다. 이에 미국은 북한이 소련의 도움 없이 자체적으로 영변 원자력발전소를 확장하여 궁극적으로 핵무기를 개발한다고 1980년대부터 의심하게 되었다.

넷째, 1964년 중국이 원자탄 실험에 성공하자 김일성은 베이징에 대표단을 보내 북한도 핵무기를 개발할 수 있도록 도와달라고 요구했다. 마오쩌둥에게 편지를 보내 전쟁터에서 생사고락을 함께한

형제 국가끼리 원자탄의 비밀을 공유하자고 한 것이다. 그러나 마오
쩌뚱은 북한 같은 조그만 나라가 핵무기까지 가질 필요는 없다며 김
일성의 부탁을 거절했다.

북한의 핵무기 개발 배경

앞에서 얘기했듯, 1958년 남한의 핵무기 배치가 북한 핵무기
개발의 결정적 계기가 되었다. 그리고 박정희가 1974년 프랑스와
원자력협정을 맺어 핵무기를 개발하려 하자, 김일성은 중국에 핵무
기 개발에 대한 협조를 거듭 요청했지만 중국은 다시 거부했다. 이
에 북한도 1970년대 후반부터 자체적으로 핵무기 개발에 나서기 시
작한 것으로 보인다. 여기엔 몇 가지 배경과 이유가 있다.

첫째, 군사적으로 주한미군의 위협에 맞서기 위해서였다. 미국
은 한국전쟁 중 1951년부터 북한을 핵무기로 공격할 수 있다고 몇
차례 위협했다. 1953년 초엔 아이젠하워 대통령이 휴전협상이 잘
진전되지 않으면 원자탄을 사용할 수 있다고 위협하기도 했다. 휴전
협정 직후엔 덜레스 국무부장관이 세계 어디서든 재래식 공격에도
핵무기로 대응하겠다는 '강력한 보복전략'을 공표했다. 1955년엔
래드포드 합참의장이 서울을 방문해, '강력한 보복전략'이 한반도에

도 적용된다는 것을 분명히 하면서 필요하면 원자탄을 사용할 것이라고 선언했다. 그리고 마침내 늦어도 1958년 1월부터 남쪽에 어니스트 존(Honest John), 랜스(Lance), 나이키 허큘레스(Nike-Hercules) 미사일 등과 함께 다양한 전술핵무기를 들여놓기 시작해 1970년대까지 거의 800기나 되는 핵탄두를 배치하게 되었다. 또한 1976년 2월부터 시작된 연례 한미 합동군사훈련인 '팀 스피리트(Team Spirit)'는 대대적인 핵무기 사용 훈련을 포함하고 있었다.

둘째, 지리적으로 북한을 둘러싼 모든 나라에 핵무기가 배치되어 있었다. 북한은 북쪽으로는 중국과 러시아에 그리고 남쪽으로는 남한에 가로막혀 있는 가운데, 바다 건너 서쪽으로는 중국에 그리고 동쪽으로는 일본과 미국에 둘러싸여 있다. 이 가운데 미국은 1945년, 소련은 1949년, 중국은 1964년에 핵무기 개발에 성공하여 다양한 전략 및 전술핵무기를 배치해놓았으며, 일본과 남한은 자체 핵무기는 없지만 1950년대부터 주일미군 및 주한미군 기지에 미제 핵무기를 들여놓기 시작했다.

1991년 소련이 해체된 이후 미국은 남한에서 핵무기를 철수했다고 발표했다. 그러나 당시 작성된 미국 태평양사령부의 비밀보고서에 따르면, 2,000개 이상의 핵무기는 모두 철수하더라도 해군 핵무기는 "적당한 때에" 재생하거나 재배치할 수 있도록 했고 핵무기 저장시설도 유지하도록 했다. 그리고 2014년 현재까지 남한에 대해

부산 해군기지에 입항한 미국 해군의 버지니아급 핵추진 잠수함 하와이호. ⓒ연합뉴스

지속적으로 '핵우산'을 제공할 것을 다짐해왔다. 남한이 다른 나라로부터 핵무기 공격을 당하면 미국이 핵무기로 보복해주겠다는 뜻이다. 이를 위해 핵무기로 무장된 미군 잠수함이 동해 근처 해역을 운항하고 있다. 한반도 지상에서는 핵무기가 철수되었을지라도 한반도 주변 해역에는 여전히 핵무기가 배치되어 있는 셈이다.

이에 반해 북한은 소련으로부터든 중국으로부터든 핵우산을 제공받은 적이 없다. 북한을 사방에서 둘러싸고 있는 모든 나라들이 다양한 핵무기를 다량으로 배치해놓고 있거나 적어도 미국의 핵우산을 받고 있는 마당에, 북한만 자체 핵무기도 없고 다른 나라의 핵우산도 받지 않고 있었던 것이다.

셋째, 경제적 측면에서 핵무기 개발은 최소의 비용으로 최대의 안보 효과를 얻을 수 있다. 주한미군이 남한에 핵무기를 배치했던 가장 큰 이유처럼. 1970년대부터 남한의 경제력이 북한의 경제력을 앞서게 되고 시간이 흐를수록 그 격차가 커지자 북한은 남한과 재래식 군비 경쟁을 하기 어렵게 되었다. 예를 들어 1976년 남한은 국방비를 2배로 늘리고 그 이후 3년 동안 해마다 군비를 대폭 증강했다. 국내총생산(GDP)에서 군사비가 차지하는 비율은 예나 지금이나 북한이 남한보다 훨씬 크지만, 군사비 액수로는 1970년대 중반부터 남한이 북한을 앞서기 시작해 1970년대 말에는 남한의 국방비가 북한의 국방비보다 2배 이상으로 증가되었다. 특히 1990년대 들어 북한이 심각한 경제난에 처하게 되면서 북한의 국내총생산은 대략 미국의 1/600 수준이고 남한의 1/30 수준이며, 북한 군사비는 대략 미국의 1/200 안팎이요 남한의 1/10 안팎으로 추정된다. 빈약한 경제력 때문에 전투기나 함정 같은 재래식 무기 경쟁은 도저히 할 수 없게 되자, 핵무기와 미사일을 비롯한 대량파괴무기(WMD)를 개발해 온 것이다. 대량파괴무기를 조금이라도 갖게 되면 안보에 대한 걱정 없이 재래식 무기 유지 및 증강에 들어갈 비용을 경제개발에 쓸 수 있기 때문이다. 남한에서는 북한이 심각한 경제난을 겪으면서도 핵무기와 미사일 같은 대량파괴무기를 개발한다고 비난하는데, 북한은 경제난 때문에 대량파괴무기를 개발해왔으니 참 역설적이랄까.

참고로, 북한은 2003년 6월 〈조선중앙통신〉을 통해 "우리가 핵

억제력을 갖추고자 하는 것은 그 누구를 위협하고 공갈하기 위해서가 아니라 앞으로 재래식 무기를 축소하며 인적 자원과 자금을 경제건설과 인민생활에 돌리려는 데 있다"면서, "미국이 조선에 대해 적대정책을 포기하지 않는 한 자금이 적게 들면서도 그 어떤 첨단무기나 핵무기도 무력화시킬 수 있는 강력한 물리적 억제력을 강화해 나갈 것"이라고 발표했다. 핵무기 개발의 경제성을 분명히 밝힌 것이다. 미국이 핵무기 선제공격을 할 수 있다고 위협해온 터에 북한은 심각한 경제난으로 재래식 군비 증강을 꾀하기 어려우니 값싸게 핵무기로 무장해놓고 군비를 줄여 경제성장에 힘쓰겠다는 뜻이다.

넷째, 전략적으로 핵무기 개발을 통해 미국과 협상을 벌일 수 있다. 1980년대 말과 1990년대 초에 걸쳐 소련이 해체되고 동유럽 공산주의 정권들이 무너지자 북한은 체제를 유지하는 데 어려움을 겪게 되었다. 전통적 우방국인 소련과 중국으로부터의 지원이 끊어지거나 줄어드는 터여서, 북한은 미국을 협상테이블로 끌어들이기 위한 수단으로 핵무기와 미사일 개발 카드를 사용해왔다. 냉전이 끝나면서 세계 유일의 초강대국으로 남게 된 미국이 핵무기와 미사일을 비롯한 대량파괴무기의 확산 저지를 탈냉전시대, 특히 2001년 9·11 이후, 대외정책의 핵심 목표 가운데 하나로 설정하자 이를 이용한 것이다.

북한이 지속적으로 미국과 적대적 관계를 유지해도 중국의 도움으로 살아남을 수는 있겠지만 잘살기는 어렵다. 가진 것이 별로 없는 터에 경제를 개발하기 위해서는 외부로부터 돈을 얻어 오든 빌려 오든 해야 할 텐데 미국이 세계의 돈줄을 쥐고 있기 때문이다. 그래서 미국과 적대적 관계를 청산하고 싶어 하지만, 미국은 북한의 불가침조약이나 평화협정 또는 국교정상화 요구에 응하기는커녕 오히려 북한의 체제 붕괴를 목표로 삼고 각종 제재를 해왔다. 이에 북한은 미국을 협상테이블로 끌어들이기 위해 핵무기와 미사일 카드를 써왔다.

결과적으로 북한은 이 협상카드를 잘 활용했다. 이에 따라 세계에서 가장 가난한 나라들 가운데 하나로 가장 큰 어려움에 처해 있는 북한이 세계 유일의 초강대국인 미국을 직접 대화 상대로 끌어들여 적어도 2000년까지는 성공적으로 협상을 이끌 수 있었다. 그 결과물이 1993년 6월 뉴욕에서 발표된 북미 공동성명, 1994년 10월 제네바에서 맺어진 북미 기본합의, 1999년 9월 베를린에서 이루어진 북미 기본합의, 그리고 2000년 10월 워싱턴에서 채택된 북미 공동코뮤니케 등이다.

다섯째, 정치적으로 통치 기반을 강화하며 인민을 단결시킬 수 있다. 북한은 1990년대부터 사회주의권의 붕괴와 김일성 사망 그리고 심각한 경제난에 따른 위기에 처해왔다. 이러한 위기 상황을 극복하기 위한 이른바 '고난의 행군'을 시작하면서 내세운 것이 '선군정치'와 '강성대국'이다. 선군정치란 군대를 중시하고 강화하여 나라 안팎의 위협을 물리치며 어려움을 극복해나가는 정치를 뜻하고, 강성대국이란 땅덩어리는 작아도 군사나 경제 분야를 발전시켜 강대국의 위상을 갖춘 나라를 의미한다. 핵무기 개발이나 보유는 선군정치와 강성대국의 상징이 될 수 있고 북한 당국이나 인민들에게 긍지나 자신감을 불어넣을 수 있을 것이다.

북한의 핵무기 개발 과정과 결과

북한은 위와 같은 배경으로 핵무기 개발에 나서 2003년 4월 핵무기를 보유했다고 처음으로 밝혔다. 그 전까지는 핵무기 개발이나 보유에 관해 시인도 부인도 하지 않으며 애매하게 말하거나 침묵을 지키는 'NCND(Neither Confirm Nor Deny)' 정책을 폈다. 과거 미국이 남한 핵무기 배치에 대해 그랬듯. 핵무기가 있다고 하면 국제 사회로부터 불법이라는 비난을 받게 되고 핵무기가 없다고 하면 미국으로부터 무시나 폭격을 당하기 쉽기 때문에, 있어도 없는 체하고 없어도 있는 체했는데, 2003년 4월부터 2005년 2월까지 적어도 예닐곱 번 미국을 비롯한 국제 사회에 공개적으로 선언한 것이다.

북한 협상 대표가 미국 대표에게 핵무기를 갖고 있다고 밝힌 2003년 4월 시점은 미국을 참 곤혹스럽게 만들었다. 유엔 무기 사찰단이 2002년 11월부터 이라크 전역을 샅샅이 뒤지고 나서 2003년 2월 "어떠한 대량파괴무기도 발견하지 못했다"고 공표했지만, 미국은 3월 "이라크의 대량파괴무기를 제거해 세계 평화에 기여하겠다"는 말도 되지 않는 구실로 이라크를 침공했기 때문이다. 핵무기가 없다고 호소하는 이라크는 폭격하면서 핵무기가 있다고 큰소리치는 북한은 왜 가만두느냐는 국내외의 비난과 의혹에, 미국 정부는 "북한은 이라크와 다르다"는 궁색한 대답밖에 내놓지 못했다. 이를 통해, 핵무기를 만들지 못했으면 이미 미국의 침공을 받았으리라는 북한의 주장이 허풍이 아니라는 점도 알 수 있다.

나아가 북한은 2006년 10월 핵실험을 했다고 발표했다. 2009년 5월엔 2차, 2013년 2월엔 3차 핵실험에 성공했다. 이에 따라 2013년 4월 수정 보충된 헌법 서문에까지 "김정일 동지께서는…… 우리 조국을…… 핵보유국, 무적의 군사강국으로" 만들었다고 명시하게 된 것이다.

북한은 2012년 12월 인공위성 발사에도 성공했다. 1998년 8월부터, 2006년 7월과 2009년 4월, 2012년 4월까지 네 차례 시험 발사에 실패하다 다섯 번 만에 성공한 것이다. 인공위성은 '대륙간 탄도미사일(ICBM)' 즉 태평양도 건널 수 있는 장거리 미사일로 바뀔 수 있기 때문에, 북한이 미국 본토까지 핵무기를 날려 보낼 수 있게 된 것을 의미한다. 참고로, 소련은 1957년 10월 미국보다 먼저 세계 최초로 '스푸트니크'라는 인공위성 발사에 성공했는데, 이때 미국인들이 얼마나 큰 충격을 받았는지 '스푸트니크 충격(sputnik shock)'이라는 영어 단어까지 생겨났다. 머지않아 무너질 것이라고 무시하던 '깡패 국가' 북한이 핵무기와 장거리 미사일까지 갖게 되자, 미국이 '제2의 스푸트니크 충격'을 받았으리라는 이야기가 나오는 배경이다.

북한의 핵무기 개발과 북미 협상

미국이 처음으로 북한의 핵무기 개발에 대해 낌새채기 시작한 때는 레이건 행정부 때인 1982년 4월이었다. 미국의 감시위성이 평안북도 영변에 원자로로 보이는 물체가 세워지는 것을 촬영하면서부터다. 1988년 6월 커다란 원자로가 건설되는 모습이 감시위성에 잡히면서, 미국은 북한이 핵무기를 개발하고 있다고 확신하게 되었다.

이에 미국은 1988년 12월부터 베이징에서 북한과 접촉하기 시작해, 1992년 1월엔 뉴욕에서 "최초의 북미 고위급 정치적 접촉"을 가졌다. 그러나 클린턴 행정부 때인 1993년 3월 북한이 핵확산금지조약(NPT)에서 탈퇴하겠다고 선언함으로써 두 나라 사이에 긴장과 대결이 높아졌다. '제1차 북핵 위기'가 시작되었지만, 물밑 접촉은 계속되어 1993년 6월 북미 공동성명이 발표되었다.

1994년 3월 국제원자력기구(IAEA)가 북한 핵시설 사찰에 실패했다고 선언하자 미국은 북한에 대한 전쟁 불사 발언까지 서슴지 않으며 한반도를 한국전쟁 이후 최대의 위기로 몰아갔다. 미국의 전쟁 위협은 1994년 6월 러시아의 격렬한 미국 비난, 중국의 단호한 북한 지원 표명, 그리고 카터 전 대통령의 평양 방문을 통한 중재 등으로 해소되었으며, 이는 1994년 10월 북미 제네바협정으로 이어졌다. 이 협정의 핵심 내용은 북한이 핵 활동을 동결시키는 대신, 미국이 대체 에너지를 공급하고 경수로를 제공하며 북한에 핵무기를 먼저 사용하지 않고 북한과 정치 및 경제 관계를 정상화하겠다는 것이다.

이 협정은 미국의 속임수나 다름없었다. 남한에서는 북한이 협정을 지키지 않아 2002년 '제2차 북핵 위기'가 시작되었다고 주장하지만, 약속을 더 먼저 더 많이 지키지 않은 쪽은 미국이었다. 1994년 7월 김일성이 사망하자 북한이 머지않아 붕괴되리라 예상하고 경제 제재를 조금 풀며 경유만 제공했을 뿐, 경수로 건설과 관련해서는 2002년 '제2차 북핵 위기'가 시작될 때까지 8년 동안 경수로가 들어설 터를 고르는 일밖에 진행하지 않았던 것이다.

1999년 초에는 평안북도 금창리의 지하 시설이 핵무기 개발과 관련 있다는 의혹이 제기되어 북한을 폭격해야 한다는 주장이 다시 제기되었다. 1999년 5월 미국 대표단이 그곳을 사찰하여 의혹을 해소함으로써 북미 관계 개선에 오히려 긍정적인 영향을 미치게 되어, 이는 1999년 9월 북미 베를린합의로 이어졌다. 북한이 미사일 발사 실험을 당분간 중지하는 대신 미국은 북한에 대한 경제 제재를 완화하고 국교정상화를 이룬다는 내용이다.

북한 노동당 창건 55돌 기념일이기도 했던 2000년 10월 10일 미국을 방문한 조명록 제1부위원장이 백악관에서 클린턴과 만나고 있다.

이어서 1999년 10월엔 '페리 보고서'로 불리는 대북정책 제안이 발표되었는데, 그 주요 내용은 한반도의 냉전 체제 종식을 위한 3단계 목표를 포함하고 있다. 1단계 목표는 북한이 미사일 발사를 자제하고, 미국은 북한에 대한 경제 제재를 완화하며 서로 간에 연락사무소를 개설하는 등 관계 개선을 위해 노력한다는 내용이다. 2단계 목표는 북한이 핵무기와 미사일 개발을 중단하고, 미국과 일본은 북한과 수교 협상을 본격화한다는 것이다. 3단계 목표는 북한이 미국 및 일본과 정상적인 관계로 발전하고, 남북한은 실질적인 통합으로 볼 수 있는 남북연합을 이룬다는 것이다.

2000년 10월엔 김정일 국방위원장의 특사로 조명록 국방위원회 부위원장이 워싱턴을 방문해 클린턴 대통령을 포함한 미국 행정부 고위관리들을 만나 북미 공동성명을 발표했다. 두 나라는 한반도에서 긴장을 완화하고 1953년의 정전협정을 공고한 평화체제로 바꾸어 한국전쟁을 공식적으로 종식시키기 위해 4자회담 등 여러 가지 방안을 검토하기로 했다. 이에 따라 2000년 11월 올브라이트 국무부장관이 평양을 방문해 클린턴 대통령의 북한 방문 및 북미 정상회담을 합의했다.

그러나 바로 그달 실시된 대통령선거에서 부시 2세 공화당 후보가 당선되어 클린턴 대통령의 방북을 반대하는 바람에 북미 사이의 관계는 더 진전될 수 없었다. 그는 2001년 1월 취임해 국정연설에서 북한, 이란, 이라크가 '악의 축(Axis of Evil)'을 이루고 있다며 미국의 안전을 위해 필요하다면 무슨 짓이든 하겠노라고 공언했다. 핵무기를 비롯한 대량파괴무기를 가지려는 정권들은 가만두지 않겠다는 것이었다.

2002년 10월 켈리 미국 대통령 특사가 평양을 방문하고 워싱턴에 돌아가 북한이 농축우라늄을 통한 핵개발 프로그램을 시인했다고 발표했다. 북한은 "핵무기를 가질 수 있다"고 말한 것을 미국이 악의적으로 왜곡한다고 주장했지만, 미국은 북한이 핵확산금지조약 및 북미 제네바합의를 위반했다며 핵무기 개발을 무조건 먼저 포기해야 한다고 압박했다. 그리고 2002년 12월 제네바합의에 따라 북한에 해마다 50만 톤씩 제공하던 중유를 더 이상 보내지 않겠다고 선언했다. '제2차 북핵 위기'가 시작된 것이다.

두 나라는 이 문제를 풀기 위한 대화의 자리조차 제대로 만들지 못했다. 미국은 북한이 핵무기를 먼저 포기해야 대화에 나설 수 있다고 주장하고, 북한은 미국이 북한을 침략하지 않겠다는 약속을 먼저 해야 핵무기를 포기할 수 있다고 맞섰다. 또한 미국은 북한이 국제적 합의를 위반했기 때문에 두 나라뿐만 아니라 한반도 주변 국가들도 참여해 협상을 벌여야 한다고 주장한 반면, 북한은 미국이 먼저 제네바합의를 위반하며 북한을 선제공격할 수 있다고 위협해왔기 때문에 핵무기를 개발하려는 것이라며 미국이 북한을 공격하지 않겠다는 보장만 해주면 풀릴 수 있으니 두 나라만 협상하면 된다고 대꾸했다.

북한 핵무기와 6자회담

이런 가운데 중국의 적극적인 중재로 2003년 4월 베이징에서 북한과 미국 그리고 중국 사이에 3자회담이 열렸고, 2003년 8월부터는 남한과 일본 그리고 러시아가 추가된 6자회담이 시작되었다. 지루한 협상 끝에 2005년 9월 드디어 북핵 문제를 풀기 위한 원칙이 정해졌다. '9·19 공동성명'으로 중요한 합의사항을 쉽게 풀어쓰면 다음과 같다. 첫째, 북한은 모든 핵무기와 그와 관련된 계획까지 포기한다. 둘째, 미국은 북한을 공격하거나 침략하지 않는다. 셋째, 미국과 일본은 북한과 국교를 정상화한다. 넷째, 북한을 제외한 5개국은 북한에 에너지를 제공하며 경수로를 지어줄 수 있다. 다섯째, 6개국은 한반도 평화 및 동북아 안정을 위해 노력한다.

그러나 미국은 이 공동성명이 발표된 직후부터 북한 체제 붕괴를 목표로 삼은 듯 북한을 거세게 압박하기 시작했다.

첫째, 2005년 9월 중순 마카오의 한 은행을 '북한 관련 돈 세탁 우선 우려 대상'으로 지정해 북한의 돈줄을 죄기 시작했다.

둘째, 북한의 인권 상황을 비난하며 다양한 경로를 통해 압력을 가했다. 2005년 11월엔 유엔총회에서 북한의 인권 탄압을 비난하는 결의안이 통과되도록 이끌었고, 2005년 12월엔 'UN 세계식량계획'의 인도적 대북 지원조차 모두 끊는 한편, 북한 인권 문제를 제기하는 남한의 시민단체들을 지원했다.

셋째, 군사 외교적 위협까지 가했다. 백악관은 2006년 3월 '국가안보전략'을 발표했는데, 북한과 이란을 포함한 7개국을 지목하며 이들 나라에서의 폭정을 종식시키는 게 미국의 안보전략 목표라고 밝혔다. 대량파괴무기의 확산과 관련해 이란과 북한을 상대로 자위 원칙에 따라 필요하면 선제공격을 할 수 있다고 강조했다. 2006년 3월엔 남한에서 한미 합동군사훈련(RSOI)을 벌였다. 그 기간에 평양에서 남북 장관급 회담이 열릴 예정이라 남한 정부가 시기를 조정해줄 것을 미리 요청했지만, 미국은 이를 거부한 채 남북관계에 지장을 초래할 것을 뻔히 알면서도 군사훈련을 강행한 것이다.

부시 행정부는 초기부터 북한을 고립시키고 경제 제재를 강화하면 북한 체제나 적어도 김정일 정권을 붕괴시킬 수 있으리라 생각하고 줄기차게 강경 정책을 폈다. 그러나 6자회담에서 북한보다 미국이 고립을 당하는 듯한 상황이 만들어지고, 중국과 남한의 대북 지원 때문에 미국의 경제 제재는 성공하기 어려웠다. 아프가니스탄에서는 탈레반 세력이 다시 살아나고, 이라크는 이미 제2의 베트남이 되었다. 이란도 미국의 위협에 맞서 핵무기 개발을 진전시켜왔다. 중동에서는 미국의 분신과 다름없는 이스라엘을 둘러싸고 갈등과 긴장이 그치지 않고, 미국의 뒷마당이랄 수 있는 중남미에서는 베네수엘라를 중심으로 반미주의가 고조되었다. 이런 상황에서 북한은 2006년 10월 2차 핵실험에 성공했고, 미국 안에서는 2006년 11월 중간 선거를 통해 민주당이 상하 양원을 장악하게 되었다. 〈워싱턴 포스트〉가 묘사한 대로 "완고하고 단호하며 절대 양보하지 않는 지도자" 부시 대통령도 대북정책을 바꾸지 않을 수 없게 된 것이다.

2005년 9·19공동성명 이후 약 1년 반이 지난 2007년 2월 베이징에서 열린 6자회담에서 이 공동성명을 이행하기 위한 합의가 이루어졌다. '2·13합의'로 주요 내용은 다음과 같다. 첫째, 북한은 두 달 안에 현존하는 핵시설을 폐쇄하고 봉인하며 국제원자력기구 사찰단을 복귀시킨다. 둘째, 북미 관계정상화를 위한 양자 대화를 개시하며, 미국은 테러 지원국 및 적성국 교역법 대상에서 북한을 제외한다. 셋째, 북일 관계정상화를 위한 대화를 개시한다. 넷째, 이에 맞춰 북한에 중유 5만 톤 상당의 에너지를 지원한다. 여섯째, 북미 관계정상화, 북일 관계정상화, 동북아 평화안보체제 등을 논의하기 위한 5개 실무그룹을 구성한다.

북한은 2008년 6월 영변 원자로의 냉각탑을 폭파했다. 핵시설을 폐쇄한다는 상징적 조치였다. 그러나 북한 핵 폐기를 어떻게 검증할 것인지 그 원칙을 합의하지 못해 2008년 12월의 6자회담이 마지막이 되고 말았다. 이후 북한은 2009년 4월 3차 인공위성 발사 실험을 하고, 5월엔 2차 핵실험을 했으며, 7월엔 "6자회담은 영원히 끝났다"고 선언했다. 나아가 미국에게 북한이 '핵무기 보유국'임을 인정하고 '핵 군축 회담'을 가질 것을 요구해오고 있다.

북한 핵 문제와 미국의 난처함

북한 핵 문제를 풀기 위한 6자회담이 실패하고 나서 앞으로 미국이 취할 수 있는 방안은 다음과 같이 크게 네 가지 가운데 하나일 것이다.

첫째, 북한 핵무기를 무시하며 방관한다. 북한이 핵무기를 가지고 있든 말든, 개발하든 말든 간섭하지 않는다는 말이다. 미국은 무려 10,000개 안팎의 다양한 핵무기를 가지고 있는 터에, 북한이 적으면 1~2개 많아야 10개 안팎을 갖고 있다 한들 미국의 안보에 위협이 되겠는가. 그러나 북한의 핵무기 보유가 인정된다면 핵 물질과 기술을 가진 일본이 핵무기 개발에 나서기 쉬운 게 문제다. 일본이 핵무기를 갖게 되면 미국의 군사적 통제에서 벗어나게 될 텐데, 미국은 이를 받아들이기 곤란할 것이다.

둘째, 북한을 봉쇄하고 제재하며 붕괴로 이끈다. 지금까지 유엔을 통하거나 일본 및 남한을 앞세워 해왔지만, 중국 때문에 효과를 거두기 어려운 게 문제다. 미국을 비롯한 온 세계가 북한을 제재하더라도 중국이 이에 동참하지 않고 북한을 지원하면, 북한이 크게 잘살지는 못해도 체제를 유지할 수는 있을 것이기 때문이다. 중국은 북한의 체제나 지도자들이 마음에 들지 않더라도 중국 자신의 안보를 위해 북한이 붕괴되는 것을 막아야 한다. 1950년 6·25전쟁 때 '미국에 대항해 조선(북한)을 도운[抗美援朝]' 것처럼.

셋째, 북한의 핵시설을 폭격하거나 침공한다. 미국은 제2차 세계대전 이후 지금까지 70~80번 다른 나라들을 폭격하거나 침략했다. 2000년대에 들어와서도 아프가니스탄과 이라크를 침공했다. 그러나 북한과의 전쟁은 쉽지 않을 것이다. 이라크는 미국의 침략에 맞설 만한 군사력이 빈약했지만 북한은 남한이나 일본의 미군기지뿐만 아니라 미국 본토까지 공격할 수 있는 보복 능력을 어느 정도 가지고 있으며, 이라크 주변 국가들은 미국의 침략을 소극적으로 반대하거나 도왔지만 중국과 러시아 등 북한 주변 강대국들은 적극적으로 반대하기 때문이다.

넷째, 협상을 통해 평화적으로 해결한다. 북한이 요구하고 제안해온 대로 불가침조약이나 종전협정 또는 평화협정을 맺거나 국교정상화를 이루며 북한이 핵무기를 포기하도록 하는 것이다. 가장 바람직하지만 쉽지 않은 게 문제다. 주한미군 철수와 연계될 수 있기 때문이다. 주한미군의 존재 이유는 법적으로나 명목적으로는 북한의 남침을 막거나 물리치는 것이지만, 실질적으로는 중국을 견제하거나 봉쇄하는 데 있다. 그런데 북한과 미국 또는 남한 사이에 서로 침략하지 말자거나 한국전쟁을 완전히 끝내고 평화적으로 지내자는 협정이 맺어지면 주한미군이 더 이상 유지되어야 할 명분이 사라지게 되고, 주한미군이 철수되면 미국의 중국 견제나 봉쇄에 구멍이 뚫리게 된다. 점진적으로 쇠퇴하는 미국이 급속도로 떠오르는 중국을 견제하거나 봉쇄하기 위해서는 주한미군을 유지해야 하고, 이를 위해서는 북한을 적대국으로 남겨두어야 하는 것이다. 역설적이게도 '호전적이고 침략적인' 북한이 오래전부터 군비 감축과 평화협정을 줄기차게 요구해도, '자유와 평화를 사랑하는' 미국이 한사코 받아들이지 못하는 배경이다.

이렇듯 미국은 주도적으로 또는 적극적으로 북한 핵 문제를 풀기 어렵다. 무시와 방관, 봉쇄와 제재, 폭격과 전쟁, 협상과 타협 등 어느 하나도 선택하기 쉽지 않은 것이다. 북한 핵 문제가 1990년대 초부터 20여 년 동안 해결되지 못하고 머지않아 풀릴 기미조차 보이지 않는 이유다.

역지사지와 발상의 전환으로

북한은 미국의 군사적 위협이 사라질 때까지 선군정치를 포기하지 않고 주한미군이 철수할 때까지 핵무기를 포기하지 않겠다고 공언해왔다. 미국은 주한미군 철수를 고려하거나 준비하지 않고 있다. 남한 역시 주한미군 철수는커녕 감축조차 두려워하며 한미 공조 강화를 추구한다.

이런 상황에서 나는 남한의 역지사지(易地思之)와 발상(發想)의 전환 없이 북한 핵 문제를 풀 수 없고 한반도 평화를 이룰 수 없다고 단언한다. 처지를 바꿔 새로운 생각을 해보지 않는 한 평화도 통일도 불러오기 어렵다. 핵무기를 포기하면 잘살게 해주겠다는 식의 대북정책은 기저귀가 젖어 우는 아이에게 젖 줄 테니 울지 말라고 다그치는 것과 같지 않은가.

남한에 미제 핵무기가 적어도 1,000개 안팎 배치되어 있던 1980년대 중반 재야인사들과 대학생들을 중심으로 '반전 반핵 운동'이 전개되었다. 전쟁을 반대하고 핵무기를 반대한다는 지극히 당연한 주장을 정부는 무자비하게 탄압하고 언론은 거세게 비난하며 '종북'으로 매도했다. "이러한 주장들이 고스란히 북괴의 최근 대남 모략선전과 정치선동의 내용들과 일치하고 있다"면서 "북괴의 구호를 대변해서" 외친다고.

북한이 핵무기를 단 한 개도 갖지 못하고 소련이나 중국의 핵우산도 받고 있지 않을 때, 남한은 미군과 함께 '무려' 1,000개 안팎의 핵무기를 갖고 있으면서 "살아남기 위해" 핵무기를 포기할 수 없다고 강변했다. 그러면 미국의 폭격이나 침략 위협에 맞서 '기껏' 10개 안팎의 핵무기를 만든 북한 역시 "살아남기 위해" 핵무기를 포기할 수 없지 않을까. 더구나 미국에 맞서던 소련은 해체되고 중국은 남한과도 손잡고 있으며, 주한미군은 유지되고 핵무기를 가득 실은 미군 잠수함은 한반도 주변 해역을 자유롭게 드나들고 있는 터에.

한편, 여론조사 결과를 보면 남한 국민 다수는 주한미군 철수를 원한다. 문제는 '지금'이 아니라 '나중'이다. 그 나중은 아마 북한 핵문제가 풀리고 한반도가 안정될 때일 것이다. 핵무기는 주한미군 철수 이전에 폐기되기 어렵고, 주한미군은 핵무기 폐기 전에 철수되기 어렵다는 뜻이다. 닭이 먼저냐 달걀이 먼저냐는 식으로.

나는 주한미군이 지금 당장 떠나도 남한 안보에 문제없다고 생각한다. 남한이 1970년대 중반부터 북한보다 군사비를 더 쓰기 시작해 30년 이상 두 배 내지 열 배 정도 많이 지출해왔는데도 아직까지 남한 군사력이 북한보다 열세라면, 군 지도자들은 무능 또는 공금 횡령으로 처벌받아야 하지 않을까. 그러나 미군이 철수를 계획하지도 않고 남한 정서가 원하지도 않기 때문에 당분간 유지할 수밖에 없을 것이다. 그 대신 북한에 핵무기를 먼저 폐기하라고 주장하는 것은 비합리적이다. 주한미군 유지와 한미동맹 강화를 추구하면서 핵무기를 폐기하라는 게 설득력이 있는가.

주한미군과 북한 핵무기가 공존하는 가운데서도 불가침조약이든, 종전협정이나 평화협정이든, 국교정상화든 얼마든지 추진할 수 있을 것이다. 따라서 나는 북한 핵 문제를 두 단계로 해결할 것을 제안한다. 1단계로 북한은 지금까지 만들어놓은 핵무기는 유지하되 더 이상 개발하지 않고 핵 기술이나 물질을 확산시키지 않는 대신, 미국은 주한미군을 유지하며 남한에 핵우산을 제공한다. 그러면서 한국전쟁을 법적으로도 끝내는 종전협정이나 평화협정을 맺고 북한과 미국이 국교를 정상화한다. 한반도가 안정되고 남북 사이와 북미 사이에 신뢰가 쌓이면 2단계로 북한은 핵무기를 폐기하고, 남북은 군사력을 비슷하게 맞추며, 미국은 주한미군을 철수한다.

이런 상황에서도 미국이 중국을 봉쇄하고 견제하기 위해 주한미군 철수를 꺼려한다면, 한반도에 대한 미국과 중국의 영향력을 비슷하게 제한할 수 있도록 한반도 중립화를 추구해볼 수 있다. 과거 미국이 주한미군 철수를 고려할 때 그랬듯이. 문제는 남한이 얼마나 자주성을 가질 수 있느냐다. 그리고 해답은 역지사지와 발상의 전환이다.

10

북방한계선과 서해교전:
'천안함'과 '연평도'는 남한의 자극 때문

2014년 6월 23일 이석기 의원의 '내란 음모' 관련 항소심에서 증언한 직후, 〈경향신문〉은 "이석기 내란 음모 시기, 북의 전쟁 위협 없었다"는 제목으로 보도했다. 내 증언의 핵심 내용이었다. 그러나 〈조선일보〉는 "천안함·연평도 사건, 南이 北 자극해 일어났다"는 제목으로 기사를 내보냈고, 〈중앙일보〉와 〈동아일보〉 역시 "천안함·연평도, 南이 자극"이라는 제목의 기사를 실었다. 이에 새누리당 사무총장이 "참으로 충격적"이라고 개탄했다는 것까지 보도되는 바람에 "이재봉의 법정 증언"을 연재하기 시작했는데, 이제 두 사건에 관해 자세히 밝힐 차례가 되었다.

나는 법정 증언을 꽤 즐기는 편이다. 변호사들이 먼저 신문(訊問)하면 검사들이 증언의 효력을 떨어뜨리기 위해 반대신문(反對訊問)을 하기 마련이고, 가끔 판사들이 사실 확인이나 보충을 위해 신문하기도 한다. 변호사 신문은 속된 말로 '짜고 치는 고스톱'이라 사전 준비에 따라 열강을 펼치면 된다. 그러나 검사와 판사의 신문은 예상치 못한 질문에 즉각 대답해야 하기 때문에 조금 긴장하지 않을 수 없다.

그런데 내가 여기저기 신문이나 잡지에 10여 년 전에 쓴 글까지 인터넷을 뒤져 찾아와 그때의 의견과 지금의 주장에 관해 차이나 모순이 없는지 날카롭게 캐물으며 날 긴장하게 만드는 성실하고 논리적인 검사들이 더러 있다. 그러나 말도 되지 않는 질문을 던지며 억지를 부리는 한심한 검사들이 더 많다. '교수님' 대신 '증인'이라고 부르는 것을 양해해달라거나, '증인' 대신 '교수님'이라는 호칭을 쓰는 순진한 검사들도 있고, 이전의 다른 재판에서도 만난 구면의 검사들도 있다.

2012년 3월 수원 지방법원. 검사가 천안함 사건을 예로 들며 북한의 도발과 호전성을 강조하는 질문을 던졌다. 기다렸다는 듯 즉각 다음과 같이 답했다.

"천안함 사건에 관해 정부 발표와 다른 의견이나 주장은 법으로 통제하는 이명박 정부의 말을 저는 조금도 믿지 않지만, 당시 정황상 북한의 소행이라고 생각합니다. 그런데 남한 사회에서는 천안함 사건이 북한에 의한 것이냐 아니냐는 논쟁만 일고 있는데, 더 중요한 것은 왜 이러한 불행한 사건이 터졌는지 그 원인과 배경을 찾아보는 것이요, 더 더욱 중요한 것은 어떻게 해야 이러한 불행한 사건이 재발되지 않을지 근본적 예방책을 마련하는 것 아닐까요? 노무현 대통령과 김정일 위원장은 2007년 10월 정상회담을 통해 북방한계선(NLL) 근처 서해 분쟁지역에 협상을 통해 경계선을 확정지을 때까지 남북 어부들의 공동어장을 포함한 평화수역을 설정하자고 합의했습니다. 그러나 이러한 정상 간의 합의마저 일방적으로 깨뜨리고 북방한계선에서 한 치도 물러설 수 없다며 군사훈련을 실시한 쪽이 남한입니다. 검사님은 북한이 동해에서든 서해에서든 중국이나 러시아를 끌어들여 합동군사훈련을 실시한다는 얘기를 한 번이라도 들어본 적 있어요? 우리 남한은 남북이 서로 자신의 영해라고 주장함으로써 갈등과 긴장이 가시지 않는 북방한계선 주변에 해마다 몇 차례 미군을 불러들여 합동군사훈련을 벌이지 않습니까? 천안함 침몰은 그토록 민감한 서해 분쟁지역에서 북한의 반대와 반발을 무시하고 남한과 미국이 합동군사훈련을 벌이다 터진 사건이지요."

검사의 반응이 재미있었다. 내가 과거 〈한겨레신문〉 등에 썼던 글을 몇 편 읽었다면서 나에게 한국 국민이냐고 물었다. 그렇다는 대답에, 그러면 한국 편을 들어야 할 것 아니냐고 했다. 성실성과 억지스러움을 겸비한 검사에게 다음과 같이 대꾸했다. "정부가 잘못하거나 정책이 바람직하지 않으면 올바르고 바람직한 방향으로 나아가도록 비판하는 게 지식인의 진정한 역할이지, 한국 국민이라고 정부가 잘하든 못하든 무턱대고 그 편을 들어야 한다는 게 말이 됩니까?"

머쓱해하며 아무 말 못 하는 것을 보니 순진함도 조금 지닌 것 같았다. 그러나 그토록 어이없이 허술한 논리를 갖고 통일운동가들을 국가보안법 위반으로 기소하고 구속시키나 싶어 실소와 분노를 참기 어려웠다.

그로부터 꼭 일주일 뒤 용산 고등군사법원 증인석에 앉았다. 변호사 신문이 끝나자 이제 갓 부임했는지 젊다기보다 어려 보이는 검사가 꼬박꼬박 '교수님'이라 부르며 반대신문을 했다. 끝나자 좀 허술하다고 생각했는지 배석판사가 몇 가지 질문을 던졌다. 그 신문역시 싱겁다고 여겼는지 주심판사까지 달려들었다. "저도 공부 좀 해보겠습니다"며 민중민주주의와 인민민주주의의 차이, 주체사상과 선군정치, 연방제통일 등에 관해 질문 공세를 폈다. 처음엔 조금 긴장했지만 나중엔 그런 것조차 모르면서 재판장을 맡았느냐는 생각이 들었다.

군사법원의 재판장인 탓인지 천안함 사건에 관한 나의 '친북적' 발언엔 쉽게 물러서지 않았다. 얼마 전 북한에서 이명박 대통령의 얼굴을 표적판으로 삼아 사격훈련을 하는 뉴스를 보았다며 북한군부의 호전성에 대해서는 어떻게 생각하느냐고 물었다. "판사님은 그 뉴스를 보기 전에 남한의 한 군부대에서 '때려잡자 김정일, 쳐죽이자 김정은'이라는 구호를 내걸었다는 뉴스는 듣지 못하셨습니까? 남쪽에서 북쪽 통치자를 먼저 욕먹이니 그에 대한 대응으로 북쪽에서 남쪽 통치자를 욕보인 것 아니겠어요? 천안함 사건이든 이명박 대통령 표적 사격이든 남한이 자극해서 벌어진 사건이지요."

그제야 말꼬리를 흐리며 질문을 바꾸었다. 처음엔 꽤 학구적이라 생각했지만 토론해보니 꽉 막힌 재판장이었다. 법정을 빠져나올 때 허탈감을 달래기 어려웠다. 검사든 판사든 남의 목숨을 다루는 사람들이 뜨거운 가슴이야 지니지 못하더라도 사법고시에 붙을 만한 똑똑한 머리를 가졌으면 적어도 자신들이 다룰 사건과 관련해서는 좀 더 깊이 공부하고 좀 더 넓게 생각할 수 없을까 하는 아쉬움 때문에.

천안함 침몰과 연평도 포격 등 불행한 사건들의 원인 규명과 대책 마련을 위해서는 가장 먼저 북방한계선(NLL)부터 제대로 알아야 한다. 아직도 노무현 대통령이 북한에 일방적으로 양보하며 영해를 팔아먹었다는 등 왜곡과 억지를 일삼는 정치인들과 언론인들이 많은데, 천벌을 받을 사람들이다.

갈등과 분쟁의 근원, 북방한계선의 배경과 의미

　북방한계선은 이름 그대로 북녘 방향으로 한계를 정해놓은 통제선이다. 1953년 7월 휴전협정 전후에 이를 반대하며 무력 북진통일을 주장하던 이승만 정부의 해상 도발 및 북한 침략을 막기 위해 미군이 1953년 8월 일방적으로 그은 것이다. 남한 배가 북쪽으로 올라가지 못하도록 그은 통제선이지, 북한 배가 남쪽으로 내려오지 못하게 만든 방어선이 아니란 말이다. 휴전선이 육지에서는 그어졌지만 바다에서는 그어지지 않은 상황에서, 해상을 통한 남한군의 북한 침략을 저지하려고 설정한 것이기에 북한과 협상할 필요가 없었다. 당연히 국제법적 근거도 없고, 휴전선도 아니며, 영토나 영해 개념의 해상경계선도 아니다.

　1951년부터 휴전에 반대하며 북진통일을 주장하는 '호전적인' 이승만 대통령을 미국은 아주 '골칫거리'로 여겼다. 오죽하면 휴전협상 중에는 말할 것도 없고 1950년대 중반까지 그를 감금하거나 몰아내고 새로운 지도자를 내세우려는 작전을 두어 번이나 구상했겠는가. 이 무렵 북한보다 훨씬 강한 군사력을 가졌던 남한은 휴전협정을 무효화하기 위해 북한에 도발을 일삼으며 특히 개성과 옹진 지역을 되찾으려 애썼다. 이에 미국은 만약 북한이 다시 침략하면 참전해 격퇴하겠지만, 남한이 먼저 침공해 전쟁이 재발한다면 개입하지 않을 것이라고 경고했다. 북방한계선을 그은 배경이다.

이러한 배경과 의미를 지닌 북방한계선이 세월이 흐르면서 마치 해상분계선처럼 되었다. 남한군의 북진을 통제하기 위해 그어진 선이 북한군의 남하를 저지하기 위해 설정된 것처럼 성격이 바뀐 셈이다.

한편, 북한은 북방한계선이 해주항을 비롯한 황해남도 연해를 봉쇄하고 있어서, 북쪽 영해를 침범하고 있는 것을 인정하지 못하겠다며 1950년대 후반부터 종종 '월선'해왔다. 그리고 1999년 9월 서해에 12해리 영해 폭을 규정한 유엔해양법을 바탕으로 '해상경계선'을 설정했다. 1982년 채택되고 1994년 발효된 유엔해양법엔 "모든 국가는 이 협약에 따라 결정된 기선으로부터 12해리를 넘지 않는 범위에서 영해의 폭을 설정할 권리를 가진다"고 명시되어 있다. 따라서 남쪽의 인천이나 강화도에서는 한참 떨어져 있지만 북쪽의 용연반도와 옹진반도와는 거기에 딸린 섬처럼 가까운 백령도와 연평도 등 서해 5도는 북한 영해에 들어가게 된다.

북한은 북방한계선이 북쪽 영해를 침범한다며 가끔 이 선을 넘어오고, 남한은 북한이 영해를 '침범'한다며 무력으로 저지해왔으니, 1990년대 말부터 일어나고 있는 서해 분쟁은 이런 배경과 원인에서 비롯된 것이다.

이와 관련하여, 북방한계선을 그은 당사자인 미국은 1970년대부터 이 경계선이 "국제법과 미국 정부의 해양법에 반하는 것"이라

백령도
대청도
소청도
옹도
등산곶
연평도
우도
제1수로
제2수로
북방한계선(NLL)
굴업도
북한의 해상경계선

미군에 의해 일방적으로 그어진 북방한계선(NLL)과 북한이 주장하는 해상
경계선.

고 공언해왔지만, 1990년대부터 분쟁이 일어나자 "남북한이 논의해
서 결정할 문제"라고 중립적 입장을 표명했다. 새누리당의 원조 격
인 노태우 정부는 1992년 9월 남북이 현재의 관할 구역을 존중하되
"해상 불가침 경계선은 앞으로 계속 협의한다"고 북한과 합의했다.
김영삼 정부의 이양호 국방부장관은 1996년 7월 국회에서 북방한계
선이 남한 배가 북쪽으로 넘어가는 것을 막기 위해 '임의로 설정한
한계선'이기 때문에 "북한 함정이 NLL을 넘어와도 정전협정 위반이
아니며 문제가 안 된다"고 공개적으로 증언했다. 북한에 적대적인
극우 신문의 대표 〈조선일보〉조차 1996년 7월 이 장관의 말이 맞다

고 제대로 지적하며, "바다의 경우는 남북 간에 의견이 엇갈려 지금까지 정해진 경계선이 없다"고 주장했다. 〈동아일보〉는 1999년 6월 "NLL 이남은 우리 영해가 아니다"고 더 똑 부러지게 밝혔다. 북방한계선에 문제가 많다는 사실을 미국과 남한의 보수 정부 그리고 극우 언론까지 분명히 인정했던 것이다.

세 번의 서해교전, 그리고 천안함 침몰과 연평도 포격

북방한계선을 중심으로 북한의 월선과 남한의 저지는 무력충돌로 이어졌다. 1999년 6월 연평도 인근 해역에서 일어난 1차 서해교전에서는 북한 어뢰정 1척이 침몰되고 경비정 5척이 파손되어 50~60명이 죽거나 다친 것으로 추정되었다. 교전에서 이겼다고 마치 축제 같은 분위기가 만들어지는 가운데 해군은 주요 일간지에 대문짝만 한 광고를 실어 온 국민을 상대로 "민과 군이 함께 애창할 수 있는 승전가"를 현상 공모하기도 했다.

2002년 6월 다시 연평도 근해에서 발생한 2차 서해교전에서는 북한의 보복 기습으로 남한 고속정 1척이 침몰되어 군인 6명이 죽었다. 당연히 초상집 분위기가 조성되면서 북한을 응징해야 한다는 주장이 많이 나왔다. 그러나 1999년 참패한 북한이 2002년 보복을 준비하는 과정을 남한 군부는 미리 알고 있었지만 제대로 대비하지 못했다고 알려졌다.

2009년 11월 대청도 인근에서 발생한 3차 서해교전에서는 북한 경비정 1척이 절반 정도 부서져 도망치듯 돌아갔다. 북한 경비정에 즉각 발포한 남한 군인들은 영웅 대접을 받았고, 북한은 앞으로 반드시 보복하겠노라고 공언했다고 보도되었다.

2010년 3월엔 백령도 근해에서 미군과 합동군사훈련을 하던 천안함이 침몰해 군인 40~50명이 죽었다. 북한의 어뢰 공격으로 침몰당했다는 남한 정부의 발표를 믿지 못하겠다는 사람들이 국내외에 많은데, 나는 4개월 전의 3차 교전에서 패배한 북한이 공언했던 대로 보복한 것으로 생각한다. 이 사건을 4차 서해교전으로 부르고 싶은 이유다.

2010년 11월엔 연평도 근처에서 사격훈련을 하다가 북한의 포격으로 2명의 민간인까지 죽게 되는 참상이 빚어졌다. 5차 서해교전이랄까. 여기엔 기막힌 사연이 있다. 김종대 군사문제 전문가가 장성 35명의 증언으로 재구성해 2013년 펴낸 『시크릿 파일: 서해전쟁』에 실린 내용이다. 2010년 3월 천안함이 침몰하자 국방부는 북한을 압박하기 위해 6월 중 미국 항공모함을 서해로 불러들여 한미연합훈련을 하겠다고 발표했다. 한 번 출동 준비하는 데만 1억 달러 이상이 든다는 항공모함 파견에 대해 미국은 거절하고 한국은 매달리는 실랑이가 벌어졌다. 한국의 끈질긴 요청에 미국이 겨우 응해 9월에 항공모함이 들어오기로 했다. 이에 중국이 반발하자 이명박 정부는 미국에 다시 요청해 10월로 연기했다. 그리고 11월 중순 서울에서 열릴 G20 정상회의에 지장을 초래할까 봐 또 연기했다. 미국의 항의를 받고 신의를 저버리면서까지. 이런 우여곡절 끝에 합참은 11월 23일 연평도 근해에서 사격훈련을 하겠다고 발표했다. 북한이 격렬하게 반발하며 하루 전날 "귀측이 사격하려는 곳은 경계선이 획정되지 않은 곳이니 사격훈련을 중지하라. 불응하면 군사적으로 대응하겠다"는 경고를 보내왔다. 다음 날 훈련 당일 아침에도 "전쟁연습을 즉각 중단하라"고 통보했다. 합참의장이 북한의 반발을 의식해 해병 연평부대에 "만반의 대비를 갖추라"고 지시했다. 그리고 북한과 가장 가까워 가장 충돌하기 쉬운 섬에서 북한 땅 앞으로 벌컨포 사격을 시작했다. 북한 쪽에서 탄약차량이 움직이는 등 심상치 않은 움직임이 나타나기 시작하자 합참 정보참모부는 북한의 '화력도발 가능성'을 긴급 보고했다. 그럼에도 불구하고 나중엔 자주포 사격을 추가했다. 북한이 기다렸다는 듯 무차별 포격을 시작했고 연평도가 불탔다. 연평부대는 북한 포탄이 어디서 날아오는지도 모르고 엉뚱한 섬에다 대응사격을 했고, 이 사건을 보고받은 청와대는 벙커에서 상황을 점검하며 우리 군이 "왜 연평도에서 사격훈련을 했는지" 따지고 있었다.

민감한 분쟁지역에서 아무런 대비 없이 사격훈련을 강행한 남한 군부, 사전 경고에 이어 무차별 포격을 실시한 북한 군부, 2013년 11월 한 시국미사에서 거칠게나마 연평도 포격의 원인을 짚어준

'종북주의자' 박창신 신부, 이 가운데 누가 비판이나 벌을 받아야 할지 잘 따져보기 바란다.

2007년 10월 남북정상회담과 이명박 대통령의 합의 폐기

나는 2004년 5월 처음으로 백령도를 방문했다. 1999년 8월 1차 서해교전에서 북녘 젊은이들 수십 명이 물에 빠져 죽고 2002년 6월 2차 서해교전에선 남쪽 젊은이들 6명이 목숨을 잃은 참극이 벌어진 북방한계선(NLL) 주변 지역을 꼭 둘러보고 싶던 차에 국가정보원의 1박2일 안보견학 프로그램에 참가했던 것이다.

백령도 해병대 초소에 올라보니 중국 산둥반도 쪽으로 시커멓게 보이는 물체들이 쭉 늘어서 있었다. 중국 어선 수백 척이 떼 지어 있는 것이라고 했다. 낮에는 중국 쪽 공해상에 머무르다 저녁이 되면 한반도 영해로 넘어와 북방한계선 주위에서 고기를 잡는단다. 군사적으로 매우 민감한 지역이라 남북의 어선들은 물론 경비정도 조심스럽게 다닐 수밖에 없지만, 중국 어선들은 마음껏 휘젓고 다닌다고 했다. 북쪽에서 경비정이 내려오면 남쪽으로 피하고 남쪽에서 경비정이 올라가면 북쪽으로 피하면서 북방한계선 주위의 황금어장을 지그재그로 싹쓸이해버린다는 것이었다. 한편으로는 북방한계선 주변에서 남북의 군인들이 번갈아 애꿎게 죽어가고 다른 한편으로는 한반도 영해에서 남북의 어부들이 중국 사람들에게 고기를 빼앗기는 비통한 현실에 기가 막혔다.

바로 며칠 뒤 베이징에서 북한 고위 관리를 만나 백령도에서 보았던 안타까운 사연을 들려주었다. 서해에서 남북이 갈등과 긴장을 풀지 못하고 있어 양쪽 어선들은 얼씬거리지도 못하는데 중국 어선들이 불법으로 어부지리를 챙기는 게 통탄스럽지 않느냐고 물으면서. 남북 당국이 이에 관해 건설적이고 창의적으로 협상을 벌여 남쪽이 고집하는 북방한계선과 북녘이 설정한 해상경계선 사이에 남북 어민들이 사이좋게 고기와 꽃게를 잡을 수 있는 공동어장을 만드는 게 바람직하지 않겠느냐는 제안을 덧붙였다. 그 역시 안타까워하며 평양에 돌아가자마자 꼭 상부에 보고하여 바람직한 조치가 나올 수 있도록 하겠다고 약속했다. 4개월 후 2004년 9월 다시 만난 그 북한 관리는 서해에서의 공동어장에 관한 나의 제안을 '위대한 장군님'께 보고 드렸다면서 곧 좋은 해결책이 나올 것이라고 알려주었다.

2006년 8월 역시 국정원 초청으로 백령도를 다시 방문했다. 중국 어선들이 이전처럼 많이 보이지 않았다. 안내를 맡은 해병대 장교에게 이유를 묻자 남북 당국의 단속이 심해진 탓도 있고 꽃게 씨가 말라버린 탓도 있을 것이라고 답했다. 그러나 중국 어선들이 한반도 영해에 불법으로 들어와 고기와 꽃게를 잡는 것을 남북 어민들은 지켜보고만 있어야 하는 어처구니없는 현실은 여전히 계속되고 있었다.

2007년 10월 노무현 대통령이 김정일 국방위원장과 정상회담을 갖고 돌아와 결과를 보고하면서 회담의 가장 큰 성과로 '서해 평화협력 특별지대'를 만들기로 합의한 것을 꼽았다. 남북 사이에 무력충돌이 일어나는 등 갈등과 긴장 그리고 분쟁이 사라지지 않는 서해에 공동어로구역과 평화수역을 설정한다는 것이었다. 그가 평양으로 떠날 때까지는 임기 말에 불쑥 정상회담을 갖는다는 게 너무 전략적인 듯해 조금 찜찜했지만, 성과에 대해서는 흥분하다시피 환영하지 않을 수 없었다. 남북 사이의 화해와 협력 그리고 상생과 평화에 관해 오랫동안 품어온 소망이 금세 이루어질 것 같았기 때문이다. 북방한계선의 본질을 정확하게 파악하여, 남북 젊은이들이 대치하며 애꿎게 목숨을 잃고 어부들은 고기를 제대로 잡지 못하는 비극적 상황에서 물러나, 군인들은 서로 물러나 무력충돌을 피하고 어부들이 자유롭게 고기를 잡을 수 있도록 하자는 것이었으니 얼마나 바람직한가.

그러나 2008년 2월 이명박 대통령이 취임하면서 '서해 평화협력 특별지대'는 물거품이 돼버렸다. 그와 한나라당 그리고 군부와 극우수구 세력은 북방한계선에서 한 치도 물러설 수 없다며 노무현 대통령을 비난하고 남북 사이의 합의사항을 인정하지 않겠다고 선언했다. 그토록 실용적이고 평화적인 합의조차, 더구나 정상 간의 합의임에도 불구하고, 일방적으로 폐기해버린 것이다.

만약 2007년 10월의 남북정상회담 합의사항을 인정하여 서해에 평화협력지대를 만들었다면, 2009년 11월 3차 교전이 일어났겠는가. 2010년 3월 천안함이 밤늦게까지 항해하다 침몰 당하는 비극이 빚어졌겠는가. 2010년 11월 북한의 극심한 반발과 위협에도 사격훈련을 하다 민간인까지 죽은 참극이 벌어졌겠는가.

평화적 해결 방안

남쪽에서는 죽어도 북방한계선을 지켜야 한다고 주장하고 북쪽은 기어코 자신의 영해를 찾아야겠다고 고집하는 한, 갈등과 긴장은 사라질 수 없고 무력충돌은 일어날 수밖에 없으며, 남북의 젊은이들은 번갈아가며 개죽음을 당할 수밖에 없다. 서해에서 분쟁의 씨앗을 근원적으로 제거하기 위한 방안을 찾아야 하는 이유다. 여기서 중요한 것은 북방한계선이 영토선이라 한 치도 물러설 수 없다며 갈등과 분쟁을 지속할지, 아니면 이 선의 문제점을 인정하고 다시 협상하며 상생과 평화를 추구할지 선택하는 것이다.

참고로, 이와 비슷한 영토 분쟁을 평화적으로 해결한 사례를 소개한다. 나라 밖으로 눈을 돌려보면 영토 분쟁을 해결하기 위해 '국경을 초월하는 평화공원(transfrontier park for peace)'을 만든 경우가 적지 않다. 대표적 사례를 두 가지만 든다. 첫째, 유럽의 폴란드와 체코슬로바키아(지금은 슬로바키아)는 1924년 제1차 세계대전에 따른 영토 분쟁을 해결하기 위해 접경 지역을 서로의 자연보호 구역으로 설정했다. 둘째, 남미의 에콰도르와 페루는 1820년대부터 1990년대까지 무려 170년 동안 영토를 둘러싸고 몇 차례 전쟁을 치렀는데, 국경 분쟁을 근본적으로 해결하기 위해 1999년 서로 자신의 영토라고 주장해온 분쟁 지역을 두 개의 국립공원으로 만들어 비무장 평화지대로 만들었다.

이 사례들을 거울삼아 북방한계선을 피 흘려 지켜왔다며 경비를 강화하고 갈등과 분쟁의 씨앗을 키우는 것과 북한에 조금 양보하더라도 협상과 조정을 통해 긴장을 낮추는 것 가운데 어느 쪽이 더 효과적이고 바람직한 안보인지 생각해보자. 그리고 북방한계선을 철통같이 지키기 위해 주변 해역에 남쪽의 어선들까지 얼씬도 못 하게 하면서 중국 어선들에게 황금어장을 내주는 것과 분쟁 수역을 남북공동 어로구역으로 만들어 양쪽 어민들이 자유롭게 고기를 잡을 수 있도록 해주는 것 가운데 어느 쪽이 실리적인 안보인지 따져보자.

남한이 군장비를 현대화하고 서해 5도를 요새화하며 미국의 핵항공모함을 참여시켜 한미 연합군사훈련을 실시한다고 북한의 북방한계선 침범과 도발이 사라질까? 우리가 민방공훈련을 강화하며 대피소 시설을 보강한다고 민간인 피해를 막을 수 있을까? 연평도 주민들을 피난시켜놓은 채 서해 5도 어부들뿐만 아니라 동해 어부들에게도 어업을 중단시키고, 육지의 접경 지역 주민들과 개성공단 사업자들을 통제하며 많은 국민을 불안에 떨게 하는 가운데 사격훈련을 강행하는 게 무슨 의미가 있고 어떤 실익이 있을까? 무역으로 먹고 살게 된 남한과 중국의 교역량이 남한과 미국 및 일본과의 교역량을 합친 것보다 더 많아진 터에 중국과 러시아의 반대를 무시하면서 미국에 의존하고 일본의 지지를 받아 군사훈련을 실시하는 게 얼마나 국익과 안보에 도움이 될까? 천안함 침몰과 연평도 포격 희생자들 가운데 대통령이나 장관, 국회의원이나 군 지휘관, 재벌이나 언론사주 등 힘세고 돈 많은 사람들의 자식이 단 한 명이라도 끼어 있었는가? 북한을 자극하며 도발과 무력충돌을 부추기는 정치인들과 언론인들 대부분이 군대에 다녀오지 않았을 텐데 그들의 아들이나 손자들이 전방에 있어도 '북방한계선 사수'와 '전쟁 불사'를 외칠까?

남북이 서로 자신의 영해라고 주장하는 북방한계선 남쪽 해역과 해상경계선 북쪽 해역 사이의 분쟁구역을 비무장 평화구역으로 설정하여 공동어장으로 만드는 것이야말로 서해에서의 갈등과 긴장 그리고 도발과 충돌을 근본적으로 막을 수 있는 훌륭한 안보 대책이요, 실용적 해결 방안이라고 거듭 강조한다. 남북 양쪽 지도자들의 합리적 선택과 한반도의 평화를 간절하게 염원하며.

11

북한 붕괴:
가능성도 낮고 바람직하지도 않다

　1994년 8월 유학을 마치고 9월부터 경상도의 한 대학에서 시간 강사로 일하게 되었다. 처음 맡은 과목은 〈북한 사회의 이해〉라는 교양강좌. 담당 강사가 있었는데 수강 신청자가 넘쳐 학급을 둘로 나누는 바람에 한 강좌가 나에게 주어진 것이었다. 수강 신청이 폭주한 배경은 7월의 김일성 사망. 북한을 50년간 통치해온 그가 죽었으니 머지않아 북한이 무너질 텐데 통일에 대비해 북한을 공부하자는 것이었다.

　미국 유학 10년 동안 미국 정치와 국제관계 등의 분야를 주로 공부하면서 한미관계에 대해 학위논문을 쓴 터라, 북한 관련 수업을 맡기 어렵다고 주임교수에게 말했더니 그의 반응이 재미있었다. "한국인이 정치학을 전공하면 북한 연구는 기본이지요." 한국인 정치학자의 기본을 갖추면서 먹고살기 위해 북한 강의를 담당하게 되었다.

수업 첫날 설렘과 긴장을 달래며 200여 명의 학생들 앞에 섰다. 먼저 담당 강사가 바뀐 점에 대해 양해를 구했다. "대타(代打)가 홈런 친다"는 한 학생의 격려에 "홈런은 못 치더라도 안타는 날리겠다"고 대꾸했다. 그리고 북한에 관한 무식함을 솔직하게 털어놓으며 강의 준비에 최선을 다하겠노라 다짐했다. 도서관과 서점을 뒤져 북한 관련 책을 싹쓸이하다시피 구해 밤을 밝히며 읽어나갔다. 다음 학기엔 내 이름으로 개설된 강좌에도 수백 명이 몰렸다. 내 강의가 좋아서가 아니라 김일성 사망과 북한 붕괴 가능성이 북한 공부에 대한 특수(特需)를 불러온 것이다.

1996년 3월부터 원광대학교에 교수로 자리 잡으면서도 〈북한 사회의 이해〉라는 교양강좌를 맡게 되었다. 고참 교수로부터 물려받은 과목인데 여기서도 수강생이 넘쳐 다음 학기엔 강좌 수도 늘리고 야간강좌까지 개설했다. 1995~96년부터 널리 알려지기 시작한 북한 식량난 때문에 곧 폭동이 일어나 체제가 붕괴될 것이라는 전망이 나오면서 북한에 대한 관심이 커진 덕분이었다.

그 무렵 북한 전문가들은 여기저기서 북한이 곧 붕괴될 것이라고 주장했다. 1996년의 한 정치학회에서는 "북한이 지금 붕괴되고 있는 중"이라며 "빠르면 3년 늦어도 10년 안에 남쪽에 의한 흡수통일이 이루어질 것"이라는 확신에 찬 발표가 나왔다. 통일부 산하 민족통일연구원은 1996년 펴낸 『북한 사회주의체제의 위기수준 평가 및 내구력 전망』이라는 연구보고서에서, 2001~2008년 사이에 북한

체제가 무너질 것이라고 예상했다. 북한이 국제적으로 도덕성을 인정받지 못하고, 국제적인 경제협력 관계가 미약하며, 식량과 유류 등 안보자원을 원활하게 확보하지 못하고 있다는 점 등을 붕괴 요인으로 들면서.

1997년 2월 황장엽 조선로동당 비서가 북한을 탈출하자 '북한 붕괴론'은 절정을 이루었다. 그해 대통령선거를 앞두고 대부분의 신문과 방송에서는 당선자가 첫 통일대통령이 될 가능성이 매우 크다는 전망을 쏟아냈고, 후보자 토론회에서는 "북한이 붕괴되어 통일되면 북한 지도자들을 어떻게 처리할 것이냐"는 질문이 빠지지 않았다.

그러나 난 북한 붕괴가 가능성도 낮고 바람직하지도 않다는 주장을 펼치기 시작했다. 하룻강아지 범 무서운 줄 모르듯, 북한에 대해 겨우 2~3년 공부한 초보자가 전문가들에게 대드는 꼴이었다. 북한 관련 학회엔 중앙정보부 후신이요 국가정보원 전신인 안전기획부 요원들이 가끔 참석해 나더러 학생운동권 출신이냐고 물으며 왜 그렇게 친북적인 내용의 논문을 발표하는지 시비를 걸기도 했다. 어느 날 수업 시간엔 한 여학생이 걱정스레 물었다. "교수님, 학계나 언론계 모두 북한이 곧 붕괴될 것이라고 주장하는데 교수님만 아니라고 하시는 것 같습니다. 만약 붕괴되면 어쩌려고 그러세요?" "그럼 교수 그만둬야죠." 그렇게 객기를 부린 지 20년 가까이 흘렀는데 아직 가난한 친북학자의 밥줄이 끊어지지 않고 있다. 그 대답 때문에 정년퇴임 전에 옷 벗을 것 같지도 않다.

1998년 10월 북한을 방문해 일주일간 이곳저곳 돌아다니며 험한 꼴을 많이 보았다. "북한 경제가 바닥을 쳤다"는 말이 나돌 만큼 몹시 어려운 때였다. 추석날조차 평양 시내를 거니는 사람들의 행색이 너무 초라했다. 황해북도 사리원의 한 육아원에선 방마다 그야말로 산송장처럼 피골이 상접한 아이들이 누워 있었다. 평양을 떠나며 심각하게 고민해보았다. 북한 붕괴는 가능성도 낮고 바람직하지도 않다고 주장해왔는데, 이렇게 기본적으로 먹고살기조차 힘들다면 차라리 무너지는 게 좋지 않을까. 남쪽 사람들 눈칫밥이라도 얻어먹으며 살아남는 게 굶어 죽는 것보다 낫지 않겠느냐는 생각이 들었던 것이다. 남쪽에 돌아온 뒤에도 북한 붕괴가 "바람직하지 않다"는 말을 빼거나 고쳐야 할지 한참 고민했다. 해외의 친북 교수들에게까지 자문을 구해가면서.

마침 조선족 유학생이던 작가 장영철이 1997년 펴낸 『당신들이 그렇게 잘났어요』라는 책을 읽으며 생각을 정리했다. 붕괴를 통한 흡수통일은 바람직하지 않으리라고. 연변에서 온 동포 직업연수생들이 남한에서 얼마나 차별받고 멸시당했으면 집으로 돌아가며 "만약 전쟁이 다시 한 번 난다면 총을 들고 선참으로 한국에 와서 한국 놈들을 쏴 죽이겠다"는 악담을 퍼부었겠는가. 일하고 정당한 대가를 받겠다며 고국 땅을 밟았던 사람들이 그 정도라면, 떼거리로 내려와 빌어먹을 북쪽 사람들이 남쪽의 잘난 사람들에게 어떠한 대접을 받을 것인지 쉽게 상상할 수 있었던 것이다.

2000년대에 들어와서도 북한 붕괴론은 수그러들지 않고 있다. 게다가 이명박–박근혜 정부는 북한 붕괴를 기대하거나 겨냥하면서 대북정책을 세우는 것 같다. 대통령이 "통일은 도둑같이 올 것이다"며 통일 기금을 조성하자고 하거나, 국민이 통일되면 사회 혼란이 일어나고 천문학적인 경비가 들어가리라고 생각하는 것 모두 북한 붕괴에 따른 흡수통일을 염두에 두고 있기 때문이다. 그럼에도 나는 왜 북한 붕괴가 가능성도 낮고 바람직하지도 않다는 주장을 1990년대 중반부터 지속적으로 주장해왔는지 아래에 밝힌다.

붕괴의 개념과 종류

북한의 붕괴에 관해 제대로 논의하기 위해서는 먼저 '붕괴'라는 말의 개념부터 정리할 필요가 있다. 붕괴는 크게 세 가지다. 첫째, 정권 또는 정부가 무너지는 것. 둘째, 체제 또는 정치경제구조가 무너지는 것. 셋째, 국가 또는 국민이 무너지는 것. 이를 북한에 적용하면, 김정은 정권의 붕괴, 사회주의체제의 붕괴, 조선민주주의인민공화국의 붕괴로 분류할 수 있다.

첫째, 정권 또는 정부의 붕괴는 최고 권력자가 쿠데타에 의해 쫓겨나거나 갑작스럽게 죽음으로써 통치 권력에 공백이 생기거나 지도자가 바뀌는 것을 뜻한다. 이 경우 권력 엘리트는 바뀌어도 일 반적으로 정치와 경제체제의 기본적인 특징은 그대로 유지된다. 이 는 선진국에서든 후진국에서든 자본주의국가에서든 사회주의국가 에서든 드물지 않게 일어났다. 남한에서도 1960년 4월혁명으로 이 승만 정권이 붕괴되었으며, 1979년 10월에는 부산과 마산의 시민항 쟁에 따라 박정희 정권이 붕괴되었다. 북한의 김정은 정권 역시 쿠 데타나 대중봉기에 의해 언제든 붕괴될 수 있다.

둘째, 체제 또는 정치경제구조의 붕괴는 정치 및 경제적 틀이 급격하게 바뀌는 것을 의미한다. 이는 반드시 정권의 변화를 전제하 지는 않지만 최고 권력자 및 권력 엘리트의 교체보다는 훨씬 포괄적 이다. 1980년대 중반 중남미 및 아시아 국가들에서 민주화의 물결 을 타고 독재체제가 민주체제로 바뀐 것이나, 1980년대 말 동유럽 사회주의권에서 물질적 풍요에 대한 동경에 따라 사회주의 계획경 제체제가 자본주의 시장경제체제로 바뀐 경우를 들 수 있다. 북한이 급속도로 개혁과 개방을 추진하면 사회주의체제가 무너질 수 있다.

셋째, 국가 또는 국민의 붕괴는 국민이 외부로 집단 탈출을 감 행함으로써 국가의 존립 기반이 사라지는 것을 뜻한다. 전쟁이나 재 난 등에 따른 신체적 탈출뿐만 아니라 정권 및 체제에 대한 신뢰 부 족에 따른 정신적 탈출도 포함된다. 1989년 11월 동독인들이 베를

린장벽을 넘거나 이웃 나라들을 통해 서독으로 집단 탈출한 것이나 1991년 12월 소련이 해체된 경우를 들 수 있다. 북한 인민이 김정은 정권 및 사회주의체제에 대한 불만이나 굶주림에 의한 좌절 또는 외부 세계에 대한 동경 등으로 남한이나 중국으로 집단 탈출을 하면 조선민주주의인민공화국도 붕괴될 수 있다.

북한 붕괴론, 언제부터 나왔는가

첫째, 1980년대 말부터 동유럽 사회주의체제가 몰락하면서 1990년 동독이 무너져 서독에 흡수되고 1991년 소련이 해체되자, 북한도 곧 붕괴될 것이라는 기대 섞인 전망이 나왔다. 정치적으로나 경제적으로나 동독보다 훨씬 뒤떨어진 북한이 어떻게 유지될 수 있겠느냐는 것이었다.

둘째, 1994년 7월 김일성이 죽자 강력한 카리스마를 갖고 50년 동안 통치해온 지도자가 사라졌으니 북한 체제도 곧 무너질 것이라는 주장이 제기되었다. 1994년 10월 미국이 북한에 경수로 제공을 약속하며 제네바합의를 이루어놓고 2002년까지 터만 고르고 있었던 배경이다.

셋째, 1995년 북한에서 "100년 만의 물난리"가 일어나 식량난이 세상에 알려지고, 1996년에도 엄청난 수해를 당하면서 굶주리는 사람들이 속출한다는 소식이 전해지자, 곧 식량 폭동이 일어나 북한이 무너질 것이라는 주장이 나왔다. 미국 의회에서는 "북한의 붕괴는 가능성의 문제가 아니라 시기와 방법의 문제일 뿐이다"는 증언이 나왔고, 남한의 학계와 언론계에서도 북한이 곧 붕괴될 것이라는 주장이 쏟아지기 시작했다.

넷째, 1997년 황장엽 조선로동당 비서의 망명에 이어 외교관들의 망명이 줄을 잇고, 지식인들까지 탈북자 대열에 합류하자 북한체제가 더 이상 유지될 수 있겠느냐는 전망이 나왔다. 김영삼 대통령이 남북 사이에 체제 경쟁이 끝났다고 선언하며, "통일이 예기치 않은 순간에 갑자기 닥쳐올 수도 있다"고 공언했던 배경이다.

1997년 말부터 남한도 외화 부족에 따른 경제난을 겪는 가운데 김대중 정부가 들어서자 북한 붕괴에 따른 흡수통일은 남한에 큰 부담이 될 수 있다는 주장이 제기되기 시작했다. 북한이 붕괴될 위기에 처하더라도 막아야 한다는 의견을 국가정보원 고위 관리가 드러내기도 했다. 김대중-노무현 정부에서는 북한 붕괴론이 수그러들었다.

다섯째, 2008년부터 김정일의 건강 이상설이 퍼지면서 10여 년만에 다시 북한 붕괴론이 조성되기 시작했다. 이에 2010년 이명박 대통령은 "통일은 도둑같이 올 것"이라며 뜬금없이 '통일세'를 언급하고 통일 재원을 마련하기 위한 '통일 항아리' 사업을 전개했다.

여섯째, 2011년 12월 김정일이 죽고 김정은이 권력을 잡자 북한 붕괴론은 더욱 힘을 얻었다. 김일성이 사망한 1994년 아들은 50대 초반의 나이로 후계자가 된 지 20여 년이나 되었지만, 김정일이 사망한 2011년 아들은 20대 후반의 나이에 후계자 수업을 받은 지 2년밖에 되지 않았기에 정권 불안이 제기된 것은 당연했다. 그런 터에 2013년 12월 제2인자로 알려진 장성택이 처형되자 체제 불안정에 따른 붕괴론이 고조되었다. 남한에서 국가정보원장이 "자유 대한민국 체제로의 조국 통일"을 주장하고 대통령이 "통일은 대박"이라고 외친 배경일 것이다.

북한 붕괴론, 누가 왜 퍼뜨리기 시작했는가

북한 붕괴론은 전쟁 도발설이나 한반도 위기설과 함께 여러 경로를 통해 제기되어왔다. 주로 미국과 남한의 정보부처나 군부에서 주장하기 시작했는데, 특히 미국의 중앙정보국(CIA)과 국방부가 북한의 붕괴 및 남침 가능성을 가장 빈번하게 또는 주기적으로 주장해왔다.

첫째, 존 도이취(John Deutch) 중앙정보국장은 1996년 2월 하원 정보위원회 청문회에서 북한의 정치 경제적 상황 악화가 김정일 정권을 급속하게 붕괴시킬 수 있으며, 이에 따라 북한이 전쟁을 도발할 가능성이 있다고 증언했다.

둘째, 윌리엄 페리(William Perry) 국방부장관은 1996년 3월 상원 군사위원회 청문회에서 북한이 식량 및 전력 부족 때문에 상황이 계속 나빠지고 있다며, 이 때문에 당시 한반도가 세계에서 가장 위험한 지역이라고 주장했다.

셋째, 개리 럭(Gary Luck) 주한미군사령관은 1996년 3월 하원 국가안보위원회에서 북한의 심각한 경제 상황과 식량난을 볼 때 붕괴는 "가능성의 문제가 아니라 시기와 방법의 문제일 뿐"이라고 증언했다. 북한이 그러한 내부 문제에 대한 관심을 밖으로 돌리기 위해 남한을 공격할지 모르기 때문에, 남한에 요격미사일을 배치하는 게 필수적이라고 덧붙였다. 상원 군사위원회에서도 북한 붕괴 및 전쟁 도발을 강조하며, 1997년의 국방예산 삭감을 반대했다. 군인답게 에둘러 말하지 않고 솔직하게 속내를 털어놓은 것이다.

넷째, 존 틸러리(John Tillery) 주한미군사령관도 1997년 3월 하원 국가안보위원회에서 북한의 붕괴와 남침을 우려하며, 1998년의 국방예산 증액을 요구했다. 그리고 남한 정부에 대해서는 1998년 이후에도 지속적으로 미군주둔 비용분담금을 늘리도록 요구할 것이라고 말했다.

위와 같은 북한 붕괴론이나 전쟁 도발설은 정보나 국방 분야 책임자들의 업무 성격상 실제로 '최악의 경우'를 대비한 것일 수도 있고, 그들의 '밥줄'을 지키기 위한 것일 수도 있다. 냉전 종식 이후 러시아의 군사 위협이 줄어들면서, 관련 부서들의 예산을 줄여야 한다는 목소리가 높아지자, 예산 삭감을 막기 위해 북한 붕괴론을 이용해왔다는 뜻이다. 북한이 무너질 위기에 처하면 남침 가능성이 높아지고, 전쟁이 일어나면 정보국이나 국방부의 예산이 늘거나 최소한 줄지는 않을 것이기 때문이다. 미국에서는 해마다 3~4월 무렵 의회에서 예산을 심의하는데, 이에 앞서 청문회를 열어 관련부서 책임자들의 증언을 듣는다는 사실도 참고하기 바란다.

또한 워싱턴에서 흘러나오는 북한 붕괴 및 전쟁 도발 가능성에 관한 주장은 남한에서 반미감정과 함께 일고 있는 주한미군 철수론을 잠재우고 남한 정부에 미군주둔 비용분담금 증액을 요구하며 남한에 무기를 더 많이 팔기 위한 속셈일 수도 있다. 예를 들어, 1994년 3월 윌리엄 페리 국방부장관은 북한 핵무기 개발 의혹을 구실로 전쟁 불사를 주장하며 남한에 패트리엇 미사일과 AH-64 아파치헬기 및 브래들리전차 등 새로운 무기들을 들여놓도록 이끌었다. 1996년 3월 북한 붕괴 및 남침 가능성이 제기된 직후에는 주한미군 참모장 출신의 존 싱글러브(John Singlove) 장군이 서울을 방문해 북한의 대남 미사일공격을 대비하기 위해 새로운 미사일체계를 도입해야 한다고 압력을 넣었다. 1997년 4월 북한 붕괴 및 전쟁 도발설이 흘러나온 뒤에는 윌리엄 코언(William Cohen) 국방부장관이 서울에 와서 한미 간에 무기의 상호 운영성을 내세우며 남한이 러시아제 미사일 대신 미제 패트리엇 미사일을 구입해야 한다고 강권했다. 실제로 남한은 1996년 한 해 동안 10억 달러가 넘는 무기를 미국에서 사 왔으며 1997년에도 그 액수는 줄어들지 않았다. 냉전이 끝남에 따라 위상 약화와 함께 예산 삭감 압력을 받아온 미국 중앙정보국과 국방부 그리고 위축될 우려가 있는 군수산업계에 북한 붕괴론과 전쟁 도발설이 왜 필요한지 보여주는 대목이다.

남한의 안전기획부와 국방부도 필요할 때마다 북한 붕괴론을 흘리면서 남침 가능성을 경고해왔다. 예를 들어, 1996년 안전기획부법 재처리 및 국가보안법 개정 문제가 불거지자, 북한 붕괴론과 전쟁 도발설이 흘러나왔고, 곧 안전기획부법 개정안이 날치기로 통과되었다. 그리고 국방부가 1996년 군비 현대화 및 지속적인 국방비 증액을 추진할 때도 북한 붕괴론과 전쟁 도발설이 제기되고 1997년 국방예산은 무려 13%나 늘었다.

대통령, 국회의원, 지방자치단체장 등의 선거운동 기간에도 반북 분위기를 고조시켜 공안정국을 강화하는 데 북한의 전쟁 도발설은 적지 않은 효과를 거두었다. 비판 세력을 억압하며 정권을 강화하는 데 남북 사이에 갈등과 긴장을 조성하는 것만큼 효과적인 방법도 드물었다. 북한 붕괴 및 남침 가능성을 흘림으로써 북한의 자극을 이끌어내고 그것을 구실로 총화단결을 외치며 정부에 부정적인 여론을 잠재울 수 있었기 때문이다.

북한 붕괴론의 근거와 내용

미국에서든 남한에서든 1990년대 후반 본격적으로 제기된 북한 붕괴론의 근거는 다음과 같이 크게 다섯 가지였다.

첫째, 정치적으로 김정일 체제가 불안하다. 김일성은 항일운동 지도자로서 정통성과 강력한 카리스마가 있었지만, 김정일은 아버지의 권력을 물려받았을 뿐 정통성과 카리스마가 부족하다. 군부의 도움을 받아 물리적 힘으로 권력을 행사하고 있는데 쿠데타가 일어날 가능성이 크다.

둘째, 경제적으로 총체적 파탄 상태에 있다. 지속적인 마이너스 성장과 '경제 3난'이라 불리는 극심한 식량 부족, 에너지 부족, 외화 부족의 악순환으로 경제가 자력으로 회복될 수 없다. 특히 식량난에 따른 대규모 식량 폭동의 가능성이 크다.

셋째, 사회적으로 통제 체제가 느슨해졌다. 부정부패가 심해지고 상호감시 체제가 이완되어 사회규율과 질서가 무너짐으로써 탈북자가 증가하고 있다.

넷째, 정신적으로 국가 이데올로기가 실종되었다. 마르크스-레닌주의는 사회주의권의 몰락과 함께 역사적으로 폐기되었고, 주체사상은 경제 파탄으로 설득력을 잃었는데, 새로운 통치 이데올로기가 아직 정립되지 못하고 있다.

다섯째, 대외적으로 국제적 고립이 지속되고 있다. 테러, 인권 탄압, 국제법 위반, 핵무기 개발 등으로 다른 나라들이 북한과의 협력을 기피하는 터에 당이나 정부가 밀수와 위폐 발행까지 주도해 국가의 윤리적 기초마저 무너졌다.

붕괴 과정과 관련하여, 주한미군사령부는 1997년 북한이 경제난, 사회적 불안, 신구 세대 간의 갈등, 국제적 고립 등으로 더 이상 유지될 수 없다며, "외롭게 남아 있는 폐쇄적이고 군국주의적이며 스탈린주의적인 사회"가 7단계로 와해될 것이라고 전망했다. 1단계로 자원이 고갈되면, 2단계로 산업이 마비되고, 3단계로 통제력이 상실되며, 4단계로 대중 통제가 강화될 것이다. 5단계로 인민의 저항이 생기고, 6단계로 지배 세력이 분열되면, 7단계로 권력투쟁을 거쳐 집단지도체제가 들어설 것이다는 내용이었다. 이로부터 9년이 지난 2006년 미국의 국제문제 전문가 로버트 캐플런(Robert Kaplan) 역시 〈The Atlantic Monthly〉 10월호를 통해 위와 거의 똑같은 주장을 되풀이했다.

북한 붕괴론에 대한 나의 비판

북한의 붕괴 가능성에 대해 객관적이고 체계적으로 연구하기가 쉽지 않다. 워낙 폐쇄된 사회라 정확한 자료가 부족하고 심층적 접근이 불가능하기 때문이다. 그러나 이른바 '내재적 접근 및 분석방법'을 통해 다음과 같이 북한 붕괴론을 반박하고 싶다.

첫째, 동유럽 붕괴와 북한 붕괴에 관하여.

북한보다 정치적으로나 경제적으로나 앞섰던 동독도 붕괴되었는데, 북한이 무너지지 않을 수 있겠느냐는 주장에 어느 정도 동의한다. 그러나 동독을 비롯한 동유럽 사회주의와 북한을 포함한 동아시아 사회주의 사이엔 적어도 두 가지 차이점이 있다. 첫 번째로, 동유럽 지도자들이 제2차 세계대전이 끝나면서 소련군의 점령과 함께 마르크스-레닌주의를 도입한 '강요된' 공산주의자들이었다면, 동아시아의 공산주의 지도자들은 제국주의 침략에 맞서 민족해방운동의 수단으로 마르크스-레닌주의를 받아들인 '자생적' 또는 '민족적' 공산주의자들이었다. 두 번째로, 동유럽 국가들이 마르크스-레닌주의를 따르며 '종속적' 처지에서 소련의 지지를 받았다면, 북한은 마르크스-레닌주의를 변용하며 '자주적' 입장에서 소련과 중국이라는 양대 사회주의국가의 지원을 이끌어냈다. 따라서 동유럽 국가들은 소련군이 철수하면서 더 이상 지원을 받지 못하게 되자 무너지고 말았지만, 북한은 소련의 지원 중단에 적지 않은 타격을 받았을지라도, 나름대로 자립 경제의 기반 위에서 중국의 지원을 받으며 체제를 유지하고 있다.

둘째, 김정일의 카리스마와 권력 기반에 관하여.

남한에서는 김정일이 권력을 물려받는 과정에서 정통성을 얻지 못했다고 평가하지만, 정권이나 체제의 정당성 여부는 그 나라의 정치나 역사 또는 문화적 전통에 따라 달라질 수 있다. 북한은 지금까지 정통 사회주의를 따르지 않고 민족주의와 유교사상을 접합한 민족적 유교사회주의 체제를 유지해왔다. 최고지도자인 수령을 아버지로 그리고 조선로동당을 어머니로 비유하는 가족사회 또는 국가에서, 김일성 일가는 조선의 독립과 해방에 몸 바친 혁명가족으로서 '전형적인 모범가족'으로 선전되는 가운데, 아버지가 죽은 뒤 아들이 수령 자리에 오른 것을 북한 인민은 당연하게 받아들일지 모른다. 더구나 김정일은 1970년대 초부터 후계자 또는 실질적 통치자로서의 위상을 확보하고 권력을 행사해왔으며, 김일성이 살아 있을 때인 1990년대 초부터 병력까지 장악하고 있었다. 군대를 앞세우는 나라에서.

셋째, 경제난과 식량 폭동에 관하여.

북한이 심각한 경제난에 빠졌다는 것은 천하가 다 아는 사실이다. 우리는 경제난의 원인으로 사회주의 경제체제의 비효율성을 꼽지만, 북한은 미국의 봉쇄와 경제 제재 그리고 자연재해 등을 내세운다. 인민들은 식량난이 미국 때문이라는 선전을 듣고, 남한의 천박한 자본주의보다는 '우리식 사회주의'가 낫다는 사상 교육을 받기 마련이다. 그리고 북한처럼 모두가 가난한 '절대적 빈곤' 상태에서는 권력에 대한 불만이 잘 생기지 않는다. 1960년대 남한에서 "배고파 못살겠다"는 말이 나왔어도 커다란 불만이 없었듯이. 빈부 격차에 따른 '상대적 박탈'을 느낄 때 체제에 대한 좌절과 분노가 표출되기 쉽다. 1980년대부터 경제력이 급상승한 남한에서 그래왔듯이. 또한 불만이나 분노가 생겨도 감시와 통제가 심하고 시민사회가 발달하지 않은 사회에서는 집단행동으로 이어지기 어렵고 더구나 대규모 폭동으로 연결되는 것은 거의 불가능하다. 1970년대 남한의 박정희 군사독재 체제에서처럼.

예를 들어, 북서유럽처럼 민주주의가 잘 발달된 열린사회에서는 대규모 시위가 잘 일어나지 않는다. 국민은 불만을 자유롭게 표출할 수 있고, 정부는 여론을 잘 받아들여, 데모의 필요성이 생기기 않기 때문이다. 북한처럼 폐쇄적인 독재국가에서는 대규모 시위가 일어날 수 없다. 정보가 통제되고 자유가 제한되어 불만 표출이 어렵고, 데모를 하더라도 그에 대한 탄압과 처벌이 너무 가혹할 것이기 때문이다. 우리 남한처럼 민주주의가 어설프게 발전해 완전히 열리지도 않고 꽉 닫히지도 않은 어정쩡한 사회에서 데모가 자주 일어나는 이유요, 북한에서 식량 폭동이 일어나기 어려운 배경이다.

넷째, 사회 통제 체제 이완과 탈북자 증가에 관하여.

사실 1980년대 말부터 노동자계층의 탈북이 급증하고, 유학생 및 작가나 교원 등 지식층뿐만 아니라, 외교관이나 당비서를 포함한 지배층의 망명까지 줄을 이었다. 그러나 '지식층의 이반'이든 '지배층의 동요'든 그들 모두 정권이나 체제에 불만을 품고 북한을 탈출한다고 보는 것은 무리다. 자신들의 잘못에 따른 처벌에 대한 두려움이나 권력투쟁에서 밀려난 소외감으로 탈출할 수도 있기 때문이다. 일본 언론인 시게무라 도시미츠가 "요컨대 북조선 망명자의 대부분은 그 체제에서 살아갈 수 없을 정도로 소외되어 생명의 위기에 직면하였기 때문에 탈출할 수밖에 없었던 사람들이다. 굳이 말하자면 북조선이란 사회에서 출세와 승진에 실패한 사람들이다"고 말했듯이.

이와 관련해, 남한에서도 죄를 저지르고 해외로 도피한 사람들이 적지 않고, 정치적 탄압이나 경제적 어려움을 피해 망명이나 이민의 길을 택한 사람들도 많다. 1970년대 박정희 독재정권 시절 권력 서열 2위로까지 불리던 중앙정보부장을 비롯해 주미 한국대사관의 공보관장 및 대사관에 파견된 중앙정보부 요원 등이 무더기로 미국에 망명했고, 육군사관학교장 및 외무부장관을 지낸 종교지도자까지 북한으로 넘어가기도 했다. 그러나 이러한 망명과 월북사건들을 남한 체제 붕괴의 가능성과 연결시킨 사람은 아무도 없었다.

다섯째, 국가 이데올로기 실종에 관하여.

북한 당국은 1995년 중반부터 '붉은기 사상'과 '고난의 행군'을 강조해왔다. 미국이나 남한이 '자본주의'의 부정적 이미지를 벗기 위해 '시장경제체제'라는 말을 즐겨 쓰듯, 북한은 주체사상의 한계를 뛰어넘기 위해 혁명과 고난을 강조하며 정권 강화 및 체제 유지에 힘써왔다고 볼 수 있지 않을까.

여섯째, 국제적 고립에 관하여.

북한이 세계에서 가장 폐쇄적인 나라로 외교적으로 고립되어 있지만, 미래의 초강대국 중국을 지속적인 후원자로 두면서, 과거의 초강대국 러시아와는 우호관계를 회복했다. 만에 하나 북한이 붕괴 위기에 처하더라도 이들 강대국들은 자신들의 안보를 위해 가만히 있기 어렵다. 특히, 중국은 '순망치한(脣亡齒寒)' 즉 입술(북한)이 없어지면 이(중국)가 시리다는 생각으로, 전통적인 우호관계를 내세우며, 북한이 필요로 하는 전력의 80~90%와 막대한 식량을 지원해왔다. 북한 체제나 지도자들을 좋아해서가 아니라 자국의 안보를 위해 대북 지원을 하는 것이다. 미국이 유엔을 앞세우고 남한과 일본을 끌어들여 북한을 봉쇄하고 경제 제재를 강화해도 북한을 붕괴시키기 어려운 배경이다.

북한 붕괴, 바람직하지도 않다

앞에서 북한의 붕괴 가능성에 이의를 제기함으로써 가능성이 낮다는 점을 드러냈는데, 만약 붕괴되더라도 남한 사람들이 기대하는 대로 흡수통일이 이루어질 가능성도 크지 않다고 생각한다. 이전 글에서 북한 붕괴가 바람직하지 않다는 점을 대강 얘기했지만, 조금 더 자세히 설명한다.

첫째, 북한이 붕괴될 위기에 놓이면 중국이 가장 먼저 들어갈 것이다. 약 1,500km의 국경을 마주하며 북한 구석구석에 엄청난 투자를 해놓고 있는 터에, 중국과 북한은 전통적으로 '이와 입술의 관계[脣齒關係]'임을 주장하며 개입할 가능성이 매우 크다는 말이다. 북한이 무너지면 미군이 압록강−백두산−두만강으로 이어지는 경계선까지 올라가 주둔하기 쉬운데 중국이 이를 용인할 수 있겠는가. 더구나 과거엔 정부를 세운 지 1년도 되지 않은 1950년 한국전쟁에서 세계 최강 미국에 맞서 북한을 도왔으며, 지금은 미국의 견제와 포위 정책에 맞닥뜨린 중국이다.

둘째, 북한이 붕괴될 조짐이 보이면 미국이 동북아시아의 안정과 북한 핵무기의 안전한 관리를 이유로 유엔을 앞세우거나 단독으로 북한을 점령하겠다고 주장할지 모른다. 남한과 '북한 급변사태 대비계획'을 가동해 북한을 점령하려 할 수도 있고. 아무튼 남한은 헌법에 한반도 전체를 자신의 영토로 규정하고 있지만, 북한은 유엔에 가입한 국제법상 엄연한 독립국이다.

셋째, 북한이 위기에 처하면 군부 강경파의 결사항전에 따라 제 2의 한국전쟁 또는 최소한 게릴라투쟁이 전개될 가능성도 배제할 수 없다. 100만이 넘는 병력과 첨단무기를 가지고 있는 북한 지배층이 남한에 순순히 투항하기는 어려울 것이다. 남한 지도자들이 통일되면 북한 통치자들에게 응당한 처벌을 해야 한다는 주장을 공공연히 하는 마당에.

넷째, 흡수통일을 주장하는 사람들이 기대하는 것처럼, 북한이 남한에 고이 접수될 수도 있다. 그러나 북한의 붕괴가 외세의 개입이나 무력충돌 없이 남한에 의한 흡수통일로 이어진다 할지라도, 남한은 혼란을 수습하고 탈북자들을 껴안을 수 있는 능력과 의지가 부족하다. 2014년 현재 2만 명 남짓의 탈북자 가운데 약 80%가 극심한 빈곤으로 정부의 기초생활 보호를 받고 있는 데다, 남쪽 사람들의 편견과 차별 그리고 냉대 때문에 심리적 고통을 더 심하게 겪고 있다고 한다. 이들 중엔 남쪽 생활에 큰 불만을 품고 캐나다나 호주 등 다른 나라로의 이민을 바라는 사람들도 많고, 합법적으로 북쪽으로 돌아갈 수 있다면 그렇게 하고 싶다는 사람들도 적지 않은 듯하다. 이렇게 2만여 명의 탈북자도 제대로 껴안지 못하는 터에 북한이 붕괴되면 생길 2천만여 명의 '빌어먹을 사람들'을 어떻게 수습하겠는가.

북한 붕괴론에 관한 제안

북한 붕괴론은 북한의 상황에 대한 객관적이고 체계적인 분석에 의해 나오기보다는 북한 체제나 지도자들에 대한 거부감이나 적개심에서 제기된 경향이 크다. 예측이 아니라 희망사항이란 뜻이다. 북한 붕괴가 바람직한 결과를 불러올 것 같다면 가능성이 낮아도 붕괴를 유도하거나 촉진시킬 수 있는 정책을 세우는 게 좋고, 반대로 붕괴의 결과가 바람직하지 않을 것 같으면 가능성이 높아도 붕괴를 막거나 늦출 수 있는 정책을 펴는 게 좋다.

물론 단 1%의 가능성이 실현될 수도 있고 99%의 가능성도 실현되지 않을 수 있기 때문에, 북한의 붕괴 가능성이 조금이라도 있다면 당연히 대책을 세워놓아야 한다. 중국이나 미국 등 외세의 개입을 최소화하고, 전쟁을 피하며, 사회 혼란을 방지할 수 있는 대책을 수립하며, 북한 주민들이 중국보다 남한을 선호할 수 있는 방안도 마련해야 할 것이다. 실익도 없이 북한을 자극하지 않도록 반드시 은밀하게.

남한 당국이 "어떠한 희생을 치르더라도" 반드시 자유민주주의로의 통일을 추진하겠다고 공개적으로 표명하는 것은 북한을 자극할 뿐 오히려 통일을 방해하는 악수(惡手)다. 마찬가지로 북한의 붕괴를 전제로 한 정책을 세워놓고 이를 널리 알림으로써 북한의 도발을 부추기는 것도 반드시 피해야 한다. 북한이 붕괴되어 궁극적으로 흡수되면 자유민주주의로의 통일은 저절로 이루어질 것 아닌가. 안 보나 통일은 우리의 궁극 목표가 아니라 남북한이 더불어 평화롭고 행복한 삶을 영위하기 위한 수단일 뿐이다.

12

연방제: 바람직하면서도
실현 가능성 높은 통일 방안

　법정에서 증언하면서 북한의 연방제통일 방안에 관해 얘기할 때는 살짝 긴장하면서도 가장 큰 쾌감과 보람을 느낀다. 남한에서 연방제통일을 지지하면 '종북좌파 1등급'으로 매도당하며 '이적 행위'로 처벌받기 쉬운데, 판검사들 앞에서 당당하게 공개적으로 지지하고 선전할 수 있기 때문이다.

　국가보안법 위반으로 가장 많이 걸려드는 '3대 이적 행위'는 국가보안법 폐지를 주장하고, 주한미군 철수를 주장하며, 연방제통일을 지지하는 것 같다. 남한의 법에 관해 비판적 목소리를 내면 '반정부', 미국의 군대에 관해 부정적으로 외치면 '반미', 북한의 통일 방안에 관해 긍정적으로 얘기하면 '친북' 등, 모두 '적을 이롭게 하는 행위'로 처벌받을 수 있다는 뜻이다. 실제로, 과거 〈한총련〉이나 〈범민련〉 등의 통일운동 단체들이 '불법 단체'나 '이적 단체'로 판정받은 가장 큰 이유 가운데 하나가 연방제통일을 지지한다는 것이었다.

그럼에도 불구하고 나는 연방제통일에 관해 언제 어디서든 적극적으로 지지하고 선전하지 않을 수 없다. 우리는 언젠가 반드시 통일을 이루어야 할 텐데, 이보다 더 바람직하면서도 실현 가능성이 높은 통일 방안을 아직 찾지 못하고 있기 때문이다. 무슨 정책이든 마찬가지겠지만 특히 상대를 고려해야 하는 통일 방안은 적어도 두 가지 요건을 충족시켜야 한다. 하나는 바람직해야 한다는 점이요, 다른 하나는 실현할 수 있어야 한다는 점이다. 바람직하지만 이루기 어려운 방안은 환상이나 공상에 머무르기 쉽고, 실현하기 쉽지만 바람직하지 않은 방안은 최악으로 빠질 수도 있기 때문이다.

"체제 경쟁은 끝났다"며 자유민주주의와 자본주의로 통일해야 한다는 남한과 "우리식 사회주의는 필승 불패"라며 사회주의를 끝까지 지키겠다는 북한이 협상을 통해 체제를 하나로 합치는 것은 거의 불가능할 것이다. 65년 이상 서로 다른 사상과 체제를 지켜온 남한과 북한 가운데 어느 쪽이 자신의 사상과 체제를 스스로 양보하겠는가. 자유민주주의와 자본주의로의 통일은 남쪽엔 바람직할지라도 북쪽은 흡수통일이라며 거세게 반발하고, 사회주의로의 통일은 북쪽엔 바람직할지라도 남쪽이 도저히 받아들일 수 없을 것이다. 체제 통일이 평화적으로 실현될 가능성은 거의 없다는 말이다. 북한의 붕괴가 가능성도 낮고 바람직하지도 않은 터에, 실현 가능성만 놓고 본다면 전쟁에 의한 통일보다 빠르고 확실한 방법은 없다. 그러나 전쟁은 어느 쪽이 이기든 양쪽 다 불바다와 잿더미로 만들 것이 뻔하기 때문에, 반드시 피해야 할 최악의 선택이다. 이런 상황에서 두 체제가 공존하는 연방제 말고 무슨 방법으로 통일을 이룰 수 있겠는가.

이렇게 연방제통일을 지지하고 선전하면 판검사들도 대체로 수긍하는 듯한데, 가끔 깐깐하게 반대신문에 나서는 검사를 만나기도 한다.

"서로 다른 두 체제가 공존하는 것을 통일이라고 할 수 있습니까?"

"물론 통일이란 '하나로 합치는 것'을 뜻하기 때문에 서로 다른 두 체제가 공존하는 것은 완전한 통일이 아니죠. 통일할 바에야 모든 것을 하나로 합치는 게 가장 바람직하지만, 그게 평화적으로 불가능하기 때문에, 그렇게라도 같이 사는 게 분단된 채 으르렁거리는 것보다 백번 낫지 않겠습니까. 우리가 그토록 중시하는 민주주의도 목표를 향한 절차이듯이, 통일도 종점을 향한 과정으로 생각한다면 연방제도 분명히 통일로 볼 수 있는 것이죠. 특히 나라 밖으로는 국경이 낮아지는 세계화가 진행되고 안으로는 중앙에 집중된 권력이 분산되는 지방화가 추진되는 21세기에, 한 울타리 안에 하나의 체제와 한 사람의 대통령만 고집할 필요가 있겠습니까."

"그럼 서로 다른 두 체제가 공존하는 통일이 이루어진 사례가 있습니까?"

"우선 지구상에 있는 약 200개 국가 가운데 분단되었다가 통일된 국가가 얼마나 되겠어요? 기껏 서너 개 나라에요. 그중에서 연방제통일 사례를 꼽으라면 없지만, 중국의 '일국양제(一國兩制)'가 연방제와 같은 내용이라고 할 수 있습니다. 1997년 영국으로부터 홍콩을 그리고 1999년 포르투갈로부터 마카오를 되찾아, 본토에서는 사회주의체제를 지키면서 홍콩과 마카오에서는 자본주의체제를 유지하도록 하고 있잖습니까. 그리고 대만에게도 자본주의체제를 유지하도록 보장하겠다면서 통일하자고 제안하고 있고요."

어떤 때는 엄숙한 법정의 준엄한 판검사들 앞에서 너무 건방을 피우며 객기를 부리는 경우도 있다. "저는 이러한 이유로 연방제통일을 분명히 지지합니다. 국가보안법 위반으로 처벌받아야 한다면 기꺼이 받겠습니다. 그러나 연방제통일보다 더 바람직하고 실현 가능성이 높은 통일 방안을 내놓고 감옥으로 보내시기 바랍니다."

우리가 진정으로 평화적 통일을 원한다면 연방제통일에 대해 공개적으로 토론하고 객관적으로 평가할 수 있어야 한다. 북한이 먼저 제안했다고 해서 금기하며 반대만 하라는 것은 억지요 횡포다. 좋은 점은 받아들이고 나쁜 점은 비판하면서 더 이상적으로 실현할 수 있는 통일 방안을 모색하고 마련해야 하지 않겠는가. 지금까지 몇 차례 조금씩 수정하면서 1960년부터 50년 이상 지속적으로 제안하고 주장해온 연방제통일 방안을 소개한다.

연방제의 의미와 배경

연방제는 연방정부 또는 중앙정부와 연방을 구성하는 지방정부들 사이의 권력이 분립된 정부 형태를 가리킨다. 가장 큰 특징은 각 정부가 서로에 대해 실질적이고 독립적인 권력을 가지며 인민에게 직접 권력을 행사한다는 점이다. 저마다 배경과 성격이 조금씩 다르지만 지구상엔 연방제를 채택하고 있는 나라가 미국, 러시아, 독일, 캐나다, 스위스, 오스트리아, 호주, 멕시코, 아르헨티나, 말레이시아 등 30여 개에 이른다.

물론 이들 국가들이 연방제를 취하고 있는 배경과 북한이 연방제를 제안해온 배경은 다르다. 예를 들어, 미국은 1776년 독립을 전후해 동부 13개 주가 각각 독립성을 지니고 우호와 친선관계를 유지하는 국가연합의 형태를 취하다 영국과의 전쟁을 거치면서 독립된 주들이 하나의 국가로 뭉칠 필요성을 느끼고 1789년부터 연방 형태로 발전하였다. 이에 반해 북한은 남한과 사상 및 체제가 달라 하나의 국가로 합치기 어렵기 때문에, 남북이 안으로는 각각 체제가 다른 지방정부를 유지하면서 밖으로는 군사권과 외교권을 합쳐 하나의 연방국가로 만들자고 제안해왔다. 미국은 똑같은 이념과 체제를 지닌 주들이 대내적으로 각각 독립성을 유지하면서 대외적으로 하나의 강력한 국가체제를 이루기 위해 연방제를 택하였다면, 북한은 서로 다른 이념과 체제를 가진 남북 정부가 일시에 완전한 통일을 이룰 수 없기 때문에 연방제를 취하자는 것이다.

북한이 제안해온 연방제통일 방안의 배경은 중국이 대만에 재안해온 일국양제통일 방안의 배경과 비슷하다. '일국양제'는 '일개 국가 양종제도(一個國家 兩種制度)'를 줄인 말로 하나의 국가 안에 서로 다른 두 제도가 존재한다는 뜻이다. 사회주의 중국은 1997년 영국으로부터 홍콩을 그리고 1999년 포르투갈로부터 마카오를 환수해, 이들 지역에 고도의 자치권을 부여하고 자본주의체제를 보장해주고 있다. 나아가 대만에 대해서도 자본주의체제를 유지하도록 자치권을 부여하겠다며 통일을 이루자고 제안해왔다. 여기서 북한의 연방제와 중국의 일국양제는 사회주의와 자본주의체제를 당장 하나로 합치기 어렵기 때문에 당분간 두 체제를 공존시키자는 배경과 내용이 같다. 그러나 북한의 연방제에서는 남쪽 자본주의 지방정부와 북쪽 사회주의 지방정부가 동등한 지위로 수평적 관계를 이루지만, 중국의 일국양제에서는 본토의 중앙정부에 대만, 홍콩, 마카오 등의 지방정부가 종속되는 수직적 관계를 형성하는 게 다르다.

연방제통일 방안의 변화와 내용

| 1960년의 '남북련방제' 창설 제안 |
김일성은 1960년 8월 15일 해방 15주년 경축대회에서 처음으

로 연방제통일 방안을 제안했는데, 일종의 조건부였다. "자유로운 남북 총선거를 실시하는 방법으로" 통일을 추구하되, 만약 남쪽이 "공산주의화될까 두려워서" 자유로운 남북 총선거를 받아들일 수 없다면, "과도적인 대책으로" 연방제를 실시하자는 것이었다. 그리고 연방제를 통해 "남북의 접촉과 협상을 보장함으로써" 서로 간에 협조하면서 불신이 사라질 때 자유로운 남북 총선거를 실시하여 "조국의 완전한 평화적 통일을" 이루자고 했다. 그의 제안을 그대로 아래에 옮긴다.

"우리 조국의 평화적 통일은 반드시 자주적으로 어떠한 외국의 간섭도 없이 민주주의적 기초 우에서 자유로운 남북 총선거를 실시하는 방법으로 해결되여야 합니다.…… 남조선의 위정자들은 또한 자유로운 남북 총선거는 '용공'으로 되며 '적화'의 위험이 있기 때문에 받아들일 수 없다고 합니다.…… 어떠한 외국의 간섭도 없이 민주주의적 기초 우에서 자유로운 남북 총선거를 실시하는 것이 평화적 조국통일의 가장 합리적이고 현실적인 길이라는 것은 론박할 여지가 없습니다.…… 만일 그래도 남조선 당국이 남조선이 공산주의화될까 두려워서 아직도 자유로운 남북 총선거를 받아들일 수 없다고 하면 먼저 민족적으로 긴급하게 나서는 문제부터 해결하기 위하여 과도적인 대책이라도 세워야 할 것입니다.

우리는 이러한 대책으로서 남북조선의 련방제를 실시할 것을 제의합니다. 우리가 말하는 련방제는 당분간 남북조선의 현재 정치제도를 그대로 두고 조선민주주의인민공화국 정부와 대한민국 정부의 독자적인 활동을 보존하면서 동시에 두 정부의 대표들로 구성되는 최고 민족위원회를 조직하여 주로 남북조선의 경제문화 발전을 통일적으로 조절하는 방법으로 실시하자는 것입니다. 이러한 련방제의 실시는 남북의 접촉과 협상을 보장함으로써 호상 이해와 협조를 가능하게 할 것이며 호상간의 불신임도 없애게 될 것입니다. 그렇게 되었을 때에 자유로운 남북 총선거를 실시한다면 조국의 완전한 평화적 통일을 실현할 수 있으리라고 우리는 인정합니다."

지금은 물론 1960년대에도 북한이 남한보다 인구가 훨씬 적었는데, 김일성이 이렇게 당당하게 '자유로운 남북 총선거'를 거듭해서 강조했던 배경이나 이유는 크게 두 가지였을 것으로 짐작한다.

첫째, 그때는 북한이 거의 모든 면에서 남한보다 우월한 위치에 있었다. 특히 김일성이 위와 같은 제안을 했던 1960년 8월은 남한에서 4월혁명이 일어난 지 4개월이 지난 때로, 정치가 불안한 데다 경제적으로도 북한보다 훨씬 뒤떨어져 있었다. 그러기에 김일성은 "오늘 남조선의 민족경제를 바로잡으며 도탄에 빠진 인민들의 생활을 개선하는 것은 가장 긴급한 문제"라며 연방제를 통해 "남북조선의 경제문화 교류와 호상 협조를 보장함으로써 남조선의 경제적 파국을 수습할 수 있게 할 것"이라고 주장했다. 나아가 다음과 같이 말했다. "남조선의 수백만 실업자들과 빌어먹는 어린이들의 비참한 처지를 우려하며 헐벗고 굶주리고 있는 남조선 동포들의 내일의 운명을 조금이라도 근심한다면 그 누구도 남북 사이의 경제 교류와 경제적 협조를 반대할 수 없을 것입니다.…… 그리하여 정치 문제를 젖혀놓고라도 먼저 남조선 동포들을 굶주림과 가난에서 구원하여야 할 것입니다. 남북 사이의 경제 교류와 함께 문화 교류를 널리 실시하며 인민들이 자유롭게 오고갈 수 있게 되여야 합니다."

1990년대부터는 거의 모든 면에서 앞서 있고 특히 경제적으로는 비교도 되지 않을 정도로 부유한 남한이 북한에게 위와 비슷한 말을 하게 되었지만, 1960년대에는 북한이 남한에 위와 같이 적극적이고 공세적으로 교류를 주장할 만큼 체제에 대한 우월감과 자신감을 갖고 있었다. 따라서 김일성은 '자유로운 남북 총선거'를 실시하면 남한 사람들도 정치적으로 더 안정되고 경제적으로 더 앞선 북한 체제를 선호하리라고 생각했을 것이다.

둘째, 지금까지 남한에서 흔히 평가해온 대로 무력에 의한 적화통일을 위해 일종의 기만전술 또는 음흉한 술책으로 '자유로운 남북 총선거'를 제안했을 수도 있다. '남북련방제'의 전제조건 가운데 하나는 남쪽이든 북쪽이든 한반도 안의 외국 군대는 모두 철수해야한다는 것이었다. 북쪽에서는 해방 직후 들어왔던 소련군이 1948년까지 철수했고 한국전쟁 중에 들어왔던 중국군은 1958년까지 철수했지만, 남쪽에서는 미국군이 지금까지 주둔하고 있다. 그래서 김일성은 "미국군대를 내쫓고 나라를 평화적으로 통일"하자고 주장하면서, 다음과 같이 남북이 서로 병력을 크게 감축할 것을 제안했다. "남북 사이의 관계를 개선하며 특히 남조선의 경제생활을 정상화하는데 있어서 중요한 문제의 하나는 군대를 줄이는 것입니다. 지금 남조선에서 방대한 군대의 유지는 인민들에게 가장 큰 부담으로 되고 있습니다. 우리는 미군을 남조선에서 물러가게 하고 남북조선의 군대를 각각 10만 또는 그 아래로 줄일 것을 계속 주장합니다.……우리나라에서 20만 군대만 가지면 민족보위 임무는 얼마든지 담당할 수 있습니다."

앞의 인용문에서 김일성은 남북의 병력을 각각 10만 이하로 감축하자고 '계속' 주장한다고 했는데, 실제로 북한은 1954년부터 이러한 내용을 지속적으로 주장했다. 1953년 7월 한국전쟁 휴전협정에 따라 한반도의 평화와 통일 문제 등을 논의하기 위해 1954년 4~6월 개최된 제네바회의에서 북한 대표가 "남북 양쪽의 군대 수효를 축소시키되 각측 군대의 수효가 10만 명을 넘지 않게 할 것"을 제안했던 것이다. 그 무렵엔 북한이 남한보다 정치 경제 분야에서 앞섰을 뿐만 아니라 군사력에서도 강했기 때문에, 남한에서 미군이 철수하고 남북 양쪽이 병력을 감축하면 우세한 군사력으로 남한을 공산화할 수 있으리라고 생각했을 수 있다.

| 1970년대의 '고려련방공화국' 통일 방안 |

1971년 8월 김일성이 남한의 모든 정당 및 사회단체 등과 아무 때나 접촉해 협상할 용의가 있다며 폭넓은 남북대화 방침을 제시함에 따라, 1971년 9월 남북 사이에 최초로 적십자회담이 열렸다. 그리고 1972년 5월 박정희의 지시로 이후락 중앙정보부장이 비밀리에 평양을 방문해 김일성을 만나 남북 사이에 분단 이후 처음으로 통일과 관련된 합의를 이루어냈다. 두 달이 지난 7월 4일 서울과 평양에서 동시에 발표되었기 때문에 흔히 '7·4남북공동성명'으로 불리는 남북 최초의 합의사항으로 다음과 같은 내용이다.

첫째, 통일은 외세에 의존하거나 외세의 간섭 없이 자주적으로 해결해야 한다. 둘째, 통일은 서로 상대방을 반대하는 무력행사에 의거하지 않고 평화적 방법으로 실현해야 한다. 셋째, 사상과 이념 그리고 제도의 차이를 초월하여 우선 하나의 민족으로서 민족적 대단결을 도모해야 한다. 이 공동성명은 자주, 평화통일, 민족 대단결이라는 '조국통일 3대 원칙'으로 불리게 되었지만, 남북 당국은 이를 정권 유지 및 강화에 악용함으로써 빛을 보지는 못하게 되었다.

이에 김일성은 1973년 6월 "민족의 분렬을 방지하고 조국을 통일하자"는 연설에서 '조국의 자주적 평화통일을 위한 5대 방침'을 제시하면서 1960년 8월 제안했던 '남북련방제'를 보완한 '고려련방공화국' 통일 방안을 발표했다. 여기서 5대 방침이란 다음과 같다. ① 남북 사이의 군사적 대치 상태와 긴장 상태 완화. ② 남북 사이의 다양한 합작과 교류 실현. ③ 남북의 각계각층 인민들과 정당 및 사회단체 대표들로 구성되는 대민족회의 소집. ④ 고려련방공화국의 단일 국호에 의한 남북련방제 실시. ⑤ 단일한 국호에 의한 유엔 가입. 여기서 가장 중요한 내용인 연방제 실시에 관한 김일성의 말을 그대로 옮긴다.

"오늘 나라의 통일을 앞당기는데서 중요한 의의를 가지는 것은 단일국호에 의한 남북련방제를 실시하는 것입니다.…… 우리는 조성된 조건에서 대민족회의를 소집하고 민족적 단결을 이룩한 데 기초하여 북과 남에 현존하는 두 제도를 당분간 그대로 두고 남북련방제를 실시하는 것이 통일을 실현하기 위한 가장 합리적인 방도로 된다고 인정합니다. 남북련방제를 실시하는 경우 련방국가의 국호는 우리나라의 판도 우에 존재하였던 통일국가로서 세계에 널리 알려진 고려라는 이름을 살려 고려련방공화국이라고 하는 것이 좋을 것입니다."

위 인용문을 통해 1960년 8월 제안한 '남북련방제' 통일 방안과 1973년 6월 내놓은 '고려련방공화국' 통일 방안의 큰 차이점으로 두 가지를 발견할 수 있다.

첫째, 1960년엔 "두 정부의 대표들로 구성되는 최고 민족위원회를 조직하여" 연방제를 발전시키자고 했는데, 1973년엔 "대민족회의를 소집하고 민족적 단결을 이룩"하여 연방제를 실시하자고 했다. 당국자들만 참여하는 폐쇄적이고 협소한 기구보다는 "각계각층 인민들과 정당 및 사회단체 대표들"이 두루 참여하는 개방적이고 광범위한 기구를 통해 통일을 추진하자는 것이다.

둘째, 연방국가의 국호를 '고려'라고 정하자는 것이다. 북한은 1973년부터 연방국가 또는 통일국가의 이름을 고려로 부르자고 제안해왔는데 그 배경은 다음과 같다. 고려는 오랫동안 존재해온 "우리나라 최초의 통일국가" 이름으로 세계에 널리 알려진 '코리아'라는 말도 여기에서 나왔기 때문에, 남북 어디에서든 잘 통할 수 있는 보편성을 가지고 있으며 우리 민족의 감정에도 맞는다는 것이다.

여기서 북한이 고려를 "우리나라 최초의 통일국가"라고 한 것은 남북의 역사 인식에 커다란 차이가 있음을 보여준다. 남한에서는 대개 신라를 최초의 통일국가로 간주하는 반면, 북한에서는 고려를 최초의 통일국가로 주장한다. 신라가 외세인 당나라를 끌어들여 같은 민족인 백제와 고구려를 멸망시킨 것도 잘못이요, 그 결과 광대한 고구려 영토의 대부분을 잃게 된 것도 잘못이라는 것이다. 특히 당나라를 끌어들인 것을 두고 "사대주의적 범죄행위"요 "반민족적 엄중한 죄과"로 비난한다. 신라는 당과 함께 타도됐어야 할 침략세력이요, 고구려는 백제와 더불어 그에 맞서 투쟁한 주체세력이라고 주장하기도 한다.

참고로, 삼국통일에 대한 부정적 인식이 북한에서 새롭게 생긴 것은 아니다. 독립투사 및 역사학자로서 남한에서도 널리 존경받는 단재 신채호는 삼국통일에 대해 "반도적 통일은 결코 통일이라 할 수 없다"고 주장하며, 이를 주도한 김춘추와 김유신을 두고 "다른 민족을 불러들여 같은 민족을 멸망시킨 것은 원수를 끌어들여 형제를 죽인 것과 다를 게 없는 사람들[異種을 招하여 同種을 滅함은 寇賊을 引하여 兄弟를 殺함과 無異한 者]"이라고 비난했다.

북한은 이러한 역사관으로 김춘추와 김유신을 "사대주의자"나 "반역자"로 평가하며 신라의 삼국통일을 부정적으로 인식한다. 따라서 고려를 최초의 통일국가라고 주장하며, 앞으로 연방제로 통일하면 통일국가의 이름을 북쪽이 쓰고 있는 조선이나 남쪽이 사용하는 한국이 아니라 제3의 국호인 고려로 정하자는 것이다. 남한은 궁극적으로 흡수통일을 추구해왔기 때문에 새로운 국호를 준비할 필요가 없었지만 생각해볼 만한 대목이다.

| 1980년대의 '고려민주련방공화국 창립 방안' |

김일성은 1980년 10월 조선로동당 제6차 당대회에서 고려민주

련방공화국 창립 방안을 내놓았다. 1960년의 '남북련방제' 및 1973
년의 '고려련방공화국' 통일 방안을 구체적으로 보완하고 체계적으
로 다듬은 통일정책의 완성판이라고 할 수 있다. 핵심 내용은 "북과
남에 있는 사상과 제도를 그대로 두고 북과 남이 련합하여 하나의
련방국가를 형성하는 것"이 조국을 자주적이고 평화적으로 통일하
는 "가장 현실적이며 합리적인 방도"라는 것이다. 그의 말을 옮긴다.

"해방 후 오늘까지 북과 남에는 오랜 기간 서로 다른 제도가 존
재하여 왔으며 거기에서는 사로 다른 사상이 지배하고 있습니
다. 이러한 조건에서 민족적 단합을 이룩하고 조국통일을 실현
하려면 어느 한쪽의 사상과 제도를 절대화하지 말아야 합니다.
만일 북과 남이 제각기 자기의 사상과 제도를 절대화하거나 그
것을 상대방에게 강요하려 한다면 불가피적으로 대결과 충돌을
가져오게 되며 그렇게 되면 도리어 분렬을 심화시키는 결과를
낳게 될 것입니다.……
한 나라 안에서 서로 다른 사상을 가진 사람들이 같이 살 수 있
으며 하나의 통일국가 안에 서로 다른 사회제도가 함께 존재할
수 있습니다. 우리는 우리의 사상과 제도를 결코 남조선에 강요
하지 않을 것이며 오직 민족의 단합과 조국통일을 위하여 모든
것을 복종시킬 것입니다. 우리 당은 북과 남이 서로 상대방에
존재하는 사상과 제도를 그대로 인정하고 용납하는 기초 우에

서 북과 남이 동등하게 참가하는 민족통일정부를 내오고 그 밑에서 북과 남이 같은 권한과 의무를 지니고 각각 지역자치를 실시하는 련방공화국을 창립하여 조국을 통일할 것을 주장합니다. 련방 형식의 통일국가에서는 북과 남의 같은 수의 대표들과 적당한 수의 해외동포 대표들로 최고 민족련방회의를 구성하고 거기에서 련방상설위원회를 조직하여 북과 남의 지역정부들을 지도하며 련방국가의 전반적인 사업을 관할하도록 하는 것이 합리적일 것입니다.…… 고려민주련방공화국은 어떠한 정치군사적 동맹이나 뿔럭에도 가담하지 않은 중립국가로 되여야 합니다."

위 내용을 요약하면 다음과 같이 다섯 가지로 정리할 수 있다. 첫째, 남북이 상대방의 사상과 제도를 인정하면서 연방국가를 세운다. 둘째, 남북은 같은 권한과 의무를 지니고 각각 지역자치제를 실시한다. 셋째, 남북의 대표들과 해외동포 대표들로 '최고 민족련방회의'를 구성하고, 거기서 조직한 '련방상설위원회'가 연방국가의 통일정부로서 나라와 민족의 전반적인 사업을 관할한다. 넷째, 통일국가의 국호는 '고려민주련방공화국'으로 정한다. 다섯째, '고려민주련방공화국'은 대외적으로 중립국이 된다.

따라서 이와 같은 1980년의 통일 방안을 1960년 및 1973년의 통일 방안과 비교해보면 다음과 같이 몇 가지 다른 점을 찾을 수 있다. 첫째, 1980년의 통일 방안은 이전의 통일 방안보다 구체적이고 체계적이다. 둘째, 이전의 연방제가 남북 총선거를 통해 완전한 통일국가를 이루기 위한 과도적 대책이나 일시적 대안이었다면, 1980년의 연방제는 최종 단계 또는 궁극적 목표의 성격을 띠고 있다. 셋째, 국호와 관련하여 1960년에는 언급하지 않았고, 1973년에는 '고려련방공화국'이라고 했는데, 1980년에는 '고려민주련방공화국'이라고 고쳤다. 넷째, 연방정부의 조직과 관련하여 1960년에는 '최고민족회의'를, 1973년엔 '대민족회의'를, 1980년에는 '최고 민족련방회의'와 '련방상설위원회'의 설치를 제안하였다. 다섯째, 연방정부를 구성할 대표와 관련하여 1960년에는 당국 대표들로 국한하였지만, 1973년에는 각계각층 인민들과 정당 및 사회단체 대표들도 포함했으며, 1980년에는 해외동포들에게까지 확대하였다. 여섯째, 연방국가의 외교강령 또는 대외정책과 관련하여 1980년의 통일 방안에서는 중립국가가 되어야 한다는 점을 강조하고 있다.

여기에 나오는 중립화통일은 1940년대부터 미국과 남한에서 먼저 논의되었으며, 2005년 2~3월 노무현 대통령이 여러 차례 제기했던 '동북아 균형자 역할'의 대안으로도 고려해볼 수 있기 때문에, 이에 대한 북한의 제안을 조금 더 구체적으로 살펴볼 필요가 있다. 북한 당국이 연방국가의 성격으로 "어떠한 정치군사적 동맹이나 쁠럭에도 가담하지 않은 중립국가"를 내세우는 데는 "내적 요인과 함께 외적 요인"을 바탕으로 "력사적 경험과 현실적 요구로부터" 그 당위성을 찾고 있는데, 2003년 평양출판사에서 펴낸 『조국통일문제 100문 100답』에 나오는 내용을 아래에 옮긴다.

"고려민주련방공화국이 견지하여야할 활동원칙은 자주, 민주, 중립, 평화이다…… 고려민주련방공화국은 국가활동에서 중립로선을 견지하여야 한다. 련방공화국이 중립로선을 견지하여야 하는 것은 두 가지 요인에 의하여 규제된다. 그 하나는 련방공화국이 서로 다른 사상과 제도를 가진 두 지역 사이의 련방으로 이루어지게 되는 사정과 관련된다. 련방공화국은 서로 다른 사상과 제도를 가진 북과 남 사이의 련방으로 형성되기 때문에 대외적으로 어느 특정한 나라에 편중하는 정책을 실시하거나 어떤 정치군사 동맹이나 뿔럭에 가담하면 불가피하게 통일국가 내부에서 모순이 생기고 분쟁이 발생할 수 있으며 결국 련방국가 자체의 존재를 유지할 수 없게 된다. 이처럼 련방공화국이 서로 다른 사상과 제도 우에 형성되는 것만큼 대외적으로 중립로선을 견지하는 것은 필연적인 것이다.
고려민주련방공화국이 중립국가로 되여야하는 것은 이런 내적 요인과 함께 외적 요인에도 기인된다. 국제관계에서는 나라들 사이의 리해관계가 복잡하게 엉켜있고 세력권 쟁탈을 위한 제국주의자들의 침략과 간섭이 끊임없이 강화되고 있다. 더우기 우리 민족은 력사적으로 외세의 침략을 받아왔다. 이런 형편에서 통일국가가 자기의 존립을 보존하고 민족적 번영을 이룩하기 위하여서는 대외적으로 중립로선을 견지하여야 하며 친선과 호의로 대하는 모든 나라들과 친선협조 관계를 맺어야 한다.……

고려민주련방공화국은 중립국가이다. 세계에 련방국가들은 많지만 대외적으로 중립정책을 실시하는 나라들도 있고 그렇지 않은 나라들도 있다. 우리의 경우에는 련방국가가 대외적으로 중립로선을 견지할 것을 요구한다. 그것은 자본주의와 사회주의라는 서로 다른 두 제도에 기초하여 창립되기 때문이다. 그러므로 우리의 련방국가가 존립하는 한 항구적으로 중립국가로 되어야 한다."

이렇듯 '고려민주련방공화국 창립 방안'은 상당히 구체적이고 체계적으로 다듬어진 통일 방안으로 그 내용도 바람직하고 현실적인 측면이 많다. 그러나 이를 실현하기 위한 전제조건이 문제다. 남한이 받아들이기 어렵기 때문이다. 이는 크게 두 가지로, 하나는 남한에서 국가보안법을 철폐하여 민주화를 이루어야 한다는 것이고, 다른 하나는 주한미군을 철수하여 한반도에서 긴장을 완화해야 한다는 것이다.

김일성이 이를 발표했던 1980년은 남한에서 광주민주항쟁이 무참하게 진압되고 폭압적인 전두환 군사독재정권이 들어서면서 민주화가 절실한 때였다. 그러나 북한 역시 1인 지배 또는 수령독재체제를 이끌면서 남한의 민주화만 요구한 것은 분명히 설득력을 지닐수 없었다. 또한 남한에서는 2014년 현재까지도 주한미군 철수에 대한 논의는 이른바 '금기의 성역'으로 남아 있는데 그 무렵에는 더욱 심했다. 주한미군 철수는 북한에 의한 적화통일로 이어질 것이라는 의혹과 불안이 널리 퍼져 있었던 것이다. 남한의 보수계층이 북한의 통일 방안을 '음흉한 적화통일전략'이라고 비난하는 가장 큰 배경이다.

| 1990년대의 '낮은 단계의 련방제' 통일 방안 |

김일성은 1989년 3월 평양을 방문한 남한의 문익환 목사와 만

1989년 3월 27일 평양 주석궁에서 문익환 목사가 김일성 주석에게 『우리말 갈래사전』을 전하며 '남북한 통일 사전' 편찬을 제안하고 있다.

나 통일 방안에 관해 얘기하면서 연방제에 의한 통일은 "단번에 실현시킬 수도 있고 점차적인 방법으로 실현시킬 수도 있다"고 했다. 여기서 말하는 '단번에' 실현되는 연방제가 '높은 단계'라면 '점차적인 방법'으로 실현되는 연방제의 초기 단계가 '낮은 단계'를 가리킨다고 할 수 있다.

김일성이 이를 공식적으로 발표한 것은 1991년 1월 신년사를 통해서다. 남북에 서로 다른 두 제도가 존재하는 실정을 감안하여 "누가 누구를 먹거나 누구에게 먹히우지 않는 원칙에서 하나의 민족, 하나의 국가, 두 개 제도, 두 개 정부에 기초한 련방제방식"으로 통일을 이루어야 한다고 말하며 다음과 같이 밝혔다. "고려민주련방공화국 창립 방안에 대한 민족적 합의를 보다 쉽게 이루기 위하여 잠정적으로는 련방공화국의 지역자치정부에 더 많은 권한을 부여하며 장차로는 중앙정부의 기능을 더욱 더 높여 나가는 방향에서 련방제통일을 점차적으로 완성하여야 한다."

그는 나아가 1993년 4월 '전민족 대단결 10대 강령'을 발표하면서 "북과 남은 현존하는 두 제도, 두 정부를 그대로 두고" 모든 민족 성원들을 대표할 수 있는 통일국가를 창립해야 한다고 했다. 조금 더 자세히 소개하자면, "북과 남이 서로 상대방의 제도와 사상을 그대로 인정하고" 공존공영을 도모하며 "우선 북과 남이 할 수 있는 것부터 해나가면서" 평화통일을 지향해나가자는 것이다.

따라서 '낮은 단계의 련방제'는 남북이 각각 자치정부를 이끌면서 당장 군사권과 외교권을 합쳐 중앙정부 또는 연방정부를 이루기 어렵기 때문에, 정치와 경제 그리고 군사와 외교 분야에서 현재의 기능과 권한을 그대로 지니면서 그 위에 민족통일기구를 설치하는 과정이라고 할 수 있다. 연방제를 '단번에' 실현하기 어렵다면 '점차적으로' 실현하자는 취지다.

위와 같은 1990년대의 통일 방안에는 남한의 흡수통일에 대한 경계나 두려움이 배어 있다. 1980년대 말부터 시작된 동유럽 사회주의권의 붕괴, 특히 동독의 붕괴에 따른 서독의 흡수통일 및 소련의 해체 등을 지켜보면서 북한 체제의 유지에 대한 불안감이 싹트기 시작했을 것이다. 그래서 김일성은 1991년 1월 신년사에서 "누가 누구를 먹거나 누구에게 먹히우지 않는 원칙에서"라는 말을 하지 않았겠는가. 나아가 1993년 4월의 '10대 강령' 5번째 항목에서는 "서로 상대방에 자기의 제도를 강요하려 하지 말아야 하며 상대방을 흡수하려 하지 말아야 한다"고 노골적으로 주장했다. 이는 북한이 남한을 흡수하지 않겠다며 남한을 안심시키는 게 아니라 남한에게 북한에 대한 흡수통일을 추구하지 마라는 경계심을 드러낸 것이다. 1980년의 '고려민주련방공화국 창립 방안'에서 "우리는 우리의 사상과 제도를 결코 남조선에 강요하지 않을 것"이라고 했던 것과 비교해보기 바란다. 또한 '10대 강령'의 7번째 항목에서 "통일되기 전에는 물론 통일된 후에도 국가적 소유, 협동적 소유, 사적 소유를 인정하고 개인 또는 단체의 자본과 재산, 외국자본과의 공동 리권을 보호하여야 한다"고 주장했는데, 이 역시 남쪽 자본주의의 영향으로부터 북녘 사회주의체제를 지키겠다는 불안감 섞인 의지의 표현일 것이다. 1960~80년대의 통일 방안이 궁극적으로는 남한을 흡수하려는 '공세적 연방제'였다면, 1990년대부터의 통일 방안은 남한에 흡수당하지 않기 위한 '수세적 연방제'라고 해석하는 배경이다.

참고로, 1993년의 '전민족 대단결 10대 강령'은 남한에서 '7·4 남북공동성명'으로 불리는 1972년의 '조국통일 3대 원칙' 및 1980년의 '고려민주련방공화국 창립 방안'과 함께 북한에서 '조국통일 3대 헌장'으로 받들어지고 있다. 북한은 이를 "조국통일의 근본원칙과 방도들을 전일적으로 체계화하고 집대성한 조국통일의 3대 헌장"으로 부르며, 2001년 평양의 관문으로 불리는 락랑구역 통일거리 입구에 '조국통일 3대 헌장 기념탑'이라고 이름 지은 거대한 조형물을 세웠다. 남한 당국은 공식적으로 연방제통일을 거부하기 때문에 북한을 방문하는 사람들에게 들르지 못하게 하는 곳이다.

남한의 연합제 안과 북한의 낮은 단계의 연방제 안: 공통점과 차이점

남한의 통일정책은 1994년 김영삼 정부 때 만들어진 '민족공동체통일 방안'이다. 이는 자주, 평화, 민주의 3대 원칙을 바탕으로 화해협력, 남북연합, 완전통일이라는 3단계를 거쳐 통일을 실현한다는 내용을 담고 있다. 점진적으로 통일을 추구한다는 것은 실현 가능성과 관련해 긍정적으로 평가받을 만하다. 그러나 마지막 단계인 통일국가의 형태를 "자유, 인권, 행복이 보장되는 민주국가"로 규정하여 남한의 자유민주주의체제로 북한을 흡수하겠다는 의도를 드러냄으로써 북한의 비난과 반발을 받게 되었다.

게다가 김영삼은 1994년 8월 광복절 경축사를 통해 남북 사이에 체제 경쟁이 끝났다고 선언하면서, "우리의 자유민주주의는 어떠한 희생을 치르더라도 반드시 수호될 것입니다.…… 통일을 추진하는 우리의 기본 철학 역시 자유와 민주를 핵심으로 하고 있습니다"고 주장함으로써, 반드시 자유민주주의체제로 통일이 되어야 한다는 점을 못 박았다. 궁극적으로 남한이 북한을 흡수통일하겠다는 의지를 공개적으로 표명한 것이다. 더구나 통일이 예기치 않은 순간에 갑자기 닥쳐올 수도 있다는 발언은 북한 체제의 조기 붕괴를 바라며 흡수통일을 강조한 것으로 받아들여졌다.

이에 북한은 1994년 11월 〈로동신문〉을 통해, 자유민주주의체제하의 통일이 "북과 남의 대결과 충돌, 동족상쟁"을 유발시킬 것이라고 비난했다. 그리고 이러한 통일은 "남조선에 세워진 식민지 파쑈체제를 우리 공화국에까지 확대연장해 보겠다는 것이며 결국 전쟁으로 '승공통일'의 꿈을 실현해 보겠다는 것"이라며, 오히려 "'문민'독

2000년 6월 23일 평양 순안공항에 도착한 김대중 대통령을 김정일 국방위원장이 영접하고 있다.
ⓒ연합뉴스

재자는 상종할 대상이 아니라 타도 대상"이라고 강하게 반발했다.

그러다 2000년 6월 김대중과 김정일이 최초의 남북정상회담을 갖고 "남과 북은 나라의 통일을 위한 남측의 연합제 안과 북측의 낮은 단계의 연방제 안이 서로 공통성이 있다고 인정하고 앞으로 이 방향에서 통일을 지향시켜나가기로 하였다"고 합의했다. 1994년 김영삼 정부가 발표한 '민족공동체통일 방안'의 2단계인 '남북연합'과 1989년~1991년 김일성이 주장한 낮은 단계의 연방제 사이에 있는 공통점을 바탕으로 통일을 추구하자는 것이었다.

연합제는 남북이 대외적으로 각각 주권을 유지하는 독립국으로서로 다른 체제와 정부를 유지하며 통일 지향적인 협력관계를 발전시키는 국가연합의 형태를 뜻한다. 그리고 낮은 단계의 연방제는 남북이 서로 다른 정부와 제도를 유지하면서 각각 정치, 군사, 외교권을 비롯한 현재의 기능과 권한을 지니되 그 위에 민족통일기구를 설치하여 하나의 연방국가를 이루는 형태다.

두 통일 방안의 공통점은 남북이 서로 다른 이념과 체제를 지향하고 유지해왔기 때문에 급격하게 통일하는 것은 바람직하지도 않을 뿐만 아니라 가능성도 높지 않다고 생각하여 잠정적으로 각각의 이념과 체제 그리고 제도와 정부를 유지하는 것이다. 구체적으로 세 가지를 들 수 있다. 첫째, 두 방안 모두 통일의 최종 형태가 아니라 과도기적 형태라는 점이다. 즉, 통일의 모습이 아니라 통합을 준비해나가는 과정이나 방법을 가리키는 것이다. 둘째, 두 방안 모두 2체제 2정부를 유지하면서 두 정부 사이에 협력 체제의 필요성을 인정하고 있다. 남북 정부가 정치, 군사, 외교권을 각각 갖고 협력기구를 운영해나간다는 것이다. 셋째, 이러한 중간 단계에서 정치, 군사, 경제, 사회 등 각 분야별 대화와 교류협력을 통해 통일의 기반을 넓혀나간다는 것이다.

두 통일 방안의 가장 큰 차이점은 국가연합이 대외적으로 두 개의 국가인 데 반하여, 낮은 단계의 연방제는 대외적으로 하나의 국가라는 점이다. 즉, 연합제는 연립주택처럼 2개의 독립국가가 나란히 붙어서 협력하는 형태인 '2국가 2정부 2체제'라고 할 수 있고, 낮은 단계의 연방제는 한 지붕 두 가족처럼 밖으로는 1개의 독립국가를 이루면서 안으로는 2개의 지역정부가 협력하는 형태인 '1국가 2정부 2체제'라고 말할 수 있다.

연방제 통일 방안에 대한 평가

남한에서는 북한이 제안해온 연방제에 관해 오해와 불신 그리고 거부감이 매우 크다. 6·25전쟁을 비롯한 북한의 침략이나 여러 가지 도발 때문일 수도 있고, 북한에 대한 왜곡과 편견 탓일 수도 있으며, 북한을 인정하지 않거나 평화통일을 바라지 않는 극우수구 세력의 반발 때문일 수도 있다.

앞에서 얘기했듯, 북한이 1960~80년대에 제안한 통일 방안이 궁극적으로는 남한을 흡수하려는 '공세적 연방제'였다면, 1990년대부터 제안해온 통일 방안은 남쪽에 흡수당하지 않기 위한 '수세적 연방제'다. 과거엔 북한의 국력이 남한보다 우위에 있었기 때문에 연방제를 거쳐 궁극적으로 남한을 적화통일할 수 있으리라고 믿었겠지만, 1990년대부터는 북한이 모든 면에서 남한과 비교도 할 수 없을 만큼 뒤처져 있기 때문에 연방제를 통해 남한에 흡수되지 않겠다고 생각하기 때문이다.

북한의 처지가 변하고 연방제의 내용도 바뀌었는데, 낮은 단계의 연방제마저 적화통일전략의 일환이라며, 기어코 자유민주주의와 자본주의로만 통일해야 한다고 주장하는 것은 분단 상태를 고수하자는 억지와 다름없다. 북한이 남한보다 경제력이 큰가, 군사력이 강한가, 아니면 인구가 많은가. 무슨 수로 적화통일을 할 수 있겠는가 말이다.

요약하자면, 연방제는 남북이 당분간 서로의 사상과 체제가 다르다는 점을 인정하여, 남한은 자유민주주의와 자본주의를 유지하고 북한은 인민민주주의와 사회주의를 지키며, 한 지붕 아래 두 집 살림을 차리는 식으로나마 통일을 추구해보자는 것이다. 1994년 김영삼 정부가 발표한 '민족공동체통일 방안'의 2단계인 '남북연합'은 역시 같은 취지로 남북이 각각 자신의 사상과 체제뿐만 아니라 독립성과 자주성까지 유지하며 유럽연합(EU)처럼 가까이 지내며 긴밀하게 협력하자는 내용을 담고 있다. 그리고 이 두 가지 통일 방안의 공통점을 바탕으로 통일을 추구하자는 게 2000년 6·15남북정상회담의 합의사항이다.

그러나 이렇게 건설적이고 바람직한 정상 간의 합의마저도 남한의 이명박–박근혜 극우 정부는 지키지 못하겠다고 한다. 평화통일을 거부한다는 뜻이나 마찬가지다. 남한 당국이 통일과 관련한 정부 부처나 기구 또는 무슨 회의 등을 아무리 많이 조직하고 강화한

들, 6·15남북정상회담의 합의사항 또는 오인동 재미동포 의사가 이름 붙인 대로 '남북연합방'을 따르지 않는다면 협상을 통한 평화통일이 가능하겠는가.

13

친북: 화해협력과 평화통일을 위한 조건

　나는 '친북'이다. 법정의 판검사들과 강의실의 학생들에게 권유해온 대로, 남한의 온 국민에게도 호소한다. 친북적으로 되어달라고. 전쟁을 원치 않고 평화를 바란다면. 또는 무력통일을 추진하지 않고 평화통일을 추구한다면. 그렇다고 '빨갱이'가 될 필요는 없다. 물론 '종북'이 되는 것은 바람직하지 않고.

　여기서 '친북'이란 북한과 친하게 지내는 것을 뜻하고, '빨갱이'는 공산주의자를 가리키며, '종북'은 북한의 이념이나 체제 또는 지도자들을 추종하는 것을 의미한다. '친북'이나 '종북'이란 말은 아직 국어사전에 실려 있지 않지만 우리 사회에서 널리 쓰고 있기에 내 나름대로 한자를 풀어본 것이다.

　내가 친북이 된 것은 폭력을 거부하며 특히 전쟁을 극도로 싫어하기 때문이요, 온 국민에게 친북적으로 되어달라고 호소하는 이유는 바람직한 국가정책을 따르며 평화통일을 이루기 위해서다. 1980

년대부터 우리 남한의 공식적 통일정책은 북한과 화해협력을 통해 통일을 실현하는 것이기 때문이다.

법정에서 증언하게 되면 북한의 통일정책을 거의 빠짐없이 다루게 되고, 그와 연결해 남한의 통일정책도 건드리게 된다. 그 과정에서 판검사들에게도 친북을 권유하게 되기에, 남한의 통일정책을 간단하게 소개한다.

남한 통일정책의 변화

1950년대 이승만 정부는 '무력 북진통일'을 내세웠다. 북한과 전쟁을 치렀던 터라 평화통일을 주장하는 야당 지도자를 처형하기까지 했다.

1960~70년대 박정희 정부는 '선 건설 후 통일'을 내세우며 궁극적으로 '승공통일'을 추구했다. 그 무렵 남한의 국력이 북한보다 뒤지고 정치적으로도 안정되지 않은 상황이어서, 먼저 경제성장에 치중하여 힘을 기르고 나중에 '공산주의를 무찔러 승리하는 통일'을 이루겠다는 것이었다.

1982년 전두환 정부는 통일헌법을 만들고 남북 총선거를 실시하여 통일민주공화국을 세운다는 '민족화합 민주통일 방안'을 발표하였다. 남북 대표들이 '민족통일 협의회의'를 구성하여 거기서 통일헌법을 마련하고, 확정된 통일헌법에 따라 총선거를 실시하여 통일국회와 정부를 구성함으로써 통일을 이룬다는 내용이다.

1989년 노태우 정부는 전두환 정부의 '민족화합 민주통일 방안'을 보완하고 체계적으로 다듬은 '한민족공동체 통일 방안'을 내놓았다. 자주, 평화, 민주의 3대 원칙 아래 공존공영, 남북연합, 단일민족국가의 3단계를 거쳐 통일을 실현한다는 내용이다.

1994년 김영삼 정부는 노태우 정부의 '한민족공동체 통일 방안'을 거의 그대로 받아들여 '한민족공동체 건설을 위한 3단계 통일 방안'을 발표했다. 흔히 '민족공동체 통일 방안'이라고 불리는데 자주, 평화, 민주의 3대 원칙을 바탕으로 화해협력, 남북연합, 완전통일이라는 3단계를 거쳐 통일을 실현한다는 내용을 담고 있다.

이 통일 방안은 김대중-노무현 정부를 거쳐 이명박-박근혜 정부도 받아들였다. 참고로, 많은 사람들이 오해하는데, 김대중 대통령이 내세웠던 '햇볕정책'은 통일정책이 아니라 대북정책이었다. 북한과 관계 개선을 이룬 뒤에 통일을 준비해야지, 적대관계도 풀지 못하면서 통일정책을 마련하는 게 무슨 의미가 있느냐는 취지였다.

남한의 공식적 통일정책은 전두환 정부가 형식적이나마 틀을 짜고, 노태우 정부가 체계적으로 다듬었으며, 김영삼 정부가 살짝 고친 것을 그대로 지켜오고 있는 것이다. 중요한 사실은 1단계가 북한과 함께 살아가며 같이 번영하자는 '공존공영(共存共榮)' 또는 화해협력이라는 점. '진보 정부' 또는 '좌파 정부'로도 불리던 김대중-

노무현 정부 때 만들어진 게 아니라, 전두환-노태우 군사 정부와 김영삼 보수 정부 때 만들어지고 다듬어졌으며, 이명박-박근혜 극우 정부에서도 받아들인 통일정책의 첫 단계가 북한과 더불어 살며 화해와 협력을 이루자는 것이란 말이다.

바로 이것이다. "우리의 소원은 통일, 꿈에도 소원은 통일"이라고 외치며, 북한과 더불어 사는 가운데 화해와 협력을 이루겠다는 1단계 목표를 세워놓고, 북한을 '주적(主敵)'으로 삼으며 적대관계를 유지하는 게 말이 되는가. 이승만 시대처럼 전쟁을 통해 통일하거나 박정희 시대처럼 공산주의를 쳐부수고 통일하는 게 목표라면 북한에 증오심을 지니고 적대관계를 유지하는 게 당연하다. 그러나 진정 화해협력을 통해 평화통일을 이루겠다면, 설사 북한이 원수같이 굴며 잘못을 저지르더라도, 미운 놈에게 떡 하나 더 준다는 속담대로 굶주리는 사람들에게 식량이라도 보내주면서 먼저 손을 내밀어야 하지 않겠는가. 적으로 삼으며 어떻게 화해하고, 친하게 지내지 않고 무슨 수로 협력할 수 있겠느냐는 뜻이다. 그렇게 할 자신이 없거든 통일정책을 폐기하든지 바꿔야 한다. 선량한 국민, 특히 통일운동가들 헷갈리게 하지 말고. 내가 '친북'을 자처하며 법정에서든 강의실에서든 이를 권유하고 떳떳하게 공개적으로 호소하는 이유다.

1950~70년대 남한의 통일정책이 무력 북진통일이었을 때 반공반북은 애국이 되었고, 평화통일을 호소하면 반공법 위반으로 감옥

에 갔다. 1990년대부터 통일정책이 화해협력을 통한 평화통일로 바뀌었으니, 이젠 친북 평화를 애국애족 행위로 간주하고 반북을 조장하면 처벌해야 하지 않을까.

친북 통일은 대박, 반북 통일은 쪽박

2014년 1월 박근혜 대통령이 기자회견을 하면서 "통일은 대박"이란 말을 썼는데, 이 말 자체가 대박이 되었다. 통일에 관심이 없거나 부정적으로 생각하는 사람들조차 관심을 갖게 된 것이다. 내용이야 어떻든 이 말이 통일에 기여한 바가 적지 않은 셈이다.

사실 이 말은 신창민 중앙대 경영학 교수 겸 한우리 통일연구원 이사장이 2012년 『통일은 대박이다』라는 책을 펴내면서 처음으로 썼던 말인 것 같다. 그는 통일을 빨리 이루되 통일비용을 최소화하고 통일편익을 극대화하면 매년 10% 이상의 경제성장을 기록할 수 있다며, "통일은 진정 대박"이라고 했던 것이다. 자유민주주의체제로 단일화해야 하고, 북한 붕괴를 통한 흡수통일이 가장 효율적이며, '김씨 왕조' 체제의 허구성을 알리기 위해 북쪽에 전단을 날려 보내는 게 좋다는 등의 위험한 극우적 주장에 나는 전혀 동의할 수 없지만, 박근혜 대통령은 이를 받아들여 '통일 대박론'을 펼친 듯하다. 그 무렵 국가정보원장이 "자유 대한민국 체제로의 조국통일"을

주장한 것도 이와 같은 맥락이다.

　'통일이 대박'이라는 데는 분명히 전적으로 찬성한다. 그러나 어떠한 통일이냐가 문제다. 통일의 방법이나 과정에 따라 대박을 터뜨릴 수도 있고 쪽박을 찰 수도 있을 것이기 때문이다. 나는 화해와 협력을 통한 평화통일을 실현할 때만 대박이고, 전쟁이나 북한 붕괴에 따른 흡수통일이 이루어질 때는 쪽박이리라 확신한다. 친북 통일이라야 대박이고 반북 통일이면 쪽박이란 말이다.

　만에 하나 전쟁을 하면 결국엔 남한이 이겨 북한을 흡수통일할 수 있을 것이다. 그러나 양쪽이 최첨단 무기를 무수하게 가진 터에 전쟁이 터지면 남쪽이든 북쪽이든 불바다가 되고 잿더미가 될 게 뻔한데 최후의 승리를 거둔들 뭘 하겠는가. 끔찍한 쪽박이지. 전쟁은 꿈도 꾸지 말아야 한다.

북한 붕괴에 관해 나는 1990년대 중반부터 가능성도 낮으며 바람직하지도 않다고 주장해왔다. 북한이 무너질 것 같지 않고, 붕괴되더라도 남한에 흡수될 가능성이 크지 않으며, 흡수통일되더라도 대박보다 쪽박이 되기 쉬우리라 예상하는 것이다. 가능성이 왜 낮은지 제대로 짚어보려면 누가 언제부터 왜 '북한 붕괴론'을 제기하고 퍼뜨려왔으며 왜 아직 무너지지 않고 있는지 자세히 얘기해야 하는데, 이는 앞에서 대강 설명했다. 여기서는 왜 바람직하지 않고 쪽박이 되기 쉽다고 예상하는지만 간단히 밝힌다.

만약 북한이 붕괴되면 남한에 고이 흡수되리라 생각하는 사람들이 꽤 많은 것 같다. "통일이 예기치 않은 순간에 갑자기 닥쳐올 수도 있다"던 김영삼 대통령, "통일은 도둑같이 올 것이다"고 했던 이명박 대통령, 그리고 "통일은 대박"이라고 외친 박근혜 대통령 등. 물론 동독이 무너져 서독에 흡수통일되었듯, 북한이 붕괴되어 남한에 흡수통일될 수도 있을 것이다. 그러나 난 다른 가능성이 더 크다고 생각한다.

첫째, 중국이 가만히 지켜보고만 있겠는가. 안보와 경제를 이유로 북한에 가장 먼저 들어갈 수 있고 그럴 가능성이 가장 크다. 북한 사람들의 정서도 이미 남한보다는 중국 쪽으로 기울어져 있으리라 생각한다. 둘째, 미국은 북한 핵무기의 안전한 관리나 폐기를 구실로 유엔을 앞세워 개입할 것이다. 셋째, 북한 군부가 남침할 가능성은 없을까. 중국으로의 집단 망명이나 남쪽으로의 집단 투항이 여의치 않다면, 자포자기 또는 최후의 발악으로 전쟁을 생각할 수도 있지 않겠느냐는 말이다. 넷째, 아무 탈 없이 남한에 흡수되더라도 북쪽 인민을 기꺼이 따스하게 껴안을 수 있는 의지와 능력을 겸비한 남쪽 국민이 얼마나 될까. 지금까지 남쪽에 들어와 있는 탈북자 2만 명 남짓도 제대로 감싸지 못하고 냉대하면서. 그러기에 흡수통일 역시 대박보다는 쪽박이 될 가능성이 크다.

반북을 조장하는 사람들

우리 사회엔 정부의 통일정책이 화해와 협력을 통한 평화통일로 바뀌었지만 북한에 대한 부정적 인식이나 반북감정을 신념처럼 고집하는 사람들이 많다. 무력충돌은 남북 양쪽에 불바다와 잿더미를 안겨줄 게 뻔한데도 '전쟁 불사'를 외치며 북한에 대한 원한과 적개심을 드러내는 사람들도 적지 않다. 통일을 추구하되 북한과의 화해협력은커녕 북한을 인정조차 하지 않으며 쳐부숴야 한다는 집단이다. 북한을 적으로 삼되 북한이 사라지는 것은 원치 않는 이른바

'적대적 공존'을 통해 기득권을 지키려 하는 사람들도 있다. 분단 구조를 선호하며 통일을 반대하는 진짜 '반통일 세력'이다. 이들 때문에 세상이 변하고 정책이 바뀌어도 친북은 불온하고 범죄시되며 반북은 건전하고 애국적으로 치부되는 사회풍조가 여전히 지속될 수 있을 것이다.

나는 이들을 크게 몇 가지 부류로 나누어보고 싶다. 첫째, 해방 이전 일제에 협력했던 친일파. 둘째, 북쪽의 토지개혁으로 쫓겨 온 지주들과 종교 탄압으로 내려온 기독교인들을 비롯한 1940년대 탈북자들. 셋째, 한국전쟁 중 북한 인민군에게 목숨이나 재산을 빼앗기는 등 피해를 당한 사람들. 넷째, 냉전시대 반공 교육에 철저히 세뇌당한 사람들. 이 가운데서도 북한에 대한 원한이나 증오심 또는 적대감을 조장하는 데 앞장서서 가장 큰 역할을 하는 사람들은 어떤 집단일까.

첫째, 친일파들이다. 분단 이후 남쪽에서는 이들이 처벌받기는커녕 오히려 지배 세력이 되었다. 해방 직후 1945년 9월부터 1948년 8월까지 3년간 실시되었던 미군정의 역할이 결정적이었다. 남쪽을 점령했지만 행정에 미숙했던 미군들이 일제 아래서 행정을 맡았던 친일파를 내세워 통치했기 때문이다. 초기에는 심지어 일본 헌병 및 경찰조차 이용했다. 예를 들어, 1945년 9월 9일 〈뉴욕 타임스〉가

보도하듯, 미군들이 9월 8일 인천항에 도착할 때 그들을 환영하는 조선인들에게 일본 헌병이 총을 쏴 2명이 죽고 10여 명이 부상당했다. 질서 유지를 위한 미군사령관의 조치였다. 이런 식으로, 8월 15일 일본의 항복으로 조선이 해방되었어도, 남쪽에서는 미군 도착 이후 며칠 동안 일본 경찰에 의해 조선인 수십 명이 죽었다. 일본인은 조선인들에 의해 한 명도 죽지 않았고. 미군들이 질서를 유지한답시고 일본 군인이나 경찰까지 이렇게 보호하고 이용했다면, 통치를 위해 행정 경험이 있는 조선인들은 얼마나 우대하며 활용했겠는가.

친일파는 이후 변신의 귀재들이 되었다. 전광용이 1962년 발표한 단편소설 「꺼삐딴 리」가 이를 생생하게 보여주고 있듯이. 일제하에서는 잠꼬대도 일본어로 할 정도로 완벽한 황국 신민으로 살다가, 소련군이 진주한 뒤엔 북쪽에서 잠시 감옥 생활을 하지만 풀려나 친소파로 돌변해 영화를 누리고, 남쪽에 내려와서는 미국인들에게 아부하며 친미주의자가 되는 주인공 같은 사람이 한둘이었겠는가. 그들이 나중엔 국가권력까지 장악해 이를 유지하고 강화하기 위해 반공을 이용해왔으니, 에둘러 소설을 인용할 필요 없이 남한 역사상 '가장 훌륭한 대통령'으로 간주되는 인물을 소개한다. 해방 이전엔 일본군 장교로 지내다, 미군정 때는 남쪽 군대에 몸담고 공산주의 활동을 벌이다 체포되었지만, 한국전쟁으로 살아남아 나중에 군사 쿠데타를 일으키고 정권을 잡자마자 가장 먼저 반공을 내세웠던 박정희.

이에 남정현은 1965년 발표한 단편소설 「분지」를 통해 "민중을 위해서 투쟁한 별다른 경험이나 경륜이 없어도 어떻게 '반공'과 '친미'만을 부르짖다 보면 쉽사리 애국자며 위정자가 될 수 있는 것 같은 세상"이라고 남한 사회를 묘사했다. 그리고 감옥에 갇혔다. 박정희가 5·16쿠데타로 정권을 잡은 직후인 1961년 7월 제정된 '반공법' 위반 혐의로. 그래서 1990년 언론인이나 역사학자로 활동하던 김삼웅, 이헌종, 정운현 등은 『친일파』라는 제목의 책을 펴내면서 다음과 같이 설파했다. "친일 세력은 민족통일보다 분단을, 민족자주보다 사대예속을, 민주주의보다 독재지배를 택했다. 이런 비정상에서만이 자신들의 입지를 확보할 수 있고, 기득권을 지킬 수 있기 때문이다.…… 직접 친일을 한 친일파는 물론 그들의 2세, 3세 또 그 잔당들은 지금도 우리 사회의 모든 부문에 걸쳐 실세로서 행세하고 있다."

둘째, 북쪽에서 1946년 3월 토지개혁이 실시되자 남쪽으로 쫓겨 온 지주들이다. 무상몰수 무상분배 방식의 토지개혁에 따라 땅을 빼앗기고 빈손으로 내려온 사람들이라 북한에 대한 원한을 품지 않기가 어려울 것이다. 아직까지 옛 토지문서를 소중하게 간직한 채 땅 찾을 꿈에 젖어 있을 테니 북한 체제가 하루라도 빨리 무너지길 기대하지 않겠는가.

그러나 북한이 붕괴되더라도 이들이 옛 땅을 쉽게 찾을 수 있을

지 의문이다. 북한 당국이 1998년부터 식량난 타개책의 일환으로 농지를 확충하기 위한 토지정리 사업을 대대적으로 전개했기 때문이다. 김정일은 '대자연 개조사업'이란 기치 아래 "뚝이나 몇 개 없애는 식으로 쬐쬐하게 하지 말고 지금 하는 것과 같이 10년, 50년 앞을 내다보며 대담하고 통이 크게" 하라고 지시했다. 2000년 4월 18일 〈로동신문〉에 실린 그의 말을 그대로 옮기니 참고하기 바란다.

> "광복 후 토지개혁을 하여 지주의 소유로 되어 있던 토지를 농민의 소유로 만들었지만 토지의 면모와 구조에서는 크게 달라진 것이 없습니다.…… 봉건시대로부터 대대로 내려오던 뙈기 논밭들을 큰 규모의 규격포전으로 만드는 것은 농촌에서 봉건적 토지소유의 잔재를 흔적도 없이 완전히 청산하고 이 땅을 진정한 사회주의 조선의 땅답게 면모를 일신하기 위한 하나의 혁명입니다.…… 이제는 옛날 지주가 토지문서를 가지고 한드레벌에 와서 자기 땅을 찾자고 하여도 찾지 못하게 되었습니다.…… 남조선은 벌이 많은 곡창지대이지만 토지가 개인소유로 되어 있기 때문에 우리처럼 토지정리를 할 수 없습니다."

셋째, 북쪽 당국의 종교 탄압을 못 이기고 쫓겨 온 기독교인들이다. 김일성은 사실 기독교 집안에서 모태신앙을 지니고 태어났다. 아버지 김형직은 기독교 계통의 숭실학교를 졸업하고 기독교도들이 중심이 된 항일민족운동 조직인 〈조선국민회〉를 만들어 활동했으며, 외할아버지 강돈욱과 외삼촌 강진석은 평양 근교 교회의 장로를 지냈고, 어머니 강반석은 집사로 일하며 어린 그를 교회에 데리고 다녔다. 그가 해방 이전 일제 감옥에 갇혔을 때는 아버지의 친구 손정도 목사가 7개월 동안 옥바라지하며 석방에 큰 힘을 쏟았다.

그러나 만주에서 항일운동을 벌이며 기독교에 부정적 인식을 갖기 시작했다. "청소년들이 예수의 교리를 절대화하게 되면 혁명에 아무 쓸모도 없는 나약하고 무기력한 존재로 될 수 있다"면서, "찬송가나 불러가지고서는 적의 화구 앞으로 돌진할 수 없으니, 찬송가를 부르는 신도들보다도 결사 전가를 부르는 투사들이 더 필요하다"고 했던 것이다.

나아가 해방 이후 북쪽에서 이른바 혁명 과업을 수행하면서 기독교인들을 비판하고 탄압하기 시작했다. 먼저 1946년 3월 토지개혁을 통해 일제와 지주들이 갖고 있던 땅을 공짜로 빼앗아 농민들에게 공짜로 나누어주었는데, 이때 기독교인들의 조직적인 저항이 있었다. 이에 김일성은 "반동적인 장로, 목사로서 땅을 안 가졌던 자가 거의 없고 놀고먹지 않은 자가 없었기 때문에 이들도 우리에게 불평을 품고 있습니다"고 비판했다. 그리고 1946년 11월 북쪽 전역에서 실시된 인민위원회 선거를 앞두고 선거일을 일요일로 잡은 데 대해 기독교인들이 '주일선거 반대운동'을 벌였다. 그 무렵 북쪽엔 약 2,000개의 교회에 30만 명 안팎의 기독교인들이 있었다는데, 이들의 대대적인 반대에 김일성은 그들을 사대주의자나 매국노로 몰아붙이며 기독교를 탄압하기 시작했다.

이때부터 남쪽으로 쫓겨 온 기독교 지도자들과 그 후예들이 반공의 최전선에 서게 되었으니, 이전엔 군사독재자들의 안녕을 위해 청와대에 들어가 구국기도회 조찬기도회 등을 해주고 요즘은 3·1절이나 광복절에 서울시청 광장에서 북한 국기나 김정일의 허수아비를 찢거나 불태우는 보수 교회 목사들이다. 이들의 가르침에 따라 신도들은 반북 투사가 되고.

물론 믿기 어려울 만큼 진짜 예수 같은 목사도 적지 않다. 세 분만 소개한다.

첫째, 손양원 목사. 일제의 신사참배 거부로 널리 알려진 분인데, 1948년 10월 이른바 '여수·순천 반란사건'에서 자신의 두 아들을 '빨갱이'한테 잃었다. 그럼에도 불구하고, 원수를 사랑하라는 하나님의 명령에 순종하기 위해, 그 빨갱이 살인자를 사형 집행 전 구출해 아들로 삼았던 분이니, 한마디로 말해 인간이 아니라 신 같은 목사였다.

둘째, 김상근 목사. 노무현 정부에서 〈민주평통〉 수석부의장을 지낸 분으로, "아버님은 6·25전쟁 때 북에 의해 총살을 당하셨다. 주검은 그 이상으로 비참했다"고 회고한 적이 있다. 아버님이 '북괴군'에게 비참하게 총살을 당했으니 그 '원수'에 대한 분노와 원한 또는 증오와 적대감이 엄청 컸을 것 같은데, 오히려 북한과의 화해와 협력을 통한 평화통일운동에 헌신해오고 있다.

셋째, 서광선 교수 겸 목사. 1960년대부터 이화여대에서 기독교학을 가르치다 1990년대엔 세계 YMCA 회장을 지낸 분이다. 내가 2008년『두 눈으로 보는 북한』이란 책을 펴냈을 때 그분이 썼던 서평 한 대목을 요약해 옮긴다. "한국전쟁 때 개신교 목사 아버지가 북한군에게 반공목사라는 이유로 총살당한 비참한 경험이 있는 사람으로서, 대한민국 해군으로 북한에 총을 겨누고 싸운 사람으로서, 내 굳어진 가슴을 풀기가 너무 너무 힘들다는 것을 고백하지 않을 수 없다. 내 머리로는 이재봉 교수의 책을 이해하고 북한의 사정을 있는 그대로 편견 없이 받아들이고 있지만, 굳어질 대로 굳어진 나의 상한 마음은 풀어지지 않는 것을 느낀다." 그러면서도 대북 지원에 앞장서고 남북 화해와 통일운동에 헌신하고 있다.

내가 외부 강연을 가장 많이 하는 장소 가운데 하나가 교회인데, 살인하지 말고 원수도 사랑하라는 성경의 가르침을 따라 아버지나 아들을 죽인 원수까지 포용하는 게 진정한 기독교인인가, 악을 제거하거나 마귀를 몰아내듯 형제동포마저 원수로 삼아 북한의 국기나 지도자를 불태우는 게 바람직한 기독교인인가 생각해볼 때가 많다. 저마다 주어진 환경과 시각 그리고 가치관이나 신앙관이 다를지라도 '하나님의 종'을 자처하는 목사들이라면, 원수도 사랑하라는 하나님의 명령과 예수의 가르침을 적극적으로 지키고 따르지는 못할지언정 정면으로 거역하지는 않는 게 기본적 도리가 아닐까. 우리 사회 도시에든 시골에든 거리마다 골목마다 십자가를 보게 되는데, 개신교 지도자들만이라도 친북까진 하지 않고 반북을 자제한다면 한반도 평화와 통일이 훨씬 앞당겨지리라 확신한다.

14

반미: 분단 직후부터 일어난 자주운동

　남한에서 '반미(反美)'는 '용공이적(容共利敵)'이 되어 국가보안법 위반으로 처벌받을 수 있다. 미국을 비판하거나 반대하는 것은 공산주의 정권의 주장이나 정책을 받아들이거나 동조하는 일이며, 북한과 미국이 적대적 관계를 유지하고 있는 상황에서 북한을 이롭게 한다는 논리다. 반미와 친북은 동전의 양면처럼 한 몸통이 되어버린 것이다.

　냉전시대 남한 대외정책의 기조를 한마디로 말하자면 '친미 반공'이었다. 냉전 종식 이후 지금까지도 미국과 친하게 지내며 북한 공산주의를 반대한다는 노선은 거의 바뀌지 않았다. 그러나 미국에 대한 남한의 인식이나 행위를 정확하게 표현하면 친미가 아니라 '숭미(崇美)'와 '종미(從美)'였다. 미국과 친하게 지내는 것을 뛰어넘어 미국을 숭상하며 추종했다는 뜻이다. 국제 사회에서 남한이 미국의 한 주처럼 비추어져 '51번째 주(the 51st state of the USA)'라는 빈정거

림을 받게 된 배경이다.

예를 들어, 미군은 1945년 9월 우리 땅에 들어오면서 자신들을 '점령군(occupation forces)'이라고 성격을 분명히 밝히고 정부 문서에도 그렇게 표현했다. 그러나 남한 정부는 미군이 해방군인지 점령군인지 대답하라는 설문조사까지 하면서, 점령군이라 부르면 빨갱이로 낙인찍었다. 1960년대엔 장관 임명조차 주한 미국대사에게 미리 보고하며 양해를 구했는데, 미국은 '내정 간섭'이 외부에 알려지지 않도록 조심스러워했지만, 남한 정부는 미국의 '충고와 조언'을 지속적으로 받고 싶다며 매달리다시피 한 적도 있다.

남한의 독재정권들은 국민의 지지보다 미국의 승인을 통해 정부의 합법성과 정통성을 얻었기 때문에, 미국에 대한 비판은 남한 정부에 대한 도전이자 북한 정부에 대한 동조로 간주되었다. 그리고 주한미군의 범죄와 만행에 분노하며 '주한미군 철수'를 외쳐도 빨갱이로 매도되었다.

반미운동은 1945년 분단 직후부터 자생적으로 시작되었다. 흔히 얘기하듯 1980년 5월 광주항쟁 이후 갑자기 일어난 것도 아니고, 북한의 사주나 조종에 따라 전개된 것은 더욱 아니다. 반미운동이 결과적으로 용공이적으로 될 수는 있을지라도, 결코 종북이 될 수는 없는 것이다. 남한에서 반미운동이 언제부터 왜 어떻게 펼쳐졌는지 알아본다.

반미의 의미

반미에 관해 논의하려면 이에 대한 개념부터 알아보는 것이 바람직하다. 똑같은 사건을 두고 한쪽에서는 반미라고 주장하지만 다른 쪽에서는 반미가 아니라고 반박하는 경우가 많기 때문이다. 예를 들어, 1985년 5월, 광주학살과 관련해 미국의 공개 사과를 요구하며 서울의 미국문화원 도서관을 3일간 점거했던 70여 명의 대학생들은 "우리는 반미가 아니다"고 주장했지만, 그 후 언론계나 학계에서는 그 사건을 1980년대 전반기 "반미운동의 절정"이었다고 평가했다.

2002년 12월 14일 서울시청에서 열린 '주권회복의 날, 10만 범국민 평화대행진'. 미군 장갑차에 희생된 여중생들을 추모하기 위해 열린 집회에서 참가자들이 성조기를 찢는 퍼포먼스를 벌이고 있다. ⓒ연합뉴스

그로부터 17년이 지난 2002년 6월, 경기도 양주에서 여중생 2명이 미군 장갑차에 치여 죽었는데 그 운전병들이 무죄 판결을 받자, 죽은 여중생들을 추모하며 한미행정협정(SOFA) 개정을 요구하는 촛불시위가 2003년까지 전국적으로 들불처럼 번졌다. 그 무렵 촛불시위가 반미냐 아니냐는 논쟁이 벌어지기도 했고, 촛불시위가 추모행사로 끝나야지 반미데모로 이어져서는 안 된다는 우려가 제기되기도 했다. 반미의 개념이 명확하지 않음을 보여주는 사례들이다. 여기서 '반미'의 '반'은 반대한다는 뜻이고 '미'는 미국을 가리키는데, 미국의 어떠한 점에 어떻게 반대하는 것이 반미일까.

첫째, '반대'는 태도나 행위의 강도(强度)와 관련 있다.

비판이나 항의에서부터 증오감의 표출이나 테러 행위에 이르기까지 다양한 태도나 행위가 포함될 수 있는데, 미국에 대한 부정적인 태도를 모두 반미로 볼 것인지 아니면 미국에 대한 정당한 비판은 반미로 간주하지 말아야 할지 따져봐야 한다. 미국에 대한 비판과 반대를 구별할 경우, 어디까지가 '비미(批美)'고 어디부터 '반미'인지 명확한 경계선을 긋기 어렵다. 흔히 미국에 대한 반대는 미국에 대한 비판에서 시작되기 때문이다.

둘째, '미국'은 태도나 행위의 대상이나 목표와 관련 있다.

미국이라는 나라 또는 정부, 기관이나 정책, 사회나 사람, 문화나 전통, 가치나 상징, 권력이나 영향력 등이 포함될 수 있는데, 미국의 어떠한 단편적인 것만 반대해도 반미로 볼 것인지 미국의 모든 측면을 반대해야 반미로 규정할 것인지가 문제다. 전자를 따른다면 세계 모든 나라에서 반미를 찾을 수 있고, 후자를 따른다면 지구 어디에서든 반미를 발견하기 어려울 것이다. 미국 문화의 상징인 맥도널드 햄버거를 사 먹고 코카콜라를 마시면서 성조기를 찢거나 미국 문화원에 화염병을 던지는 사람을 두고 그의 친미적 태도와 반미적 행위를 어떻게 평가해야 할지 혼란이 생길 수도 있다.

셋째, '반미'라는 말 뒤에 '운동', '주의(主義)', '감정' 등의 말을 붙여 쓰기 마련인데, 이는 태도나 행위의 빈도 또는 지속성과 관련 있다.

미국에 대한 일시적 비판이나 반대도 반미로 볼 수 있는지 미국에 대한 지속적 혹은 체계적인 비판이나 반대만 반미로 규정할 것인지가 문제다. 이와 관련하여, 미국에서는 '반미(anti-Americanism)'와 '비미(criticism of the United States)'를 구별하여 쓰는 경향이 큰 데 반하여, 남한에서는 '반미주의'와 '반미감정'이라는 말을 구별하여 쓰는 경향이 크다. 여기서는 편의상 '반미'와 '비미' 및 '반미주의'와 '반미감정'을 구별하지 않고, '반미'를 넓은 의미에서 "미국이라는 나라 또는 미국의 어떠한 측면에 대하여 부정적인 태도나 행위를 취하는 것"으로 정의한다.

반미의 유형과 종류

반미는 세계적으로 어제오늘 나타난 게 아니라 미국이 독립을 선언하기 전부터 생긴 현상이요, 어느 특정 지역이나 민족에게만 쌓인 게 아니라 세계 모든 지역의 다양한 사람들 사이에 쌓여왔다. 특히 제2차 세계대전 이후 미국이 초강대국으로 등장하면서 "지구상에서 가장 증오받는 나라"가 되었으며, 미국을 증오하는 것은 세계 사람들이 "가장 즐기는 놀이"가 되어버렸다는 주장까지 나오고 있다. 멕시코의 작가 겸 외교관이었던 카를로스 푸엔떼스(Carlos Fuentes)가 미국을 "안에서는 민주주의 국가라도 밖에서는 제국주의 국가이며, 자국에서는 지킬박사 같은데 타국에서는 하이드씨 같다"고 묘사한 데서 드러나듯, 세계적 패권을 추구하고 유지하기 위한 미국의 제국주의 정책 또는 일방적이고 호전적인 대외정책 때문일 것이다. 이렇듯 반미는 오랜 역사와 다양한 배경을 가지고 있는데 이는 대략 다음과 같은 유형으로 분류할 수 있다.

첫째, 쟁점별로 '정치적' 반미와 '문화적' 반미가 있다. 앞의 것은 미국의 특정한 정책에 대한 비판으로부터 발전된 반면, 뒤의 것은 미국의 전통이나 문화 또는 미국인들의 사회생활에 대한 경멸이나 거부에 바탕을 두고 있다.

둘째, 반미의 강도와 관련하여 '온건한' 또는 '감정적' 반미와 '급격한' 또는 '이념적' 반미로 나눌 수 있다. 앞의 것이 미국의 특정한 정책이나 미국인들의 행태에 관한 일시적 비판이라면, 뒤의 것은 미국의 사악한 제국주의에 대한 강한 비난이나 본질적 반발이다.

셋째, 반미를 주도하는 사람들에 따라 먼저 민간 차원의 반미와 정부 차원의 반미로 나눌 수 있으며, 앞의 것은 다시 '엘리트' 반미와 '대중적' 반미로 나눌 수 있다.

넷째, 반미의 특성과 관련하여 '정책적' 반미와 '도구적' 반미 그리고 '이념적' 반미로 나눌 수 있다. '정책적' 반미는 미국 정부의 특정 정책이나 행위에 대한 적대감이 분출된 것으로 가장 일반적인 반미의 유형이다. 대표적으로 미국의 이스라엘 지지, 베트남전쟁, 이라크 침략 등에 대한 비난이나 분노를 들 수 있다. '도구적' 반미는 어느 정부가 민족주의를 표방함으로써 국민의 지지와 단결을 유도하거나, 정부에 대한 국내외의 불만이나 비판을 잠재우기 위하여 정부 차원에서 미국을 비판하거나 공격하는 것이다. 이러한 반미는 주로 독재주의 또는 권위주의 정권에서 발전되어왔다. '이념적' 반미는 미국으로 대표되는 자유민주주의와 자본주의체제 그리고 미국의 제국주의 정책에 대한 거부감이나 적대감에서 표출된 것으로 주로 과거의 동유럽이나 제3세계에서 발전되어왔다.

미국에 대한 한국인의 인식 변화

미국은 우리에게 무엇인가? 아마 1980년 이후 남한 사회에서 가장 많은 논란을 불러온 문제 가운데 하나일 것이다. 우리는 분단과 전쟁을 겪고 냉전시대를 거치면서 친미 반공의 틀 속에 갇혀 미국이 글자 그대로 '아름다운 나라(美國)'라고만 믿어왔다. 교육과 언론을 통해 그렇게 세뇌당하고 강요받아온 것이다. 한미관계를 흔히 '피로 맺어진 동맹'이란 뜻의 '혈맹' 관계라고 표현하며 미국을 '은인의 나라'로 생각해온 데는 다음과 같은 인식이 자리 잡고 있는 듯하다.

첫째, 미국인들은 19세기 말부터 조선 땅에 기독교를 뿌리내리고 서양식 병원과 학교를 세웠을 뿐만 아니라 항일민족투쟁을 지원했다. 둘째, 제2차 세계대전에서 일본을 패퇴시킴으로써 1945년 8월 조선의 해방을 불러왔다. 셋째, 한국전쟁 중 군대를 파견하여 남한의 공산화를 막았다. 넷째, 한국전쟁 이후 막대한 양의 군사 및 경제 지원을 하여 남한의 재건을 도와주었으며, 남한 최대의 무역 상대국으로 남한의 경제성장을 이끌었다. 다섯째, 주한미군을 유지해 북한의 남침을 저지하면서 남한의 안보를 책임져왔다.

이에 반해, 미국이 '추한 나라'일 수도 있다고 생각하면 반미주의자로 낙인찍히고 '불온한 사상'이나 '용공이적 행위'와 연결되어 처벌을 받기 쉬웠다. 그러나 1980년대부터 나라 안팎으로 민주화와 탈냉전을 겪으면서 미국의 역할을 부정적으로 해석하거나 비판하는 이른바 '반미'가 확산되어왔다. 다음과 같은 역사의 재해석 또는 미국에 대한 재인식을 바탕으로 불평등한 한미관계를 바로잡고 미국으로부터 진정한 자주독립을 이루어야 한다는 주장이 제기되어온 것이다.

첫째, 미국은 스페인에게서 뺏은 필리핀을 식민지로 확보하기 위해 1905년 일본과 '태프트-카쓰라 밀약'을 맺어 조선을 일본에 넘겼다. 둘째, 1945년 8월 38선을 확정하고 1948년 남한 단독 선거를 주도함으로써 한반도의 분단을 주도하고 고착시켰다. 셋째, 남한의 독재정권들과 군사쿠데타까지 지원함으로써 남한 민주화를 방해했다. 넷째, 초국적 기업들을 통해 남한 노동자들을 착취하는 한편 시장 개방을 강압적으로 요구해왔다. 다섯째, 미군을 주둔시킴으로써 '양키 물질주의' 혹은 폭력과 섹스로 상징되는 '미군(GI) 문화'를 유입시켜 남한 사회의 도덕적 타락과 퇴폐를 이끌며, 남북한 사이의 화해와 협력 및 평화통일을 가로막아왔다.

남한 반미운동의 역사와 과정

1980년 5월 광주항쟁 이후 우리 사회에서 반미운동이 거세게 일어나자 남한은 1970년대까지 "반미의 무풍지대"였다거나 세계에서 "양키 고 홈"이란 구호가 외쳐지지 않은 유일한 나라였다는 말이 많이 나왔다. 그러나 한국인들의 미국에 대한 부정적 인식 혹은 반미감정이 1980년대 이전에는 거의 없었다는 주장은 잘못된 것이다. 반미감정은 1945년 한반도의 분단과 함께 표출되었기 때문이다. 1980년 이전에도 "반미의 무풍지대"가 아니었고, 언제든지 반미의 미풍은 있었으며 때로는 강풍이나 돌풍도 불었다. 그러다 광주항쟁을 계기로 반미의 폭풍 혹은 태풍이 불어닥친 것이다. 정확하게 말하자면, 남한에서의 반미운동은 1945년부터 1970년대까지 주로 지식인들에 의하여 소규모로 그리고 간헐적으로 일어났지만, 1980년대부터는 일반 대중이 참여하여 대규모로 그리고 지속적으로 전개되어왔다. 가장 직접적인 원인은 미국의 지나친 간섭과 부당한 압력 그리고 주한미군의 한국군 작전통제권 소유 및 주둔군지위협정(SOFA)을 비롯한 불평등한 한미관계에서 찾을 수 있을 것이며, 가장 큰 배경은 1980년대에 일어난 민중운동과 1990년대부터 본격적으로 발달하기 시작한 시민운동에 따른 시민사회의 발전에서 찾을 수 있을 것이다.

| 1940년대 한반도의 분단과 미군정에 대한 반대 |

남한에서 최초의 반미데모가 일어난 것은 1945년 9월 8일 미군들이 인천에 착륙한 지 이틀 만이었다. 약 500명의 한국인들이 미군

들을 환영하기 위해 인천항에 모여들 때 일본 헌병이 총을 쏴 한국인 2명이 사망하고 10여 명이 부상당하는 사건이 일어난 데 이어, 이틀 후에는 2명의 한국인 학생들이 일본 경찰과의 충돌에서 사망하는 사건이 발생했다. 이렇듯 1945년 8월 15일 일본이 항복한 이후에도 35명의 한국인들이 일본인들에 의해 죽은 반면, 단 1명의 일본인도 한국인들의 손에 의해 죽은 일은 없었다. 하지(Hodge) 미군사령관은 질서 유지를 목적으로 한국인들로부터 극도로 증오받고 있던 일본 관리들을 그대로 유임하도록 조치했는데, 이러한 '결정적 실수'에 대한 항의로 미군들이 한반도에 착륙하자마자 반미데모가 일어나기 시작한 것이다. 나아가 "미 점령군에 대한 어떠한 적대 행위도 사형 선고를 포함한 중대한 처벌을 받을 것"이라는 맥아더(MacArther) 연합군 총사령관의 경고에도 불구하고 한국인들의 항의

1945년 9월 8일 미군 환영을 위해 부두에 나온 조선인들을 향해 일본 경찰이 발포하여 노조지도자 권병권과 평화운동가 이석구 등 2인이 사망했다.

데모는 계속되었다.

한편, 한국인들이 35년에 걸친 일본의 식민통치로부터 벗어났지만 즉시 독립이라는 꿈은 실현되지 않은 채 38선을 따라 분단이 굳어지고 있었다. 일본 식민통치구조의 연장에 불과한 미군정은 많은 한국인들로 하여금 반미감정을 갖도록 이끌었다. '해방군'이 억압자로 바뀌는 가운데 한국인들에게 일본 식민주의자들과 미군들의 실질적 차이점은 피부색뿐이었던 것이다. 미군 점령에 대한 한국인들의 좌절과 분노는 1945년 9월 중순부터 더욱 심각한 항의 시위로 발전되기 시작했다. 미군들은 대개 과거에는 친일파였으며 영어를 잘하는 부유한 한국인들로부터 압도적인 지지를 받았지만, 비밀 여론조사에 따르면 시간이 흐를수록 다수의 한국인들이 반미적으로 변하고 있었다.

| 1948년 단독 총선거와 1950년 6·25전쟁의 영향 |

1947년 9월 한반도의 통일과 독립에 관한 미소 공동위원회 2차 회의가 결렬되자 미국은 소련의 '전술'을 비난하며 한반도 문제를 일방적으로 '부적절하게' 유엔으로 떠넘겼다. 결국 38선 이남에서만 미군정이 계획한 대로 1948년 5월 총선거를 실시하게 되었는데, 이는 한반도의 분단을 영구화할 것이라고 생각한 대다수 한국인들의 반대에 부딪혔다. 김구는 한국인들 스스로 문제를 해결할 수 있도록 외국군들이 즉각적으로 한반도에서 철수할 것을 주장했고, 김

규식은 외국 군대가 철수하고 남북 지도자들이 협상을 이루기 전에 선거를 실시하는 것은 반대한다고 했다. 공산주의자들을 포함한 좌익 세력들은 유엔 한국임시위원회가 미국 제국주의의 첩자라고 비난하며 폭력으로 선거를 거부했다.

한국인들의 강력한 반대에 직면한 메논(Menon) 위원장은 "남한만의 단독 총선거가 유엔의 기본 목표인 한반도의 독립과 점령군들의 철수에 도움이 되지 않을 것"이라며, 단독 선거안의 철회를 주장했다. 그러나 1948년 5월 10일 선거가 실시되고 이승만은 대한민국의 초대 대통령이 되었는데, 유엔 한국임시위원회와 남한 단독 선거에 대한 반대는 이승만 정부 수립 이후 반체제 및 반미투쟁으로 발전되었다. 특히 좌익 세력은 1948년 10월부터 1949년 1월까지 제주, 여수, 순천 등에서 '항쟁' 또는 '반란'을 주도했다.

이런 터에 6·25전쟁은 대다수의 남한 사람들을 반공과 친미로 이끄는 결정적 계기가 되었다. 북한의 남침은 남한 사람들에게 북한에 대한 적대감을 불러일으켰고, 미군들의 참전과 남한의 전후 복구를 위한 미국의 원조는 미국에 대한 호의적 인상을 심어주었다. 북한은 악마로 간주되고 미국은 천사처럼 생각되었던 것이다. 미국에 대한 한자 표기를 해방 이전에는 일본인들처럼 '米國'이라고 하다가, 미군정 기간에는 '米國'과 '美國'을 함께 썼으며, 전쟁 이후에는 '美國'으로만 쓰게 된 것도 미국에 대한 호의를 반영한 것이라고 할 수 있을 것이다. 이렇듯 이승만 정부가 들어서고 한국전쟁이 일어난 뒤에는 반공 친미적 사회구조가 정착되어가는 가운데 좌익 세력이 월북하거나 지하로 잠적하여 이념적 반미운동은 전혀 일어날 수 없었다. 그럼에도 불구하고 미군기지 주변에 사는 한국인들에 대한 미군들의 범죄가 점증함에 따라 1950년대 말부터 반미감정이 표출되기 시작했다.

1950년대 중반에는 휴전 반대 및 남한 내 미국 경제인들에 대한 조세 문제에 관한 논란 등으로 남한에 '반미 분위기'가 조성되기 시작했다. 이에 1955년 9월 미국 국무부 극동문제담당 차관보가 주미 한국대사를 불러 다음과 같이 경고했다. "남한 언론에 나타나고 있는 미국에 대한 비판은…… 우리에게 극도로 불유쾌하며, 우리는 미국에 대한 이러한 지속적인 비판이 우리의 관계를 해치고 비생산적이라고 생각한다."

| 1960년대 4월혁명과 민족주의의 발흥 |

1960년 3·15부정선거는 4월혁명의 도화선이 되었고, 주한 미국대사와 주한미군사령관 그리고 중앙정보국 남한 책임자까지 동원된 조직적인 미국의 개입은 이승만의 하야에 결정적 요인이 되었다. 많은 한국인들은 독재정권의 전복이라는 목표에 도취되어 그러한 미국의 내정 간섭에 불만이나 분노를 터뜨리기는커녕 열렬하게 환영했다.

4월혁명이 초래한 가장 두드러진 사회 현상 중의 하나는 민족자주운동의 발흥이었으며 그것은 대체로 통일운동의 전개와 함께 표출되었다. 통일론의 전개는 대부분 자주와 평화를 바탕으로 남북한 교류나 중립화를 표방하고 있었기 때문에 미국에 대한 부정적 인식을 초래하지 않을 수 없었다. 민족의 자주는 외세의 배격을 의미했으며 외세의 배격은 주한미군 철수가 핵심이었기 때문이다.

1960년 9월 혁신 세력을 중심으로 〈민족자주통일중앙협의회〉가 발기된 데 이어, 대학생들의 통일 논의가 본격적으로 대두되기 시작했다. 이에 장면 총리가 정부의 정책과 다른 통일운동에 대해서는 선도하되 과격한 행동은 법에 따라 처단할 것이라고 발표했지만, 혁신 세력과 학생들의 통일 논의는 중단되지 않았다. 11월엔 연세대학교 학생들이 학내 분규와 관련해 미국인 이사장과 총장 서리의 본국 소환을 외치며 미국대사관 앞에서 데모를 벌였다. "나라와 학원의 민주화는 달러가 보증해주지 않는다"며 "달러가 가져오는 노예근성"부터 막아야 한다는 연세대 학생들의 결의에서 볼 수 있듯이, 4월혁명은 통일운동뿐만 아니라 학생운동에까지 민족자주의식을 불어넣었던 것이다.

1961년 2월엔 한미경제협정 체결과 관련하여 "양키 고 홈!" 구호와 함께 한국전쟁 이후 최초의 조직적이고 광범위한 반미운동이 전개되었다. 혁신 정당과 진보적 사회단체 및 대학생들은 그 협정이 남한의 경제적 예속을 제도화시키며 미국이 남한의 내정에 공식적으로 간섭할 수 있게 하는 불평등조약이라며, 전국적으로 〈반대 투쟁위원회〉를 결성하여 그 협정의 즉각 철회와 비준 거부를 요구했던 것이다. 또한 그 무렵 거의 매일 일어나는 미군들의 만행과 범죄 때문에 2월 중순부터 한미행정협정(SOFA) 체결을 촉구하는 데모가 주한미군부대 종업원들에 의해 시작되었다.

이러한 민족자주운동은 5·16군사쿠데타로 중단되었다. 4월혁명의 영향으로 민족주의가 발흥하고 이와 함께 전개되는 통일운동과 반미자주운동을 효과적으로 저지하지 못하는 장면에게 불만을 갖지 않을 수 없었던 미국은 남한의 정치 안정과 미국의 안보 이익을 지속적으로 확보하기 위해 허약한 장면 정부를 대체할 강력한 군사정권을 필요로 했다. 물론 미국이 장면 정부의 대안으로 계획했던 군사정부가 박정희가 주도했던 쿠데타는 아니었지만, 미국은 합법적인 장면 정부를 지지한다고 공식적으로 표명하면서도 쿠데타를 저지하거나 반대하지 않았다. 박정희는 쿠데타에 성공하자마자 반공을 강조하면서 통일운동을 철저히 탄압했는데, 한미경제협정에 반대했거나 주한미군 철수 및 북한과의 교류를 주장했던 사람들을 용공이적 행위자로 체포했다.

1965년 한일 외교정상화를 전후하여 반미감정은 다시 폭발했다. 한일 외교정상화에 대한 항의데모는 깊은 반일감정에서 촉발된 것이었지만, 그렇게 졸속적이고 굴욕적인 국교 수립이 미국의 압력에 의한 것이었다는 사실이 알려지자 반미감정도 함께 분출된 것이다. 조직적이고 지속적인 대규모 항의데모에 박정희 정권은 1964년

6월 서울에 계엄령을 선포하고, 주한미군사령부는 데모 진압을 위한 병력 차출을 승인했다. 결국 계엄령하에서 국교정상화가 조인되지만, 그 비준을 저지하기 위한 항의데모는 1965년 2월부터 8월 위수령이 선포될 때까지 전개되었다. 이 과정에서 반미감정은 지속적으로 분출되었으며, 시위 구호 가운데 하나는 "양키 입 닥쳐"였다. 졸속적이고 굴욕적인 한일협정에 대한 미국의 압력을 반대하는 것이었다.

그러나 전반적으로 박정희 정권 아래서 반공정책은 더욱 강화되어 미국에 대한 심한 비판은 반공법이나 국가보안법 위반으로 처벌되었기 때문에 반미감정의 표출은 제한적일 수밖에 없었다. 예를 들어, 1960년대 중반 주한미군기지 주변에서 기지촌 여성들에 대한 범죄가 증가하자 인권단체 등에서 한미행정협정을 개정하라는 성명 등을 발표하지만 반미운동으로 이어지지는 않았다. 시민사회가 거의 발달되지 않았던 탓으로 돌릴 수 있을 것이다.

| 1970년대 유신체제하에서의 저항운동 |

1970년대는 남한 정치사에서 가장 혹독하고 어두운 시대였다. 박정희는 반공법과 국가보안법에 긴급조치를 추가하여 소위 '한국적 민주주의'를 펴나갔다. 억압적인 유신체제는 정부는 물론 미국을 비롯한 우방국들에 대한 어떠한 비판도 허용하지 않았다. 따라서 미국에 대한 부정적인 인식은 거의 표출될 수 없었다.

그러다 1970년대 중반 미국의 주한미군 철수 계획이나 미국 중앙정보국의 청와대 도청 사건 그리고 남한의 인권 문제 등과 관련하여 남한과 미국 사이에 외교적 마찰이 빚어지고 양국 사이에 긴장이 고조되자 여당 정치인들이나 친정부 지식인들이 미국을 비난했다. 비록 일시적이었지만 '공식적 친미'가 퇴조하면서, 대외적으로는 국민의 지지와 단결을 유도하고 대내적으로는 정부에 대한 국민의 불만과 비판을 잠재우기 위하여 정부 관리들이 미국을 비판하거나 공격하는 '도구적 반미'가 등장한 것이다. 예를 들어, 박정희에 의해 임명된 유정회 소속의 한 국회의원은 미국을 '세계적 제국'이라고 부르며 미국의 대외정책을 '신식민주의'라고 비난하기도 했다.

다른 한편으로는 유신정권 아래서 재야인사들과 학생들이 민주화투쟁을 전개하는 가운데 일단의 '혁명주의자'들이 남한을 미국의 '신식민지'로 간주하며 '이념적' 반미자주운동을 벌이기 시작했다. 그 당시 라틴아메리카에서 발달한 '종속이론'의 영향을 받아 남한에서도 민주주의와 민족통일을 이루기 위해서는 미국의 제국주의에 대한 종속으로부터 벗어나야 한다고 주장했던 것이다. 그러나 정부의 혹독한 탄압으로 운동권에서조차 반미자주의식을 공개적으로 표출하기는 어려웠다.

이에 대학생들은 반정부 반미 문화운동을 전개하기 시작했다. 데모가 금지된 상황에서 저항의식을 고무시키는 탈춤이나 마당극 등을 통해 남한의 독재와 외세의 개입을 풍자할 수 있었던 것이다.

전통적인 탈춤에서 유신체제나 미국은 억압자로 풍자되었으며, 미국은 한국인들에 대한 '착취자'로 간주되기도 하였다. 또한 많은 작가들은 미국의 퇴폐문화가 남한에 유입되는 현상을 비판했는데, 억압적인 유신체제가 학생들의 저항 방법을 바꾸었듯이, 작가들은 이른바 '자체 검열'을 통해 덜 정치적인 문제에 초점을 맞추게 되었던 것이다.

| 1980년대 광주항쟁의 영향 |

1980년 5월 광주학살과 1980년대의 남한 상황은 반미와 관련해 엄청난 변화를 불러왔다.

첫째, 광주학살과 전두환 정권에 대한 미국의 동조와 지지에 따라 미국에 대한 인식이 크게 바뀌었다. 미국이 남한의 민주화에 도움을 주리라 기대했었지만 오히려 군사독재를 지지한 데서 미국에 대해 배반감을 맛보기 시작한 것이다. 심리학의 '좌절-공격 이론'이 제시하듯, 박정희의 죽음이 민주화를 불러오지 못하고 새로운 군사정권이 등장함에 따라 미국의 도움을 통한 민주화에 대한 기대는 좌절로 바뀌었으며 이 좌절감은 반미감정의 폭발이라는 공격 행위로 이어진 것이다.

둘째, 급속한 경제성장에 따라 미국에 대한 의존도가 줄어들면서 미국에 대한 종속이나 불평등 관계에서 벗어나려는 민족자주운동이 전개되기 시작했다.

셋째, 사회 각 분야에서 시작된 민중운동이 반미운동으로 발전되었다. 민중운동의 세 가지 목표는 군사독재를 물리치고 민주주의를 발전시키며, 외세의 지배로부터 실질적인 자주독립을 쟁취하고, 외세의 간섭 없이 민족통일을 실현하는 것이었다. 따라서 민중운동은 반외세 민족자주운동 또는 반미운동과 함께 전개되었다. 대학생들은 흔히 미국문화원에 불을 지르거나 성조기를 찢는 등 다양한 형태로 반미감정을 표출시킨 반면, 지식인들과 문화예술인들은 민중문화운동을 발전시키며 작품 활동을 통해 반미감정을 나타내는 경향이 컸다. 대학의 대자보나 현수막에는 미국의 한자 표기를 '美國' 대신 흔히 '米國'이나 '尾國'으로 했으며, 출판물에 연도를 표시할 때는 서기(西紀)보다 단기(檀紀)를 쓰거나 '분단조국 ○○년', '반미항전 ○○년', '통일진군 ○○년', '해방투쟁 ○○년', '나라찾기 ○○년' 등을 씀으로써 반미자주의식을 고취시켰다. 특히 '북한 바로 알기 운동'과 통일운동이 본격적으로 전개되면서 미국이 통일의 걸림돌로 인식되기 시작했다.

| 1990년대 군사정권의 종식과 정치문화의 변화 |
1992년 12월 김영삼이 대통령에 당선되자 많은 사람들은 그를 30년 이상 지속되었던 군사독재를 청산하고 남한의 민주화를 이끌

문민 지도자로 환영했다. 그러나 대부분의 재야단체에서는 그의 집권이 군사정권의 연장일 뿐이라며 선거 결과에 불만을 표했다. 김영삼 대통령이 집권 초기에 일련의 개혁정책을 수행한 뒤에도 학생들은 그가 선거 과정에서 미국의 절대적 지원을 받았기 때문에 김영삼 정부 역시 보수적 친미정권이 될 것이라고 주장했다.

1980년대 반미자주운동은 민중운동과 함께 발전되었기 때문에 1990년대 민중운동의 쇠퇴는 반미자주운동의 약화를 초래했다. 문민정부의 등장과 신속한 민주화로의 이행은 최소한 미국이 남한의 군사독재를 지원한다는 대중적 인식을 떨쳐버릴 수 있었다. 그 결과 반미자주운동의 강도는 약해졌으며, 반미 행위의 빈도는 줄어들었고, 과거에 비해 비폭력적으로 표출되었다.

그러나 문민정부 아래서도 반미운동은 결코 사라지지 않았는데, 1990년대에 표출된 반미감정의 근거는 다음과 같다.

첫째, 1980년 광주학살에 대한 미국의 개입 의혹이 미국의 비밀문서들을 통해 사실로 밝혀졌다. 1990년대까지 해마다 5월이면 광주를 중심으로 거의 전국적으로 열렸던 광주항쟁 기념식이 미국의 공개 사과를 요구하지 않고 끝난 적이 없다. 예를 들어, 광주 시내에 있던 미국문화원이 잦은 데모에 못 이겨 1990년 6월 광주 변두리 지역으로 이사했지만 그곳에서도 유지하기 곤란해 완전히 폐쇄되고 말았다.

둘째, 1980년대 후반부터 전개되기 시작한 '반미 반전반핵 평화투쟁'은 미국이 한반도의 통일을 저해하고 있다는 인식에서 출발했다. 일부 학생들에 불과하다 할지라도, 1996년 8월 연세대학교에서 빚어졌던 이른바 '한총련 사태'에서 보듯이, 해마다 8월이면 '범청학련 통일 대축전' 행사를 개최하여 주한미군 철수 운동을 비롯한 '반미구국투쟁'을 벌여왔다.

셋째, 미국이 1980년대 중반부터 남한의 농산물시장 개방을 지속적이고 강압적으로 요구해온 데 대하여, 농민들을 중심으로 '쌀시장 지키기 운동'이 광범위하게 일어났다. 이 운동이 남한 사회에서 얼마나 커다란 지지를 받았는지 보여주는 일화가 있다. 1991년 농협이 쌀 수입 반대 서명운동을 벌인 적이 있었는데, 약 40일 동안에 남한 인구의 거의 1/3에 해당되는 1,300만 명으로부터 서명을 받음으로써, 최단 기간에 최다의 서명을 받은 세계 기록을 세워 1991년 〈기네스북〉에까지 오르게 되었던 것이다.

넷째, 주한미군들의 한국인에 대한 만행과 범죄가 줄어들지 않았다. 이러한 범죄는 1945년 미군들이 주둔하면서부터 일어났지만, 1992년 '윤금이 사건'에서처럼 전국적으로 광범위하게 반미운동이 확산된 적은 없었다. 동두천의 한 윤락여성이 벌거벗겨져 성기와 항문에 우산과 콜라병이 꽂혀 있고 온몸에 가루세제가 뿌려진 채 시체로 발견된 이 사건은 해가 바뀌도록 각계각층의 각종 항의집회를 초래했으며 미국 대통령에게 항의엽서 보내기운동으로까지 발전했다. 과거에는, 특히 1960년대 중반에, 이러한 비슷한 사건이 미군기지 주변에서 거의 매일 일어나다시피 했어도 기껏해야 동료 여성들이 부대 정문 앞에 가서 데모 한 번 벌이고 위로금을 조금 받아 장례를 지내주면 그만이었다. 그때에는 소위 기지촌 여성들이 같은 한국인들에게도 경멸의 대상밖에 되지 않았지만, 한 세대가 지난 1990년대에는 사회운동의 발전에 힘입어 그들이 외세의 지배에 의한 피해자라는 인식이 확산된 것이다. 미군들은 헤어져야 할 남이지만 그들은 우리가 껴안아야 할 핏줄이라는 새로운 민족주의운동도 일어났는데, 1990년대 여대생들이 방학 중에 동두천과 의정부를 중심으로 벌였던 '기지촌 봉사활동'도 이러한 맥락에서 이해할 수 있다.

| 2000년대 시민운동의 발달과 대중적 반미운동 |

1990년대부터 각종 시민운동이 본격적으로 발전함에 따라 반미운동 역시 더 대규모로 조직적이고 다양하게 전개되었다. 한편으로는 경제성장 및 국제 사회에서의 지위 격상에 따라 미국의 간섭이나 미국에 대한 종속으로부터 벗어나야겠다는 민족자주운동의 성격을 띠고, 다른 한편으로는 세계적 냉전 종식에 따른 한반도 통일운동과 결합되어 남북 사이의 민족 공조를 바탕으로 하는 외세 배격운동으로 전개되어온 것이다.

몇 가지 사례만 든다. 2001년 12월 미국에서 열린 동계올림픽에서 남한의 빙상 선수가 미국 선수에게 금메달을 빼앗기는 사건이 일어나자 인터넷에 반미 사이트가 100여 개나 생기면서 맥도널드를 비롯한 미국계 음식점의 매출이 크게 줄어드는 등 "반미감정이 해방 이후 최고조에 달했다"는 말이 나왔다. 2002년 1월 부시 미국 대통령이 국정연설을 통해 북한이 '악의 축'을 이루는 한 국가라며, 미국의 안전을 위해 필요하다면 무슨 짓이든 하겠다고 공언하자, 남한의 진보적 시민단체들은 이를 비판하는 선언문이나 성명서를 내고 미국대사관 앞에서 항의시위를 벌였다. 2002년 6월 경기도 양주에서 여중생 2명이 미군 장갑차에 치여 죽었는데 그 운전병들이 무죄 판결을 받자 죽은 여중생들을 추모하며 한미행정협정(SOFA) 개정을 요구하는 촛불시위가 전국적으로 들불처럼 번졌다. 2003년 미국이 이라크를 침략하고 미국의 요구로 한국 정부가 이라크 파병을 결정하자 전쟁 및 파병 반대운동이 거세게 일어났다. 2008년 이명박 정부의 미국산 쇠고기수입 재개협상 반대를 위한 촛불시위가 3개월 이상 지속되었다. 고등학생들과 가정주부들까지 대거 참여하고 가족 단위의 참가도 많은 가운데, 연예인들이 주도하는 '문화제' 성격의 시위도 벌어졌다. 1990년대까지는 주로 '운동권'에서 전개되던 반미운동이 2000년대 들어서는 각계각층으로 대중화한 것이다.

반미운동의 전망

미국은 세계 유일의 초강대국으로 온 세계에 걸쳐 막강한 영향력을 행사하고 있다. 이러한 미국과 남한은 국력의 차이가 워낙 크기 때문에 모든 면에서 평등한 관계를 맺기 어렵다. 따라서 한반도에 대한 미국의 간섭이나 압력이 존재하는 한 한국인들의 반미자주운동은 계속될 것이다.

첫째, 주한미군으로부터 한국군에 대한 작전통제권을 완전히 되찾아오고 남한이 독자적으로 또는 주도적으로 국가안보전략을 세울 수 있을 때까지는 한미동맹의 심각한 불평등성이 자주의식을 고취시키지 않을까. 또한 주한미군이 완전히 물러날 때까지는 주한미군들의 범죄가 그치기 어려울 것이고 이는 주둔군지위협정의 불평등성에 관한 논란을 불러일으키며 반미감정을 자극하지 않을까.

둘째, 한반도에서 분단이 지속되는 한 미국은 '분단의 원흉'이나 '통일의 걸림돌'이라는 인식이 지워지기 어려울 것이다. 분단에 따른 반미감정과 통일을 위한 자주의식이 결합되어 통일이 이루어질 때까지 반미자주운동이 사라지지 않으리라는 뜻이다.

셋째, 미국의 일방적이고 호전적인 대외정책이 바뀌지 않는 한 반전의식에 따른 반미감정이 수그러들지 않을 것으로 보인다. 실제로 20세기 내내 이 지구상에서 미국처럼 많은 전쟁을 치른 나라는 없다. 특히 제2차 세계대전이 끝난 1945년 이후 지금까지 거의 80번이나 다른 나라들을 폭격하거나 군사적으로 침략했다. 반 세기가 넘도록 해마다 한 두 차례 폭격이나 침략을 한 셈인데, 2003년 미국의 이라크 침략을 앞두고 남한의 평화운동 단체들이 한국군의 이라크 파병 반대와는 별도로 세계 각지의 평화운동 세력과 더불어 조직적으로 반전반미 시위를 벌였던 것처럼, 미국의 그칠 줄 모르는 폭격이나 침략 행위는 미국에 대한 한국인들의 부정적 인식을 높일 것이다.

아무튼 남한 반미운동의 가장 큰 배경은 불평등한 한미관계에 있고 핵심 목표는 미국의 간섭을 배제한 자주적 민족통일에 있다. 따라서 주한미군의 완전한 철수가 당분간 이루어지기 어렵다면, 먼저 주둔군지위협정의 개정과 한국군에 대한 작전통제권 환수 등의 조치라도 서두르는 게 바람직하다.

국익을 위해서는 친미도 필요하고 반미도 필요하다. 그러나 이에 앞서 미국을 바로 알아야 하고, 궁극적으로는 미국을 이용할 수 있어야 하는 게 더욱 중요하다. 지미(知美)를 바탕으로 상황에 따라 친미도 하고 반미도 하면서 궁극적으로 용미(用美)를 해야 한다는 뜻이다. 이제 정부는 시민사회의 반미자주운동을 종북으로 매도하거나 이적용공으로 처벌하기보다 오히려 이를 이용해 더욱 건전하고 바람직한 한미관계를 추구해야 하지 않겠는가.

15

통일, 왜 어떻게 해야 하는가

통일을 왜 이루지 못하고 있는가

한반도가 분단된 지 거의 70년이 흘렀는데도 통일이 이루어지지 않고 있다. 남쪽에서나 북쪽에서나 "우리의 소원은 통일, 꿈에도 소원은 통일"이라고 외쳐오면서도 이루지 못하고 있는 것이다. 크게 네 가지 배경을 들고 싶다.

첫째, 분단과 전쟁을 거치며 남북 사이에 원한과 적대감이 커졌기 때문이다. 특히 전쟁의 피해를 직접 겪은 세대는 북한을 증오하고 화해와 협력을 거부하며 '북한 타도'를 주장한다. 한쪽이 무너지지 않는 한 통일되기 어려운 상황이다.

둘째, 외세의 영향력 또는 주변 정세 때문이다. 분단이 우리의 뜻이 아니라 외세에 의해 이루어졌듯, 통일 역시 주변 강대국들의 방해를 받고 있다. 미국이든 중국이든, 일본이든 러시아든, 대외정책의 가장 큰 목표는 국가이익을 추구하는 것이다. 특히 세계 유일의 초강대국으로 남한과 유일한 군사동맹인 미국에게 한반도 분단은 이익이 되는 구조다.

셋째, 분단을 정권 유지 및 강화에 악용해왔기 때문이다. 특히 독재정권들이나 극우 정권들은 분단, 반공, 안보 등을 구실로 권력에 대한 비판을 억압할 수 있기 때문에 분단은 그들의 집권 및 통치에 이익이 된다. 예를 들어, 통일이 이루어지면 국가정보원이나 군대 같은 기구의 조직, 인원, 예산 등이 줄어들 게 뻔한 데 그 지도자들이 통일을 원하겠는가.

넷째, 양쪽 위정자들이 통일을 원하더라도 자신의 체제를 지켜야 하기 때문이다. 남쪽에서는 "체제 경쟁은 끝났다"며 자본주의만을 고집하고, 북쪽에서는 "우리식 사회주의는 필승불패"라며 사회주의를 포기하지 않는 한, 체제 통일은 이루어질 수 없다.

통일에 대한 무관심과 반대가 왜 늘고 있을까

여기저기서 북한이나 통일 문제에 관해 강연하다 보면 통일에 대한 관심이 해가 흐를수록 낮아지는 것을 실감한다. 통일을 바라지 않거나 적극적으로 반대하는 사람들도 적지 않게 만나게 된다. 여론 조사 결과는 나이가 적을수록 그리고 학력과 소득이 높을수록 통일에 관심 없거나 반대하는 경향을 보여준다.

통일을 원하지 않거나 반대하는 이유는 크게 두 가지다. 사회 혼란과 통일 비용. 한편으로는 70년 가까이 서로 다른 사상과 체제 아래서 살아온 사람들끼리 함께 살게 되면 정치 사회적 혼란이 생길 것이라는 두려움 때문이요, 다른 한편으로는 빌어먹고 굶어 죽는 사람들과 합치게 되면 천문학적인 경비가 들어갈 것이라는 경계심 때문이다. 분단된 채 잘살고 있는데 굳이 통일해서 사회 혼란 초래하며 북쪽의 거지떼 먹여 살리려고 세금 더 낼 필요 있느냐는 것이다.

이렇게 통일에 대한 부정적 인식이 늘어나는 데는 크게 네 가지 배경이나 이유가 있는 듯하다.

첫째, 교육과 언론을 통해 빚어지는 북한이나 통일에 대한 편견과 왜곡이다. 편견과 왜곡의 핵심엔 '북한 붕괴'와 '흡수통일' 그리고 '사회 혼란'과 '통일 비용'이 자리 잡고 있다. 1990년대 중반부터 많은 정치인, 학자, 언론인들이 북한이 곧 무너질 것 같다고 예상하거나 빨리 붕괴되어야 한다고 주장해왔는데, 북한이 무너져 흡수통일이 되면 사회 혼란이 일어나고 천문학적 통일 경비가 들어갈 것이라는 내용이다. 남한 사회에서 '통일'의 정의는 북한 체제가 무너져 남한 체제에 흡수되는 것이다. 그러기에 북한이 주장해온 연방제는 말할 것도 없고 남한이 1990년대부터 공식적으로 채택해온 통일정책의 한 단계인 국가연합조차 거부하는 역설적 현상이 나타는 것 아닌가. 북한이 무너져 남한에 흡수되어 70년 가까이 서로 다른 체제와 환경 속에서 살아온 사람들이 갑자기 함께 생활하게 되면 사회가 혼란스러워질 것은 당연하다. '거지 같은 사람들'을 도우면서 같이 살려면 엄청난 비용이 들 것도 확실하다. 특히 젊은이들은 이산가족들의 고통이나 한을 잘 모르며 북한 사람들을 동포형제라고 느끼지도 못할 텐데, 물질적으로 별 부족함 없이 잘살고 있는 터에 굳이 통일해서 남남 같은 사람들을 도우며 더불어 살아야 한다는 것을 받아들이기 어려울 것이다.

둘째, 2008년 이명박 정부가 들어선 뒤부터 남북관계가 악화하면서 북한이나 통일에 대한 부정적 인식이 늘었을 것이다. 특히 2008년 7월 금강산 관광객 피살, 2009년 4월 인공위성 또는 미사일 발사, 2009년 5월 2차 핵실험, 2010년 3월 천안함 침몰, 2010년 11월 연평도 포격, 2013년 2월 3차 핵실험 등은 북한이나 통일에 대한 거부감을 높여왔다.

셋째, 노년층을 비롯한 기성세대에서는 한국전쟁을 통해 생긴 북한에 대한 원한과 적대감 그리고 냉전에 따라 강화된 반공반북정신이 약해지거나 사라지지 않고 강해지거나 확산되기도 한다. 한국 전쟁은 우리 민족에게 엄청난 고통과 끔찍한 피해를 안겨주었기에, 이미 두 세대나 흘렀지만 해마다 6월 25일이 다가오면 "잊지 말자 6·25"라는 구호와 함께 북한에 대한 적대감과 경계심을 고취시키며 안보의식을 강화하는 행사가 그치지 않고 있다.

넷째, 젊은이들은 입시 위주의 교육과 개인주의적 생활방식의 영향으로 통일 문제에 대해 관심을 갖기 어렵다. 경쟁을 부추기는 사회풍조 속에서 다른 사람들과 더불어 살아가는 공동체의식보다는 남들보다 잘살아야겠다는 개인주의적이고 이기주의적인 성향을 지니게 된다. 가난한 북쪽 사람들을 도우며 그들과 공동체를 이루어 '더불어' 살아가는 통일에 거부감이나 두려움을 느끼기 쉽고 '나 홀로' 살아가는 분단을 선호하는 성향이 커진다는 뜻이다.

통일을 왜 해야 하는가

앞에서 통일을 원치 않는 사람들이 사회 혼란과 통일 비용을 그 이유로 꼽는다고 소개했는데, 이는 교육과 언론을 통해 확산된 통일에 대한 잘못된 인식 때문이다. 북한 붕괴에 따른 급진적 흡수통일은 당연히 사회 혼란을 초래하고 천문학적 경비를 필요로 할 것이다. 그러나 화해와 협력을 통해 국가연합이나 연방제를 거쳐 점진적으로 통일을 이루면 사회 혼란이 생길 이유도 없고 막대한 경비가 들어갈 까닭도 없다. 통일의 방법이나 경로를 북한 붕괴에 따른 흡수통일에 고정시켜놓고 있기 때문에 빚어지는 착각인 것이다.

통일을 원하는 사람들 역시 그 당위성이나 필요성으로 대개 두 가지를 든다. 같은 민족이니까 통일해야 한다는 것과 남북이 합치면 강대국이 될 수 있다는 것. 한 핏줄의 동포형제끼리 함께 살아야 한다는 데 싫어할 사람은 거의 없을 테고, 지금까지 강대국들의 지배나 눈치를 받고 살아온 터에 힘을 합쳐 약소국의 설움을 떨쳐버리고 떳떳하게 잘살아보자는 데도 반대할 사람은 거의 없을 것이다.

그러나 나는 이 둘 다 절실하다고 생각하지 않는다. 같은 핏줄끼리 떨어져 사는 것보다 함께 사는 것이 더 좋을 것이야 말할 필요도 없겠지만, 가족 안에서조차 부부나 부모자식 또는 형제자매 사이에도 직장이나 교육 문제 등으로 떨어져 사는 경우가 적지 않다. 하물며 남쪽 5천만과 북쪽 2천 5백만이 한 민족이라고 꼭 한 울타리 안에서 함께 살아야 할까. 그것도 나라 밖으로는 국경이 낮아지거나 무너지고 안으로는 중앙에 집중된 권력이 지방으로 분산되는 세계화와 지방화 시대에. 이 세상엔 약 2,000종의 민족이 200개 정도의 국가를 이루고 있으며 이른바 한 민족으로만 형성된 국가는 20개 안팎이다. 평균 10종의 민족이 1개의 국가를 이루고 있는 셈인데, 우리는 한 민족이 두 개의 국가를 갖고 있지만, 같은 민족끼리 한 국가를 만들겠다는 욕구 때문에 동서고금을 막론하고 전쟁이 그치지 않고 있다는 점도 고려할 필요가 있다. 따라서 나는 남북이 국토나 체제를 하나로 합치지 않더라도, 적대관계를 풀고 서로 협력하며 자유롭게 연락하고 오갈 수 있다면 이미 통일은 이루어진 것이나 다름없다고 생각한다. 내가 주장해온 '21세기형 통일'이다.

강대국을 지향하는 것도 선뜻 내키지 않는다. 개인이든 국가든 힘이 커질수록 남을 사랑하고 배려하기보다는 남을 멸시하며 못살게 굴기 쉽기 때문이다. 나라 안에서는 조그만 권력이나 재력이라도 붙잡고 있으면 거들먹거리며 힘없는 사람들을 무시하고 등치는 일을 흔히 볼 수 있고, 나라 밖에서는 대국이라고 약소국들의 내정에 오만하게 간섭하며 여차하면 군대를 보내 으름장을 놓는 짓을 쉽게 볼 수 있지 않은가. 그들을 부러워할 필요도 없거니와 따라 하는 것은 더욱 바람직하지 않다. 남한은 분단된 상태에서도 세계 12~15위의 경제력을 자랑하고 있다. 위에서 6~7% 안에 속하니 거들먹거릴 만하다. 북한과 합쳐 세계 10등 또는 5% 이내에 들어가는 것도 좋지만, 나는 우리가 완력이 커지는 강대국보다 삶의 질이 높아지는 복지국가가 되기를 더욱 소망한다. 스웨덴, 노르웨이, 핀란드, 덴마크, 스위스 등은 국토와 인구 또는 경제력과 군사력이 크지 않아도 다른 나라들에게 무시당하기는커녕 남들의 부러움을 받으며 질 높은 삶을 영위하고 있다.

그렇다면 내가 내세우는 통일의 필요성은 무엇인가. 한마디로 분단에 따르는 폐해가 너무 크고 통일을 이루면 얻을 편익이 몹시 크기 때문이다. 이 가운데 통일 편익은 이미 널리 알려져 있다. 박근혜 대통령을 비롯한 위정자들이 뜬금없이 '통일 대박'을 외치는 것은 정치 선전이라 치부하고, 오래전부터 '통일 대박'을 주장해온 대표적 학자 두 사람의 책을 소개한다. 하나는 흡수통일을 추구하는 보수적 경제학자 신창민 교수의 『통일은 대박이다』이고, 다른 하나는 '남북연합방'을 꿈꾸는 진보적 재미동포 의학자 오인동 박사의 『밖에서 그려보는 통일의 꿈』이다.

　　이에 덧붙여 나는 통일을 꼭 이루어야 하는 이유로 분단의 폐해만 강조하겠다. 통일 경비가 많이 필요할 것이라는 말은 귀가 닳도록 들어왔겠지만, 분단 경비가 많이 지출되고 있다는 말은 별로 듣지 못했을 것이다. 앞에서 흡수통일을 하지 않는다면 막대한 경비가 필요하지 않다고 주장했는데, 설사 통일 경비가 천문학적으로 든다고 하더라도 분단 경비보다는 많지 않을 것이다. 더구나 통일 경비는 남북이 자유롭고 평화롭게 더불어 살자는 건설적 투자비용이지만, 분단 경비는 서로 적대시하며 죽이자는 파괴적 소모비용이다. 통일 경비는 천금이라도 아깝지 않지만 분단 경비는 한 푼이라도 아깝다고 생각하는 이유다. 그럼에도 불구하고 앞으로 일시적으로 들어갈지 모를 통일 경비는 경계하면서 지금까지 70년 가까이 줄줄 새나가고 있는 분단 경비는 생활이 되고 습관이 되어버려 인식조차 못하고 있으니 얼마나 어리석고 통탄할 일인가. 거듭 강조하건대 분단이 지속됨으로써 새나가는 비용은 통일을 이룸으로써 들어갈 비용보다 비교도 되지 않을 만큼 훨씬 크다. 분단 때문에 생기는 피해와 고통 등 돈으로 계산하기조차 어려운 대표적 분단 폐해 몇 가지를 아래에 소개한다.

첫째, 분단 때문에 정치 발전이 이루어지기 어렵다. 북한을 적으로 삼는 사람들이 가장 강조하는 게 자유민주주의를 수호하자는 것인데, 그들이야말로 자유민주주의를 가장 심각하게 훼손하고 있는 현실이 참 역설적이다. 자유민주주의란 개인의 자유를 핵심 가치로 삼는 민주주의로, 개인의 자유 가운데서 가장 기본적 자유는 사상과 양심, 언론과 출판, 결사와 집회 등의 자유다. 그런데 분단을 핑계로 유지되는 국가보안법은 이러한 기본적 자유조차 심각하게 제한하며 인권을 탄압하고 있지 않은가. 친일파들이 '친북'을 '용공이적'으로 매도하며 자신들의 죄와 허물을 덮고 기득권을 지킬 수 있는 것도 분단 때문이다. 창의적이고 비판적인 생각과 언행을 하면 빨갱이로 몰아붙이며 개념 없이 순응하고 추종하는 사회로 이끌어가는 것도 분단 때문에 가능한 일이다. 요즘 '세월호' 유가족들의 단식 투쟁조차 빨갱이 짓이고 잠실 일대에서 발견되는 '싱크홀'조차 북한 소행이라며 억지와 궤변을 늘어놓을 수 있는 것도 분단 때문에 생기는 현상이다. 분단이 해소되고 통일이 되면 제한되어온 자유를 맘껏 누릴 수 있지 않을까.

둘째, 분단 때문에 군사 외교적으로 자주권을 침해받고 있다. 군대의 작전통제권까지 미군에게 맡기는 등 미국에 너무 종속적이라 "남한은 미국의 51번째 주"라는 국제적 조롱을 받는 것은 분단 때문이다. 분단이 해소되고 통일이 되어야 진정한 자주독립국이 될 수 있다.

셋째, 분단 때문에 엄청난 국방비를 쏟아붓고 있다. 대략 정부 예산의 15~20%다. 국방비 말고도 남북이 체제 경쟁 때문에 모든 분야에서 쓸데없이 지출하는 비용이 얼마나 많은가. 분단이 해소되고 통일이 되면 국방비를 비롯해 막대한 경쟁 비용을 줄일 수 있고, 그만큼 사회복지비를 늘릴 수 있어, 요즘 사회적으로 떠들썩한 '반값 등록금' 문제도 어렵지 않게 해결할 수 있을 것이다.

넷째, 분단 때문에 빚어지는 이산가족들의 한과 고통이 몹시 크다. 남북 사이에 일가친척끼리 살아 있는지 죽었는지도 모르고, 소식을 알아도 제대로 연락도 하지 못하며, 평생 한 번도 만나보지 못한 채 죽어가는 이산가족들의 슬픔과 아픔을 달랠 수 있는 길은 분단을 해소하고 통일을 성취하는 것이다.

다섯째, 분단 때문에 여행의 자유도 제한받고 있다. 우리는 '한반도'라는 말을 즐겨 쓰지만 남한은 '완도(完島)'다. 육지와 연결된 '반쪽 섬'이 아니라 바다로만 나갈 수 있는 '완전한 섬'이란 말이다. 그러기에 해외여행을 하려면 편안한 기차나 버스를 이용하지 못하고 돈이 많이 드는 비행기나 시간이 오래 걸리는 배를 이용할 수밖에 없는 것 아닌가. 민족의 영산이라는 백두산에 오르려면 중국을 거쳐 돌아가야 하는 것도 분단 때문이다. 분단이 해소되고 통일이 되면 금강산이나 백두산까지 직접 차를 몰고 찾아갈 수도 있고, 기차를 타고 러시아나 중국을 거쳐 유럽까지 나갈 수도 있다. 돈은 없어도 시간이 많다면 나라 밖으로 걸어 나갈 수도 있을 테고. 나아가 휴전선만 열리면 아시아의 섬나라 일본에서 유럽의 섬나라 영국까지 기차여행을 즐길 수도 있다. 영국과 프랑스 사이의 해저터널처럼 일본과 남한 사이의 해저철도 건설 계획이 이미 1990년대 초부터 논의되어왔다는 사실을 참고하기 바란다.

여섯째, 분단 때문에 주한미군이 유지되고 이를 통해 퇴폐문화가 확산되는 가운데 범죄까지 늘고 있다. 미군들이 온갖 폭행과 만행을 일삼아도 처벌은커녕 조사조차 제대로 하지 못하는 것은 분단 때문이다. 분단이 해소되고 통일이 되면 주한미군에게 있어달라고 매달릴 필요가 없고, 주한미군이 유지되더라도 그들의 범죄가 크게 줄어들 것이다.

일곱째, 분단 때문에 한반도가 동아시아 긴장과 갈등의 중심에 놓여 있다. 미국과 중국의 패권 경쟁 사이에도 남북한이 끼어 있다. 분단이 해소되고 통일이 되어야 주변 강대국들의 영향에서 벗어나고 동아시아의 안정과 평화에 기여할 수 있다.

여덟째, 분단 때문에 징병제가 고수되고 있다. 대한민국의 건전한 남자들이라면 거의 모두 인생에서 가장 창의적이고 생산적인 20대에 공부하거나 일하다 말고 가장 폐쇄적이고 폭력적인 집단인 군대에 불려가 2~3년 '썩어야' 하는 현실이 왜 지속되는가. 적성에 맞지 않아도 불려가 자살하거나 사고를 저지르고, 차라리 자신이 죽더라도 남을 죽일 수 없다며 총칼을 들 수 없다는 평화주의자 또는 '양심에 따른 병역 거부자'들마저 끌려가든지 감옥에 처박혀야 하는 현실도 분단에 따른 징병제 때문이다. 군대에 가기 싫어 자신의 몸을 일부러 망가뜨리기도 하고, '빽'을 쓰기도 하며, 해외로 도피하기도 하는 등 온갖 병역 비리가 저질러지는 이유도 징병제에 뿌리를 두고 있다. 서해교전이나 천안함 침몰 또는 연평도 포격 등 남북 사이의 갈등이나 무력충돌 때문에 희생된 젊은이들보다 군대 안에서 자살과 사고로 죽어가는 젊은이들이 비교도 할 수 없이 훨씬 많다. 분단이 해소되고 통일이 되면 징병제를 모병제로 바꿔, 직업으로 군인을 선택하겠다는 젊은이, 군생활이 적성에 맞겠다는 젊은이, 군대 가야 사람 된다고 생각하는 어른 등 원하는 사람들을 모집해 단결심과 충성심이 강한 군대를 만들 수 있을 것이다. 참고로, 통일이 되더라도 중국과 일본 등의 침략 가능성 때문에 군사력을 줄일 수 없다는 사람들이 적지 않은데, 그런 나라들이 침략하려면 남북이 분단되어 있는 틈을 이용하지 통일된 이후에 쳐들어오겠는가. 병력 감축에 따라 기득권이 줄어들까 봐 부리는 억지 논리다. 너무도 이상적이지만 비록 조그만 나라들일지라도 이 세상엔 군대가 전혀 없는 나라가 30개 안팎이라는 사실도 참고하기 바란다.

아홉째, 분단 때문에 전쟁의 가능성이 상존한다. 만에 하나 서해교전 같은 무력충돌이 전면전으로 이어진다면 남북 모두 막강한 병력과 최첨단 무기들을 가지고 있는 터에 남쪽에서든 북쪽에서든 멀쩡하게 살아남을 사람이 얼마나 될까. 특히 요즘 전쟁에서는 아프가니스탄이나 이라크 또는 팔레스타인에서 보듯, 군인들만 죽는 게 아니라 민간인들이 더 많이 죽는다. 남자들만 죽는 게 아니라 여자들도 죽고, 전쟁을 좋아하고 일으킨 사람들뿐만 아니라 전쟁을 반대하는 사람들까지 애꿎게 죽는다. 내가 통일운동에 조금이나마 힘을 보태는 가장 큰 이유다. 분단이 해소되고 통일이 되면 끔찍한 전쟁의 가능성이 사라지거나 최소한 줄어들 것 아닌가.

통일을 어떻게 해야 할까

내가 주장하는 '21세기형 통일'은 어렵지 않게 이룰 수 있다. 남북이 적대관계를 풀고 서로 협력하며 자유롭게 연락하고 오갈 수 있는 상태. 금강산 관광을 재개하고 개성공단을 확대하며 이산가족 상봉을 정기적으로 실현하기만 해도 절반은 이루어지는 셈이다. 시작이 반이니까.

2000년 6월 1차 남북정상회담과 2007년 10월 2차 정상회담의 합의사항, 이른바 '6·15합의'와 '10·4선언'만 제대로 이행해도 통일의 문턱에 이르게 된다. 활발하게 교류하며 자유롭게 오가다 보면 머지않아 "어, 통일이 꽤 됐네"라고 느끼게 될 것이다. 백낙청 선생이 『한반도식 통일, 현재진행형』에서 말하는 '어물어물 진행되는 통일'이다.

이런 가운데 체제 통일엔 신경 쓸 필요 없다. 통일 한반도의 체제로 남한의 천박한 자본주의도 적합하지 않고 북한의 배고픈 사회주의도 어울리지 않는다. 남북연합이나 연방제를 지향하면서, 남한은 자본주의를 지키되 사회주의 장점인 평등을 조금씩 추구하고, 북한은 사회주의를 고수하면서 자본주의 장점인 자유를 조금씩 늘려간다. 남쪽에선 빨갱이 짓이라는 논란 일으킬 것 없이 복지정책을 조금씩 확대하면 충분하고, 북쪽에선 개혁개방을 조심스럽게 확대하면 되는 것이다.

그러면 언젠가는, 적어도 우리 다음 세대에서는, 자연스럽게 자유와 평등이 어우러지는 복지국가 체제의 완전통일까지 이루어질 수 있지 않겠는가.

'종북 아줌마'와 '테러 소년' 사이에서

2014년 6월 법정 증언 직후 '존경스러운 노교수'와 '쳐 죽여야할 빨갱이' 사이를 오락가락하던 나의 처지로 시작한 글을 2014년 12월 '종북 아줌마'와 '테러 소년' 사이에 자리 잡은 나의 호소로 끝내게 되었다. 이 책은 종편방송을 포함한 극우 언론의 왜곡 보도에 의해 시작되고 마무리되는 셈이다.

나는 2014년 11월부터 2015년 1월까지 거의 두 달 동안 온 사회를 떠들썩하게 만들었던 이른바 '종북' 토크콘서트의 주인공 신은미 씨를 12월 10일 익산에 초청했었다. 그리고 그날 그녀를 겨냥한 고등학생의 테러에 화상을 입었다. 종편방송의 왜곡 보도에 의해 시작된 종북몰이의 광풍에 맞서 그 진상을 밝힌다.

| 신은미 씨와의 인연 |

신은미 씨를 처음 알게 된 것은 그녀가 "재미동포 아줌마 북한에 가다"라는 제목의 방북기를 〈오마이뉴스〉에 연재하던 2012년 가을이었다. 『평양에 두고 온 수술가방』의 저자 재미동포 정형외과의

사 오인동 선생으로부터 그녀의 방북기가 연재될 때마다 수십만의 조회 수를 기록한다는 귀띔을 받고 그녀의 글을 읽기 시작했다.

그녀보다 13년이나 앞선 1998년부터 몇 차례 평양을 방문해 방북기를 연재해봤고 북한이나 통일 문제에 관해 20년 가까이 공부해온 터라 그녀의 글을 통해 특기할 만한 내용은 거의 찾지 못했다. 그 대신 성악 교수 출신으로 평생 음악만 공부했다는 여성의 흥미로운 이력과 뛰어난 글재주에 이끌렸다고 할까. 내가 가보지 못한 여러 곳을 돌아다니며 내가 겪어보지 못한 많은 경험을 재미있게 풀어가는 데 부러움이나 시샘을 느끼면서 말이다.

알고 보니 그녀는 대구의 부유하고 보수적인 반공 기독교 집안에서 태어나 어릴 때 〈리틀 엔젤스〉 예술단원으로 활동하다 대학 졸업 후 미국에 건너가 성악가 겸 음악 교수가 되었다고 한다. 교수를 그만두고 '아줌마'가 되어 경제학자 출신 사업가인 남편과 2011년 처음으로 북한을 찾아갔다. 여행을 몹시 좋아하는 남편과 함께 호기심으로 찾았던 북녘에서 충격과 슬픔 그리고 흥미를 느껴 2012년 다시 방문했다.

이를 바탕으로 2012년 6월부터 12월까지 〈오마이뉴스〉에 방북기를 연재했던 것이다. 꾸밈없이 써 내려가는 글은 대박을 터뜨렸다. 매주 1~2회 글을 올릴 때마다 조회 수가 수십만을 넘었다고 한다. 2012년 말 출판된 『재미동포 아줌마 북한에 가다: 내 생애 가장 아름답고도 슬픈 여행』은 베스트셀러가 되었다. 문화체육관광부는 이 책

신은미 씨가 그녀의 저서 『재미동포 아줌마, 북한에 가다』를
들고 있다. 이 책은 2013년 문화체육관광부에 의해 우수 문학
도서로 선정되었으나, 일련의 '종북몰이' 논란 끝에 2015년 1
월 선정 취소라는 전례없는 처분을 받았다. ⓒ이희훈

을 '2013년 우수문학 도서'로 선정했다. 〈책읽는사회문화재단〉 심사
위원들이 감명 깊게 읽고 추천한 결과였다고 한다. 통일부는 신은미
씨와 이 책을 홍보하는 동영상 프로그램을 만들어 통일부 홈페이지
에 올렸다.

2013년 8~9월 다시 북한을 방문한 뒤 9월부터 2014년 8월까지 〈오마이뉴스〉에 "재미동포 아줌마 또 북한에 가다"라는 제목으로 20여 차례 글을 실었다. 이 연재로 그녀는 2014년 10월 〈한국기자협회〉, 〈PD연합회〉, 〈전국언론노동조합〉이 공동으로 수여하는 '통일 언론상 특별상'을 받았다. 심사위원들이 그녀의 방북기가 "평범한 아줌마의 시선으로 북한의 실상을 정서적으로 잘 보여줬다"며 "일반인에게 감동을 준 내용을 높이 평가해" 상을 주기로 결정했다는 것이다.

그녀를 2014년 4월 처음으로 만났다. 그 무렵 오인동 선생과 신은미 씨가 통일운동 단체들의 초청으로 방한해 전국을 순회하며 강연할 때 그녀를 원광대로 초청한 것이었다. 이를 계기로 그 '아줌마'와 교분을 나누게 되었는데, 반년이 지난 10월 중순쯤 나에게 남북한 방문 계획을 알려왔다. 12월 초 조카 결혼을 축하하기 서울 나오는 길에 평양에 들르고, 한 통일운동 단체의 초청으로 다시 순회강연을 펼친다는 내용이었다. 그녀의 순회강연 일정에 전주에서의 강연이 잡혀 있는 것을 알고 거기서 만날 계획을 세워놓고 있었다.

| 신은미 씨를 익산으로 초청하게 된 배경 |

신은미 씨는 2014년 11월 19일 서울 조계사에서 첫 '통일 토크콘서트'를 열었다. 이틀 뒤인 11월 21일 TV조선이 그녀가 "북한

은 그야말로 지상낙원이라며 침이 마르도록 찬양을 이어갔습니다"
고 악의적 왜곡 보도를 하면서 종북몰이 광풍이 몰아치기 시작했
다. 〈민권연대〉라는 진보단체가 주최한 토크콘서트에서 통합진보당
소속 황선 씨와 대담을 벌인 탓에 표적으로 삼았던 것 같다. 통합진
보당 해체에 대한 선고를 앞두고 있을 때였던 것이다.

　극우 언론의 왜곡과 억지 그리고 횡포가 얼마나 극심한지 국회
에서의 강연회까지 취소되었다. 대구와 부산 등에서도 '토크콘서
트'로 예약된 장소가 줄줄이 취소되었다. 통일부는 그녀가 출연한
동영상을 홈페이지에서 삭제했다. 법무부가 앞으로 그녀의 재입국
을 거부하겠다는 얘기가 들리기 시작했다. 주한 미국대사관이 그녀
의 조기 출국을 권유한다는 보도도 나왔다.

　그야말로 광풍이었다. 종편방송의 왜곡과 횡포에 휘둘리는 사
회가 한심스러웠다. 그래서 계획된 일정을 포기하고 미국으로 돌아
갈까 망설이는 그녀를 만류했다. 자신이 '종북'이라는 것을 인정하
는 셈 아니냐며 극우 언론에 굴복하지 말고 소신껏 강연하라고 부추
긴 것이다. 전국 모든 곳에서 예약되었던 장소가 취소되더라도 익산
에서는 꼭 성사시키고 싶었다. 내가 학장을 맡고 있는 사회과학대학
에 공간을 마련했던 이유다.

　나는 학교에서 내 강의를 신청한 학생들에게 매 학기 첫 시간에
꼭 다음과 같이 얘기한다. "대학교는 다양성과 창의력 그리고 비판

정신을 기르는 곳입니다. 우리 학교엔 나처럼 평화통일을 추구하는 '친북좌빨' 정치학 교수도 있고, 광주항쟁도 북한군 소행이라고 주장하는 '수구꼴통' 역사학 교수도 있습니다. 내 강의도 들어보고 그 교수 강의도 들어보고, 원로 교수 강의도 들어보고 신진 교수 강의도 들어보면서, 다양한 시각과 지식을 받아들여보기 바랍니다. 마찬가지로 〈한겨레〉를 즐겨 읽는 진보적 사람들은 반드시 〈조선일보〉도 같이 보고, 〈조선일보〉를 좋아하는 보수적 사람들은 반드시 〈한겨레〉도 함께 읽으며 서로 다른 시각을 비교하면서 비판정신을 길러보고요." 그 대신 전공이든 교양이든 내 강좌는 하나도 필수과목으로 정하지 않고 모두 선택과목으로 돌렸다. 내 강의 내용과 방법이 마음에 들지 않으면 신청하지 말라는 취지다. 아무리 중요하다고 생각하는 과목일지라도 '필수'로 지정해 원치 않는 학생들이 반드시 듣도록 하는 것은 일종의 폭력이라고 생각하기 때문이다.

이런 취지의 연장선에서 신은미 씨를 초청한 것이다. 그녀의 책 한 쪽 읽지 않고 강연 한 대목 들어보지 않은 채, 극우 언론의 악의적 왜곡 보도에 휘둘려 시각과 생각이 다르다고 강연 자체를 반대하거나 방해하지 말라는 의도였다. 〈오마이뉴스〉에 초청 안내문을 실었다. 극우 언론 기자들이 직접 참석해서 취재해보라고 했다. 그녀를 국가보안법 위반으로 조사하려는 국정원이나 검찰 또는 경찰 관계자들도 들어보도록 권했다. 북한에서 험한 꼴만 보고 살았다며 그녀와 맞장 토론을 벌이자는 탈북자들도 환영하겠다고 했다. 원광대에서의 강연을 반대한다는 뉴라이트 계열 학생회 임원들도 꼭 와보라고 했다.

원광대에서 신은미 씨 초청강연이 열린다는 소식이 알려지자 대학본부에 여기저기로부터 항의와 압력이 끊임없이 들어온 모양이었다. 나에게도 수많은 항의 전화가 걸려왔다. 소신과 고집을 꺾고 싶지 않았다. 학장으로서의 언행이 학교에 부담이 되는 것 같아 사표를 냈다. 그녀의 강연이 예정된 12월 10일 아침 대학본부가 외부의 압력을 견디지 못하고 강연장 승인 취소 결정을 내렸다. 어쩔 수 없이 강연회 자체를 취소하거나 장소를 바꿔 진행해야 했다. 다행히 두어 시간 만에 원광대 근처 신동성당을 빌릴 수 있었다.

| 고등학생의 정치 테러 |

저녁 7시부터 강연회를 시작하기로 했는데, 두어 시간 전부터 성당 입구에 '반북'과 '애국'을 내세우는 단체 소속 어르신들이 모이기 시작한다는 얘기를 전해 들었다. 카카오톡과 페이스북 등을 통해 급히 메시지를 보냈다. 어르신들이 어떠한 시비를 걸더라도 절대 대응하지 말고, 혹시 때리면 그냥 맞고 강연장으로 들어가라는 부탁이었다.

성당 주변에 수많은 경찰이 배치된 가운데 예상 외로 많은 청중이 모였다. 강연 중간에 나더러 인사 한마디 해달라는 진행자들의 부탁을 받고 가장 앞줄에 앉았다. 1시간 쯤 지났을 때 신은미 씨가 무슨 얘기를 하는 중에 한 젊은이가 불쑥 끼어들었다. "북한을 지상 낙원이라고 말하지 않았느냐"는 시비였다. 청중들이 강연이 끝나면 질문하라고 제지한 직후 강연장은 화염과 유독가스로 휩싸였다. 그리고 나는 머리털부터 신발까지 불을 뒤집어썼다.

급히 실려 간 병원 응급실엔 다른 부상자도 있었다. 서울에서 내려온 행사 진행자였다. 테러범이 폭발 물질이 든 그릇에 불을 붙여 무대 앞으로 나아가는 것을 발견하고 내려치면서 특히 얼굴을 크게 다쳤다. 신은미 씨에겐 생명의 은인인 셈이다. 성당을 빌리도록 주선해준 한 원로 신부는 불편한 몸으로 빨리 피신하지 못해 유독가스를 많이 들이켜 숨쉬기가 곤란하다며 응급실로 들어섰다. 신체적으로 해를 입은 사람은 이렇게 셋이다. 앉은 자리가 각각 떨어져 있었는데도 직간접적으로 행사를 주관한 사람들만 골라 다쳤으니 불행 중 천만다행이었다. 그 자리에 참석한 200여 명 모두 커다란 심리적 충격을 받았겠지만, 일반 청중 가운데 신체적으로 다친 사람은 없으니 그야말로 하느님이 보우하사 그렇게 되었으리라 생각한다. 내가 〈오마이뉴스〉에 올린 글을 보고 서울에서 내려왔다는 사람도 있었으니 적지 않은 시간과 경비를 들여 참석했던 사람들의 피해를 일일이 따질 수는 없을 것이다. 아무튼 나는 유일한 피해자도 아니고 가장 큰 부상자도 아니지만 언론에 의해 가장 널리 알려진 피해자가 되었다.

| 테러범과의 면회와 그의 편지 |

이틀 뒤 그 테러범과 대화를 나누고 싶어 익산경찰서에 10여 차례 전화를 걸었지만 통화가 되지 않아 면회를 포기했는데, 그날 저녁 그의 부모가 집으로 찾아왔다. 치료비를 부담하겠다며 서울의 피해자와 합의하기를 원하는 그 부모에게 대충 다음과 같이 말했다. "다친 사람들에게 필요한 것은 진정한 반성과 사과이지 돈이 아닙니다. 진보적 사회운동을 하는 사람들은 권력도 금력도 완력도 없지만 극우 세력이나 폭력을 옹호 지지하는 사람들보다 더 많이 확실하게 지니고 있는 게 있습니다. 도덕성과 양심이지요. 치료비를 조건으로 합의를 추진하지 마세요."

일주일 뒤 익산경찰서 유치장에서 테러범을 만났다. 앳된 모습의 조그만 체구는 고3 같지도 않았다. 얼굴과 팔다리에 화상을 입은 직후 응급실에 실려 가 병상에 누워 있으면서 테러범이 '1996년생'이라는 메시지를 받았을 때는 도저히 믿을 수 없었다. 주위에서 "탈북자인가 보다" 했지만, 나는 잘못된 정보라 생각하고 무시했다. 응급치료를 받고 병원을 나서는 길에 테러범이 고교 3년생이라는 소식을 접했다. 세상에, 이럴 수가! 1996년생 18세 고등학생이 정치 테러를……. 너무 충격적이었다. 성당 앞에서 방해 시위를 하던 60~70대 어르신들에게 당했으면 그러려니 하겠는데 말이다.

면회실의 두꺼운 유리벽 건너편 학생에게 먼저 다음과 같이 말을 건넸다. "자네, 참 대단하군. 요즘 대학생들조차 진학이나 취업 때문에 사회 문제에 관심을 갖지 않거나 못하는데 고등학생이 사회 문제에 그렇게 큰 관심을 갖다니 말이야. 자네나 나나 우리 사회를 좀 더 살기 좋게 만들어보자는 목표는 비슷하겠네. 그러나 방법이 크게 다르군. 난 비폭력적 방법으로 사회 변화를 추구하는데 자네는 폭력으로 사회를 바꾸려 하니까. 사회의 부정과 비리에 대처하는 가장 훌륭한 길은 비폭력 저항일세. 두 번째 좋은 방법은 폭력으로라도 맞서는 것이고. 세 번째는 사회가 어떻게 돌아가든 저항하지 않거나 못하는 것일세. 무관심하거나 무지해서 저항하지 않는 것일 수도 있고, 용기가 부족하거나 비굴해서 저항하지 못하는 것일 수도 있지. 자네는 세 번째 부류의 젊은이들보다 훨씬 낫다는 뜻일세. 그런데 내가 추구하는 비폭력 방법과 자네가 저지른 폭력적 방법 가운데 어느 쪽이 더 바람직한지 앞으로 차분하게 잘 생각해보게."

사실 나는 20여 년 전 미국의 대학원에서 평화학과 비폭력 정치학을 배우면서부터 모든 종류의 폭력을 거부해왔다. 연년생 두 아들을 키우면서 가벼운 손찌검이라도 한 번 해본 적이 없다.

그에게 언제부터 북한이나 통일 문제에 관심을 가졌는지 물었다. 중학교 2학년 때 교회에서 탈북자 선교사의 강연을 듣고 나서부터라고 했다. 교회에서 사랑이 아니라 증오를 배운 셈이랄까. 크게 나무랐다. "이 사람아, 예수님의 가장 큰 가르침 가운데 하나가 원수도 사랑하라는 것 아닌가. 그런데 교회 다닌다는 사람이 그렇게 끔찍한 폭력을 저질러?"

테러 직후 실려 간 응급실에서 테러범이 18세 고3이라는 말을 듣고 가장 먼저 떠올린 사람은 손양원 목사였다. 1948년 여수·순천 지역에서 일어난 '항쟁' 또는 '반란' 과정에서 고등학생 아들 둘을 때려죽인 좌파 청년이 사형에 처해지기 직전 구출해 양아들로 삼아 목사로 키운 분이다. 20여 년 전 손양원 목사의 딸이자 죽은 두 아들의 누나가 쓴 수기를 읽고, "이분이 과연 인간일까?" 하는 경외심을 품게 되었는데, 바로 그분을 생각한 것이다. 그때 좌파 청년이 우파에게 저지른 살인 행위를 용서하고 그 살인범을 자신의 아들로 삼은 목회자의 정신을 조금이나마 흉내 내어 우파 청년이 저지른 테러를 용서하면서 내 학생으로 삼아보는 게 어떨까 하는 발상을 품어보았다. 겨우 2도 화상을 입은 나 자신과 두 아들을 한꺼번에 잃은 아버지를 비교한다는 것 자체가 말도 안 되는 일이지만 말이다.

그래서 그를 만나기 전 내 집을 찾아온 부모에게 위 사연을 들려주며 다음과 같이 말했다. "요즘 '애국'한다는 사람들은 아드님의 테러를 옹호하고 지지하며 '지사'나 '열사' 칭호를 붙인다는군요. 경찰서 앞에 100여 명씩 모여 '석방'과 '불구속 수사'를 외치고, 모금 운동을 전개하며, 앞으로 해외유학까지 시켜줄 계획이라는 소문도 들립니다. 그러면 아드님이 지금은 테러 초년생으로 폭발 물질을 던졌지만 다음엔 테러 왕초가 되어 기관총까지 쏘아댈 수 있지 않겠어요? 저는 아드님에게 그런 물질적 지원은 조금도 하지 못하겠지만 아드님을 포용해 진보 쪽으로든 보수 쪽으로든 비폭력 운동가로 이끌어보고 싶습니다." 부모가 동의했다.

두 번째 질문을 던졌다. "자네가 죽이고자 했던 신은미 씨가 쓴 책을 단 한 페이지라도 읽어보거나 그녀가 이전에 한 강연을 단 한 대목이라도 직접 들어본 적이 있는가?" "죽이려고 했던 건 아니에요." "인터넷 게시판에 미리 알리지 않았는가. '신은미가 폭사당했다고 들리면 난 줄 알아라'고 말이야. 아무튼 신은미 씨를 어떻게 알았는가?" "TV뉴스를 보고 알았어요."

그에게 다음과 같은 말을 건네고 면회를 끝냈다. "자네가 죽이려고 했거나 죽이고 싶도록 증오했던 신은미 씨를 늦게나마 제대로 알아보게. 자네가 원하고 자네 변호사나 부모님이 허락하신다면 다음에 그녀가 쓴 책 한 권 갖다 줄 테니 잘 읽어보게."

2014년 마지막 날 밤 그 학생의 편지를 아버지를 통해 받았다. 책 읽기를 좋아한다는 말이 인상적이었다. "제 취미는 독서입니다. 한 달 책값만 10만 원이 훌쩍 넘어갈 때도 있는데, 안 그래도 책 안 읽는 나라에서 도서정가제니 부가세니 붙여버리는데 좋을 리가 없지요. 그런데도 나라가 이 모양이니 저 모양이니 투덜대는 사람들에게 반응해서 '우리나라가 얼마나 살기 좋은 나라인데 왜 우리나라를 욕하느냐' 반문하면……." 그러면서 "그 이전부터 제 주변에 제대로 된 사람을 끼고 살지 못해서 제 마음은 병들어 있던 건지도 모릅니다"고 고백했다.

| 왜곡 보도의 피해와 테러에 대한 반응 |

종편방송을 비롯한 극우 언론의 왜곡과 횡포에 따른 폐해는 이렇게 컸다. 온 사회가 종북 논란에 휩싸인 것도, 많은 사람들이 신은미 씨를 제대로 알지도 못하고 그녀의 강연을 반대하거나 방해한 것도, 고등학생이 그녀를 대상으로 정치 테러를 저지른 것도, 지식인조차 그녀를 '극좌'와 '종북'으로 매도한 것도,…… 모두 종편방송의 교묘하고 악의적인 왜곡 보도에서 비롯된 것들이기 때문이다.

그러기에 나는 그때 행사 진행자들이나 참석자들 일부가 '테러 피해자 모임'을 만드는 것엔 반대했다. 테러범도 왜곡 보도의 피해자인데 그에게 무슨 손해배상을 요구하는 것은 적절하지 않다는 취지였다. 게다가 신은미 씨와 그 행사를 주관했던 사람들이 아무런 잘못이 없고 옳다고 하더라도, 역시 극우 언론의 왜곡 보도 때문에, 그 행사가 테러에 의해서라도 중단된 게 고소하다고 생각하는 사람들이 적지 않을 터였다.

신은미 씨는 두 번의 출국정지 기간 연장 속에서 세 번의 경찰 조사와 한 번의 검찰 조사를 받았다. 경찰이 그녀의 책 앞표지부터 뒤표

지까지 아무리 샅샅이 살펴봐도 국가보안법 위반으로 잡아들일 내용이 없고, 강연 내용을 뒤져봐도 잘못이 없으며, 미국 내에서 지인들과 통화한 기록까지 털어도 시비를 걸 게 없으니, 출입국관리법 위반으로라도 처벌하려 했던 모양이다. 결국 12월 29일 "토크콘서트 내용을 모두 확인한 결과 '지상낙원'이라는 표현은 없었다"고 밝혔다. TV조선에 의한 종북몰이 광풍이 몰아치기 시작한 지 한 달이 훨씬 지난 뒤였다. 이미 만신창이가 되고 나서였다. 조카 결혼을 축하해주기 위해 고국을 방문했다가 결혼식 참석은커녕 가족들로부터도 왕따당한 채 피신해 있었다. 미국에서 남편이 운영하는 사업체엔 온갖 비방과 협박 전화가 걸려와 직원들이 정상적으로 근무하기 어려울 정도란다. 종편방송의 왜곡 보도가 초래한 결과는 이렇게 끔찍했다.

한편, 테러범을 용서하고 비폭력 운동가로 이끌고 싶다는 내 의견에 반대하는 분들이 적지 않았다. 그를 용서하면 모방 범죄가 잇따르기 쉽다고 우려하며 무거운 처벌을 받게 해야 한다고 주장하는 사람들이 많았다. 그러나 내가 선처를 호소하지 않더라도, 청와대와 극우 언론은 그 학생이 처벌받도록 가만 놔둘 것 같지 않다. 대통령이 테러에 대해서는 한마디 말도 없이 '종북' 콘서트라고 확고하게 단정해버렸기 때문이다. 게다가 새누리당에서는 그 학생을 '우국청년'으로 치켜세웠다. '애국' 단체들에서는 변호사를 선임하기 위해 상당한 돈을 모아났다고 보도되었다. 담당 경찰은 그 학생을 위로하며 봐주기 조사를 했다는 주장이 제기되었다. 담당 검찰 역시 합의와 선처 호소를 바라는 모양이다.

물론 내가 선처를 호소하거나 용서하는 데는 최소한 두 가지 조건이 필요하다. 첫째는 재판 과정을 통해 테러에 대한 진상이 제대로 밝혀져야 한다. 무슨 일에서든 진실이 밝혀지지 않고는 진정한 용서와 화해가 이루어지기 어렵기 때문이다. 둘째는 사법부라도 독재를 견제하며, 폭력을 옹호하고 지지하는 사회 분위기를 막아야 한다. 온 세상 사람들이 민족과 국경을 초월해 평등하게 살면서 능력껏 일하고 필요한 만큼 분배받는다는 공산주의의 이상과 목표가 바람직하더라도, 공산주의를 반대해야 하는 가장 큰 이유가 폭력과 독재를 정당화하거나 미화하기 때문 아닌가. 북한을 증오하도록 이끌며 '통일 대박'을 외치고 평화통일을 바란다는 것은 위선이요, 반공을 국시로 삼듯 하면서도 다양성을 부인하고 독재와 폭력을 정당화하는 공산주의를 닮아가는 것은 모순이다.

| '종북 아줌마'의 오라버니 겸 '테러 소년'의 선생이 되고 싶다 |

신은미 씨는 '종북 아줌마'가 되어 2015년 1월 10일 고국을 떠났다. 2014년 11월부터 두 달 가까이 극우 언론과 여론 그리고 경찰과 검찰에 '종북'으로 매도당하며 시달리다 강제출국을 당한 것이다. 나에겐 "오라버님, 미국서 봬요"라는 말을 남기고 갔다. 내가 2015년 1월 말 뉴욕, 워싱턴, 로스앤젤레스 등에서의 강연을 앞두고

있기 때문이다.

　　그녀를 겨냥해 한 달 전 익산에서 폭발물을 던졌던 고교생 테러범은 1월 7일 전주지방법원 소년부로 넘겨졌다고 보도되었다. 검찰은 그가 "만 19세 미만의 소년이고 초범인 데다 피해자 중 일부가 처벌을 원하지 않지만, 사안이 중대해 구속 상태에서 소년부로 송치했다"고 한다. 이에 앞서 소년의 아버지는 '피해자 중 일부'를 가리키는 나에게 문자메시지를 보냈다. 아들이 대학 진학을 원하는데 원광대에 입학하게 되면 내가 훈계해주길 바란다는 내용이었다.

　　거듭 강조하지만, '종북 아줌마'와 '테러 소년' 둘 다 종편방송을 비롯한 극우 언론의 왜곡 보도에 의해 시작된 종북몰이 광풍의 피해자들이다. 먼저 정치색이 전혀 없던 순박한 아줌마는 졸지에 '종북'으로 매도당하고 나아가 '극좌'로까지 비난받기도 했다. 심지어 어머니로부터도 "당분간 얼굴 보지 말고 살자"는 문자메시지를 받았다고 한다. 이렇게 '죄인'으로 낙인찍혀 가족으로부터도 버림받은 채 사랑하는 고국에서 추방당했다.

　　'테러범 소년'은 신은미 씨가 북한을 지상낙원으로 묘사한 줄 오해하고 그렇게 끔찍한 일을 저질렀다. 조금 비뚤어진 시각으로 사회문제에 관심을 가져오긴 했어도, 어린 소년이 테러까지 저지르게 된 것은 극우 언론의 악의적 왜곡 보도 탓이었다. 이 때문에 그는 졸업을 앞두고 실습하던 직장과 학교로 돌아가지 못하고 구치소에 갇혔다.

나는 신은미 씨를 초청했다가 소년의 테러에 화상을 당한 사람으로서 두 사람의 가운데에 자리 잡게 되었다. 추방된 아줌마와 구속된 소년의 중간자로서 두 사람을 연결시키며 그들을 화해시키고 싶다. 이에 앞서, 가족으로부터도 외면당하고 고국에서 추방당한 아줌마에겐 고국의 가족 노릇을 해주고 싶고, 책 읽기를 좋아하지만 폭력의 길로 잘못 빠져 구치소에 갇힌 소년에겐 비폭력을 가르쳐주는 선생 노릇을 해주고 싶다. 신은미 씨가 나에게 '오라버님'이라고 부르는 이유고, 소년의 아버지가 나에게 '훈계'를 부탁한 배경이다.

신은미 씨는 '종북'으로 매도당하며 쫓겨났다. 그리고 5년 동안 들어오지 못하게 되었다. 남한에서는 그녀를 추방하고 못 들어오게 하는 한편 북한에서는 그녀를 환영하고 지지한다면, 그녀는 진짜 '종북'의 길을 걷게 될 수도 있지 않을까. 남한 당국이 그녀를 '종북'으로 내모는 셈이다. 나는 이것을 막고 싶다. 전혀 정치적이지 않은 그녀가 혹시 북한에 이용당하거나 북한을 추종하는 낌새라도 엿보이면 극구 말릴 자신이 있다. 남한 당국과 가족을 포함한 온 국민이 그녀를 '마녀'로 낙인찍어도, 나는 그녀를 감싸며 고국의 평화와 통일을 위한 길을 뚜벅뚜벅 걸을 수 있도록 도와주는 오라버니가 되련다.

한편, 내가 '테러 소년'을 용서하고 싶다는 글을 1월 초 〈오마이뉴스〉에 올리고 지인들에게 이메일로 보내자 수만 명이 읽은 가운데, 많은 사람들이 댓글을 달거나 답장을 보내주었다. 반응은 크게 세 가지였다.

첫째, 아무 조건 없이 용서하라는 것이다. 무슨 조건을 내걸면 진정한 용서가 아니란다. 둘째, 소년이 반성하고, 테러에 대한 진상이 밝혀지며, 폭력을 옹호하고 지지하는 사회 분위기가 사라진다면 용서해주는 게 좋겠다는 의견이다. 셋째, 절대 용서해서는 안 된다는 주장이다. 진보는 보수에게 말로 상대하는데 보수는 진보에게 폭력으로 상대한다면서, 폭력을 용인하면 폭력이 반복될 수밖에 없다는 것이다. 그 테러는 나 개인을 상대로 한 게 아니라 사회를 향해 저지른 것이기에 내 맘대로 용서할 성질이 아니라는 의견도 있었다.

세 번째 의견을 가진 사람들이 가장 많았지만, 나는 두 번째에서 오히려 첫 번째 의견으로 옮기고 싶다. 조건 없이 용서하고 껴안고 싶다는 것이다. 그 학생이 처벌을 피하기 위해 반성하는 체해도 좋다. 그 부모가 내 환심을 사기 위해 거짓말하는 것이라도 괜찮다. 처벌받으며 반성하기를 기다렸다 용서하는 것보다 용서하면서 반성하도록 이끄는 게 더 쉽고 보람 있는 일 아니겠는가. 이런 생각으로 그가 테러 왕초로 빠지지 않고 비폭력 운동가로 성장하도록 이끌어주는 선생 노릇을 하고 싶다는 것이다.

마침 그와 나는 공통점이 있다. 둘 다 가정 형편이 넉넉지 않아 그는 공고생이 되었고 나는 상고생이 되었던 것이다. 고등학교를 졸업할 때까지 대학교수는커녕 대학생이 되겠다는 생각조차 품지 못했던 내가 비슷한 처지의 그를 제자로 맞이하게 된다면 더 따뜻하게 지도해줄 수 있을 것이다.

거듭 밝히건대, 신은미 씨가 진짜 '종북'이 되는 것을 막기 위해 그녀의 오라버니 노릇을 하고, 소년이 앞으로 테러 왕초로 성장하는 것을 방지하기 위해 그의 선생 노릇을 하면서, '종북 아줌마'와 '테러 소년'이 화해할 수 있도록 이끌고 싶다. 나아가 북한의 관광안내원을 수양딸로 삼았다는 신은미 씨가 앞으로는 그 소년을 수양아들로 삼도록 권해보련다.

폭력을 폭력으로 되갚지 않고 비폭력으로 대하며 나아가 사랑으로 감싸는 것은 러시아의 문호 톨스토이의 가르침이요, 인도의 독립운동가 간디의 실천이었으며, 한국의 사상가 함석헌의 외침이었다. 그에 앞서, 신은미 씨와 그 소년 둘 다 믿는 예수의 명령이다. 내가 공부해온 비폭력 정치학과 평화 연구의 정신이다. 나아가 남한의 진보와 보수가 그리고 남북한 당국이 상대에게 흉내라도 내보도록 제안하고 싶은 내용이다.

정부는 옹색한 이유로 신은미 씨를 억지로 처벌했어도, 그녀에 대한 입국 금지 조치는 하루빨리 풀어주기 바란다. 내가 테러의 유일한 피해자도 아니고 가장 큰 피해자도 아니기에 조심스럽지만, 소년에 대한 선처도 거듭 호소한다. 1~2년 뒤 평양을 거쳐 서울로 들어오는 신은미 씨를 오라버니와 수양아들이 공항에서 영접하는 꿈은 너무 낭만적일까.